Lewan Berdsenischwili
HEILIGES DUNKEL

Lewan Berdsenischwili

HEILIGES DUNKEL
Die letzten Tage des Gulag

Deutsch von Christine Hengevoß

mitteldeutscher verlag

Das Buch wurde mit der Unterstützung des Georgian National Book Center und des Ministeriums für Kultur und Denkmalschutz von Georgien veröffentlicht.

SIBLEY MEMORIAL HOSPITAL

LCD-Monitore, Kabel, Infusionsständer, Bettgalgen, ein Steuerpult, Menschen in Weiß, in Blau, in Bordeaux und Licht – viel, viel Licht, hunderttausend Lumen. Im heiligen Licht ... Wie in einem Raumschiff, denke ich und verliere das Bewusstsein. In schnellem Flug werde ich fortgetragen, und bin voller Freude. Um mich nur Licht und Geschwindigkeit. Ich fliege lange, dann plötzlich halte ich. Ich spüre meinen Körper. Ich spüre ihn und höre im selben Moment Frauen miteinander reden. Das Licht erlischt. Bewegung war Licht. Stillstand ist Dunkel. Völliges Dunkel. Absolutes, „heiliges Dunkel". In der Dunkelheit reden die Frauen miteinander. Sie klingen beunruhigt, sprechen sehr leise. Sie sagen etwas, aber ich verstehe nicht, was sie sagen. Das quält mich: Warum kann ich nicht verstehen, was sie sagen? Im heiligen Licht, sagt Hegel, in den großen Tiefen des heiligen Lichts ... Ich – ich bin es – höre die Frauenstimmen und verstehe den Sinn nicht. „Im heiligen Licht, in den großen Tiefen des heiligen Lichts ... ist so wenig gewiss wie im heiligen Dunkel ..."

Endlich ist mir, als höre ich aus den Lauten etwas heraus – etwas, das einen Sinn zu haben scheint. Dieses Etwas ist ein Wort. Am Anfang war das Wort ... Das Wort heißt *Inschuhrenz*. Das ist kein inhaltsloser Laut, überlege ich, ich weiß sogar, was es bedeutet. Warum verstehe ich immer noch nichts? Weil es kein georgisches Wort ist. Es ist eine andere Sprache. *Insurance* ist ein englisches Wort, es bedeutet *Versicherung*. Die Frauen sprechen englisch. Wieso englisch? Wo bin ich? Natürlich nicht in einem Raumschiff, dies hier ist ein sehr viel irdischerer Ort. Ein Krankenhaus, in dem sie englisch sprechen. Und ich bin hier, weil es mir plötzlich schlecht ging. Zuerst war mir im Flugzeug nicht gut, über dem Ozean, ich hatte plötzlich Schüttelfrost; später, in der mexikanischen Botschaft, fiel ich in Ohnmacht. Zuvor hatte ich noch mit unserer Botschaft telefoniert. Was wollte ich eigentlich in der mexikanischen Botschaft? Ach ja: Ich war in Washington. Von hier sollte ich weiterfliegen, nach Cancún, Mexiko, von da aus noch irgendwohin. Zuletzt war ich bei Irena zu Hause, am Connecticut. Irena Lasota ist mein Freund. „Dir geht's nicht gut", sagte sie und führte zur Bestätigung ein unstrittiges Argument an: „Du hast nicht einmal meine Ente probiert!" Dies ist das Letzte, woran ich mich erinnere. Ich konnte diese himmlische Ente nicht essen, was ein sicheres Zeichen dafür war, dass es mir sehr schlecht ging.

„Das Problem ist, dass er keine Versicherung hat. Sie verstehen, wir sind zwar nicht das Johns Hopkins, aber ganz billig sind wir auch nicht."

Also doch ein Krankenhaus, denke ich. Die Stimme der Unbekannten fährt fort.

„Wie will er eine solche Summe aufbringen?!"

„Liebe Frau Doktor, er ist kein gewöhnlicher Mensch, er ist Parlamentsabgeordneter und war mal politischer Häftling, hat im sowjetischen Gulag gesessen, bei ihm zu Hause kennen ihn alle, zig Leute werden sich mit ihrem ganzen Gewicht für ihn einsetzen, denken Sie nicht, dass er keinen hat, der sich um ihn kümmert!" Das ist mein Freund, Irena Lasota, ihre Stimme und ihren französischen Akzent, wenn sie englisch spricht, erkenne ich unter Zehntausenden.

„Sowas aber auch, in ganz Amerika haben höchstens hundert Ärzte schon mal vom Gulag gehört, von denen interessiert sich höchstens ein Dutzend dafür, und ausgerechnet mir begegnen Sie! Meine Mutter war auch im Gulag, ich bin selbst im Gulag geboren."
„Und wo sind Sie geboren? Wo hat Ihre Mutter denn gesessen?" Irena ist ganz aufgeregt.
„In Potjma, im DubrawLag", erwidert die Frau.
‚Ich kann alles bezahlen', will ich sagen, kann aber nicht sprechen.
„Das kann doch kein Zufall sein, er hier war auch im DubrawLag, in Baraschewo!"
„Wenn das meine Mutter noch erlebt hätte ..."
„Wir waren also alle drei dort", folgert Irena. „In Washington gibt es ganze drei Menschen, die im Gulag gesessen haben, und ausgerechnet im Sibley Hospital treffen wir aufeinander."
„Nicht für lange", will ich mich in das Gespräch einmischen, aber es geht nicht.
„Verzeihen Sie, wie war nochmal Ihr Name?"
„Irena. Irena Lasota."
„Frau Lasota, in welcher Beziehung stehen Sie zu dem Kranken?"
„Er ist ein alter Freund von mir, ist heute Morgen mit dem Flugzeug aus Georgien gekommen."
„Ich versuche mal, mit dem Patienten zu sprechen. Hello!", spricht mich eine unbekannte Frau im weißen Kittel an.
‚Guten Tag, Doktor', will ich sagen, doch – oje, wieder funktioniert es nicht.
„Möglich, dass er mich hört, aber nicht antworten kann. Wie heißt er?"

„Lewan Berdsenischwili, B wie Boris, E wie Elena, R wie Ronald ..."

„Was für ein schwieriger Name!"

„Nennen Sie ihn einfach Mister B!"

„Sehr gut, dann also Mister B. Ich bin seine behandelnde Ärztin, ich heiße Paige, Paige van Wirth."

„Sehr angenehm, Mrs. van Wirth."

„Mrs. Lasota, Mister B hat zwei ernste Probleme auf einmal: eine Infektion der Epidermis am linken Bein und akutes Nierenversagen. Die Infektion ist weit fortgeschritten. Um sie zu bekämpfen, muss ich sehr starke Antibiotika einsetzen. Dadurch wird sich leider der Zustand der Nieren verschlechtern. Ich möchte, dass Sie das wissen: Das Risiko ist sehr hoch. Die ersten drei Tage wird er auf der Intensivstation liegen. Zuerst müssen wir die Infektion bekämpfen; wenn alles gut läuft, behandeln wir die Nieren. Haben Sie alles verstanden?"

„Er hat eine Infektion und seine Nieren halten womöglich den Kampf dagegen nicht aus, wir müssen auf das Schlimmste gefasst sein, Mrs. Paige."

„Einfach Paige, oder wenn es unbedingt Mrs. sein soll, dann Mrs. van Wirth", korrigiert die Ärztin sie traurig.

„Okay, Mrs. van Wirth."

„Ich weiß, dass er eine Reiseversicherung hat, die nützt ihm hier allerdings nichts, aber egal ob er Geld hat oder nicht, wir werden uns um ihn kümmern."

„Vielen Dank."

„Sie sagten, er war Häftling in einem Gulag, richtig?"

„Ja."

„Dann werde ich, wenn ich Nachtdienst habe, von ihm verlangen, dass er sich Geschichten von damals ins Gedächtnis

ruft. Die Gespräche werden für ihn hilfreich sein, und ich kann nachts sowieso nicht schlafen. Für diese mündlichen Erzählungen will ich ihm auch etwas Gutes tun – ich werde von ihm kein Geld verlangen, dann spart er ein paar Tausend Dollar. Was glauben Sie, wird Mister B sich darauf einlassen?"
„Wie soll er sich darauf nicht einlassen!", ruft Irena aus. „Hauptsache, er schafft es hier wieder raus! Zum Erzählen hat der immer Lust!"
„Sehr gut", sagt Mrs. van Wirth. „Wir fangen in drei Tagen an. Vielleicht hören Sie mich ja", wandte sich die Ärztin an mich. „Nehmen Sie Ihre ganze Kraft zusammen und hören Sie mir genau zu: Wir haben Ihnen intravenös ein stark wirksames Medikament verabreicht, deshalb können Sie nicht mit uns sprechen. Drei Tage werden Sie zwischen Leben und Tod schweben. Es ist Ihr Kampf, und den müssen Sie gewinnen. Man wird kommen und versuchen, Sie zu holen. Gehen Sie nicht mit! Nehmen Sie all Ihre Kraft zusammen, sagen Sie sich, dass Sie nicht mitgehen dürfen, weil Sie Schulden haben, die Sie zurückzahlen müssen. Überlegen Sie, was Sie für Schulden haben. Wenn Ihnen nichts anderes einfällt, denken Sie daran, dass Sie bei mir eine kleine Schuld haben, Sie müssen mir alles über DubrawLag und Potjma erzählen – ich bin dort geboren. Wir lassen Sie jetzt allein, liegen Sie still und schlafen Sie!"

Debt, denke ich. Schulden, das ist ein deutliches Wort. Ich kann nirgendwohin gehen, ehe ich meine Schulden nicht beglichen habe. Das ist richtig. Und es stimmt ja auch, ich habe eine Schuld, eine sehr große Schuld. Meine Schuld hat sogar einen Namen. Sie heißt Arkadi Dudkin.

***

Wie jedes Buch, so hat auch meines sein Schicksal: Es wurde aus Versehen geboren.

Nach der Elegie des altgriechischen Reformers und Dichters Solon besteht ein Menschenleben aus Abschnitten von jeweils sieben Jahren: Im ersten wechselt er die Zähne; im zweiten erreicht er seine Reife, im dritten wächst ihm ein Bart, im vierten erblüht und gedeiht er, im fünften gründet er eine Familie, in den nächsten sieben Jahren widmet er sich ernsthaftem Tun, im siebenten und achten Abschnitt ist er vollendet, im neunten wird er schwächer, im zehnten dann wird sein Tod nicht mehr vorzeitig sein.

Ich habe das alles zur Genüge durchlebt, doch wenn ich in mich gehe, stelle ich fest, dass meine wichtigsten sieben Jahre das vierjährige Warten auf meine Verhaftung und die drei Jahre meiner Freiheitsberaubung waren. Der Einfluss dieser sieben Jahre auf mein Leben ist so groß, dass ich, wenn ich einen neuen Menschen kennenlerne, egal ob Georgier oder Ausländer, ihm nach ein paar Floskeln hundertprozentig anfange zu erklären, dass ich mal politischer Häftling war. Jede meiner Unterhaltungen kommt unweigerlich auf dieses Thema. Innerlich wehre ich mich selbst dagegen. Es gefällt mir nicht: Die müssen mich ja für ziemlich beschränkt halten. Ich rede mir ein: Es schickt sich nicht, so viel übers KGB zu reden, über Gulag, Gefängnis, Leiden, wenn man sich über andere Dinge unterhalten könnte, über das alte Griechenland, über Homer, Aristophanes, Rustaweli, Barataschwili, Galaktion, Fußball, Pelé, Garrincha, Ronaldo, Computer, Windows, Apple, iPhones, Diäten, Eiweiße, Atkins, Kohlenhydrate, den nichtstaatlichen Sektor, Fonds, Bildung, Geschichte, Politik, die Ermordung von Ilia Tschawtschawadse, die Georgier, Reisen, Brasilien. Also rede über sonst was, kannst doch zum Glück gut reden, was soll dir dieses Gefängnis, Baraschewo, DubrawLag, die Haft vor dreißig Jahren?

Darum habe ich auch nie über die Gründung der Republikanischen Partei geschrieben, weder über die Ermittlungen, das Warten auf die Verhaftung, noch über die Verhaftung selbst, in der Wedsinskaja-Straße in Tbilissi, noch über das Sondergefängnis des KGB, in dem ich sechs Monate saß, hundert Meter von meinem Haus entfernt, über die Haftanstalten in Rostow, Rjasan, Potjma, auch nicht über den „Stolypin" genannten Häftlingswaggon oder über Baraschewo, wo ich die drei besten Jahre meines Lebens verbrachte. Wenn ich „beste Jahre" sage, meine ich beide Begriffe: dass es die besten Lebensjahre waren (schließlich war ich jung, und was kann schöner sein als dieses Alter), und dass es in meinem Leben einfach keine bessere Zeit gab, nie wieder habe ich mich später unter Menschen befunden, die der KGB so sorgfältig ausgesucht hat.

Über Baraschewo habe ich nicht geschrieben, obwohl ich den mir nahestehenden Menschen natürlich davon erzählt habe – von dem Wasser dort, dem Klima, der Lage, dem Regime, den Besonderheiten, vor allem aber von den Menschen – meinen Gefährten, den Mithäftlingen und unseren unermüdlichen Bewachern. Meine Freunde sagten oft, ich solle meine Haftgeschichten unbedingt aufschreiben. Ich wusste selbst, dass ich sie aufschreiben müsste, aber ich hatte immer das Gefühl, es sei noch nicht an der Zeit. Als dann in einem fremden Land, im Sibley Memorial Hospital, eine besorgte Ärztin den Schluss zog, ich habe nicht mehr lange zu leben, und diese Sorge sich in den Gesichtern meiner Lieben spiegelte, begriff ich trotz meines hohen Fiebers, dass es jetzt „an der Zeit" war.

Ich weiß: Ich bin nicht der Erste, den außergewöhnliche Umstände zwangen, zur Feder zu greifen, in unseren Reihen gab es etliche Graphomanen und auch Genies; doch ich griff nicht „zur Feder", das heißt, ich richtete mich nicht an der Tastatur ein, um schöne Literatur zu schreiben, und auch nicht, um „die verlorene Zeit" (ach, mein geliebter Proust!) zurückzuholen, sondern um Menschen zu retten, die sonst verloren gehen würden. Ich kämpfte um die Rettung Arkadi Dudkins. Wenn ich es nicht tat, würde Arkadi verschwinden, und niemand würde je erfahren, dass es ihn gegeben hatte auf dieser Welt, und dass sein Dasein einen Sinn gehabt hatte. Andere haben ihn längst vergessen, und manche vergessen ihn nicht, weil sie sich nicht an ihn erinnern – sie hatten ihn im Lager nie wahrgenommen. Wenn ich Arkadi nicht beschrieb, würde er mir im Hades erscheinen, wie Odysseus Teiresias erschienen war, und ich würde ihm Rede und Antwort stehen müssen. Wenn Arkadi verschwände, würde auch ich verschwinden, auch wenn manch einer fälschlicherweise glaubt, er habe mich wirklich gekannt, weil er in einer meiner Vorlesungen war oder einen meiner Fernsehauftritte gesehen oder in der Zeitung einen Artikel von mir gelesen hat.

Ich kann nicht schreiben wie Flaubert, doch so wie dieser große Mann gesagt hat: „Madame Bovary – das bin ich", so könnte ich sagen: „Arkadi Dudkin – das bin ich."

Kurze Zeit später gab die Ärztin zu, dass sich ihre schlimmsten Befürchtungen nicht bestätigt hätten und meine Abreise in den Hades auf unbestimmte Zeit verschoben sei, doch es war schon zu spät: Arkadi Dudkin hatte sich als mein Held bereits in einen in Arial Unicode MS Opentype getippten Text verwandelt und war eigenständig in den Gefilden der drei W auf Wanderschaft. Der Prophet David sagt in Psalm zweiundvierzig: „Eine Tiefe ruft die andere", und so hatte Arkadi Dudkin auch noch Grischa Feldman hinzugeholt, Grischa – Shora Chomisuri, Shora – Jonny Laschkaraschwili, Jonny – Rafik Papajan, Rafik – Henrich Altunjan, Henrich – Mischa Poljakow, Mischa – Borja Manilowitsch, Borja – Wadim Jankow, Wadim – Fred Anadenko, Fred – Juri Badsjo, Badsjo – Alexej Raslazkij, Raslazkij – Pjotr Butow, Butow hatte Dainis Lismanis geholt, insgesamt waren es vierzehn, und alle vierzehn holten meinen Bruder Dato hinzu, und mein Gedächtnis wurde so hell erleuchtet, dass sich das Licht in Dunkel verwandelte und das Dunkel Form annahm und zu sprechen begann.

ARKADI

Er hatte zwei Leben, eigentlich aber befand er sich in einer solchen Einrichtung (dieses Wort sollte seit dem Verschwinden der Sowjetunion überhaupt nicht mehr verwendet werden, so sowjetisch ist es und zeugt vom Vorrang staatlicher Strukturen gegenüber dem Menschen, und nicht anders herum), nämlich der Ein-rich-tung mit dem Lagercode SH-CH 385/3-5, wo er überhaupt kein Leben hatte, das aber wusste Arkadi nicht. Er wusste, dass er Arkadi Dudkin war, Veteran des Großen Vaterländischen Krieges, Held dieses Krieges, der Mensch, der gemeinsam mit Kantaria auf der Kirche (natürlich meinte er den Reichstag, den er aus dem Kino kannte; offenbar konnte in seiner Vorstellung nur eine Kirche eine Kuppel haben) die rote Fahne gehisst hatte, und dass Gorochow (hiermit meinte Arkadi den Mitträger jener roten Fahne, den ruhmreichen Michail Jegorow) überhaupt nicht dabei gewesen war. Dann wusste Arkadi noch, dass er am 13. Mai in die Freiheit entlassen werden sollte, aber entweder hatte er aufgehört, die Jahre zu zählen, oder für ihn war ein endlich-unendliches Jahr angebrochen, in dem er entlassen werden sollte; böse Menschen aber, „die Halunken", wie er sagte, ließen ihn einfach nicht raus.

Arkadi Dudkin wusste noch eine ganze Menge: Zum Beispiel, dass ihm im Knast von Wladimir sein Zellengenosse Leonja Breschnew die mit Blut und Schweiß erkämpften Medaillen und Orden gestohlen hatte, dass man ihn aus seinem Panzer „rauspultiert" hatte („Die haben mich rauspultiert", pflegte er zu sagen), und weitere Dinge, die seinen Lebensweg, den naiven, unprofessionell verarbeiteten Mythos stützten, der im Ermittlerjargon „Legende" genannt wurde. Diese Legende verfolgte er vom Tag seiner Verhaftung an und wich kein einziges Mal von ihr ab: Er war im Krieg gewesen, hatte Orden und Medaillen erkämpft, die Fahne gehisst, wo und mit wem es sich gebührte. Dann hatte man ihn für nichts und wieder nichts verhaftet.

Wie es aussah, hatte ihm bei der Entwicklung der Legende die Tatsache geholfen, dass sein älterer Bruder, Wassili Dudkin, tatsächlich im Vaterländischen Krieg gekämpft hatte, tatsächlich zum Helden ernannt worden war, und wenn er auch nicht gemeinsam mit Kantaria und Jegorow die Flagge auf dem Reichstag gehisst hatte, so war er bei der Eroberung des Reichstags doch auf jeden Fall dabei gewesen.

O ja, Arkadi wusste, dass er ein Held war, doch stimmte sein Wissen nicht mit dem Wissen der Verwaltung der „Zone", also des Straflagers, überein (und ehrlich gesagt, auch nicht mit dem Wissen des ganzen Lagers), für die aber zählte nur eine Tatsache: Arkadi war während des Krieges Hilfspolizist. Als die Deutschen sein belorussisches Dorf besetzten, war Arkadi fünfzehn und nicht in den Wald geflüchtet, hatte es wahrscheinlich nicht geschafft wegzulaufen, um vom ersten Tag an heldenhaft bei den Partisanen zu kämpfen, und als er siebzehn war, zogen die Deutschen diesem etwas „einfältigen" Burschen, der mit dem Lesen und Schreiben auf Kriegsfuß stand, die Polizeiuniform an, drückten ihm eine MP40 in die Hand und befahlen ihm, im Dorf Ordnung herzustellen. Um die Waffe auszuprobieren, ging er in Richtung Wald und ballerte ein paar Salven los (Letzteres wurde später in der Anklageschrift folgendermaßen dargestellt: „Er gab Schüsse in Richtung der

Partisanen ab"). Zwei Tage später nahmen die Partisanen das Dorf ein, und Arkadis Zeit als Polizist war vorüber. Die Partisanen dachten gar nicht daran, den schwachsinnigen Jungen zu bestrafen. Allerdings kam die Anprobe der Polizeiuniform (ein anderes Verbrechen wurde in der Anklageschrift nicht beschrieben, denn im Dorf gab es nur fünf Familien, darunter keine Juden, und auch keine Kommunisten; welche Repressionen der Hilfspolizist Dudkin da verübt haben soll, und dann noch in achtundvierzig Stunden, ist unklar) Arkadi teuer zu stehen: Sein ohnehin schwacher Geist, mit dem er die Welt auf kindliche Weise wahrnahm, verwirrte sich noch mehr, er begann, sich für seinen Bruder auszugeben, erdichtete Kriegsereignisse und spielte in jedem von ihnen eine Rolle, und so kam es, dass er sowohl die Blockade von Leningrad durchbrochen als auch in Stalingrad und in der Schlacht im Kursker Bogen gekämpft, na und natürlich auch Berlin eingenommen hatte.

Das Dorf schonte ihn, dachte an sein lächerliches zweitägiges Hilfspolizistendasein und daran, dass er keiner Fliege etwas zuleide tun konnte, geschweige denn einem Menschen, und spielte das Spiel mit; es unterhielt ihn aus Gnade und Barmherzigkeit als Dorftrottel und (neben der alten Kirche) einzige Sehenswürdigkeit des Ortes.

Lesen und schreiben hatte Arkadi nie gelernt, doch er liebte das Kino und reimte sich nach jedem neuen Film seine eigene kleine Geschichte zusammen, in der er (und nicht etwa Stalin oder Schukow) die wichtigste militärische Kraft der Sowjetunion gewesen war. So also verlief sein Leben, bis eines Tages wachsame, allwissende belorussische Pionierkundschafter, Mitglieder der Vereinigung von Pfadfindern, voll und unverbrüchlich unterstützt von Komsomol, Partei und Regierung, ihn auskundschafteten, entlarvten und Recht sprachen. (Formal gesehen sprachen nicht die Pioniere Recht, hier zeichnete sich die Miliz aus, gleichwohl erschienen die Namen einiger Pioniere in Arkadi Dudkins Anklageschrift.) Von 1972 an verbüßte Arkadi Dudkin eine Strafe als Verräter der Heimat und Kriegsverbrecher.

Daran, dass der sowjetische KGB einen harmlosen Dorftrottel zum Vaterlandsverräter deklarierte, war nichts Ungewöhnliches, doch reiste als Reaktion auf die nachdrücklichen Forderungen von Dissidenten (auch mein Bruder Dato und ich schlossen uns nach Ankunft in der „Zone" sogleich den von internationalen Organisationen unterstützten Forderungen an) nun alljährlich eine kompetente Kommission aus Moskau an, zu der die Asse der sowjetischen Psychiatrie gehörten (wie hätte man in eine solche Kommission denn auch geringere Leute berufen können als Akademiemitglieder oder Professoren, wo doch ihre Expertisen das Vertrauen der Weltwissenschaft erringen sollten?), und diese Kommission entschied unverbrüchlich (ein Lieblingswort der Kommunisten) folgendermaßen: Arkadi Dudkin sei psychisch normal und bei der Verübung des Verbrechens zurechnungsfähig gewesen, was er auch gegenwärtig noch immer sei, daher sei die Forderung nach seiner vorzeitigen Entlassung völlig unbegründet; unser Volk würde jederzeit auf das Strengste Rechenschaft von Verrätern der Heimat fordern, wie auch von denen, die einen blutrünstigen Polizeibüttel zu einem harmlosen Kind erklären wollten.

Aus genau diesem Grund wartete jedes Jahr am 13. Mai, während die Georgier den historischen Sieg feierten, mit dem die Tbilisser Fußballmannschaft „Dynamo" 1981 im Stadion von Düsseldorf dank dem Heldenmut von Darasselia und Guzajew den Europapokal der Pokalsieger gewonnen hatte, während die litauischen und lettischen Katholiken um die Gesundheit und ein langes Leben für Papst Johannes Paul II. beteten, der am selben Tag und im selben Jahr wie durch ein Wunder die zwei Kugeln des „Grauen Wolfs" Mehmet Ali Ağca überlebt hatte, die gesamte „Zone" darauf, dass es sechs Uhr abends wurde, und versammelte sich Punkt sechs vor dem Raucherraum, der sogenannten „Kurilka", in Erwartung eines immer wiederkehrenden Spektakels.

Das Spektakel hatte einen einzigen Akteur, eine Art Baraschewer Version des Ein-Mann-Theaters: Im ersten Akt kam Arkadi mit einem Knüppel in der Hand aus der Baracke, ging in Richtung des Verwaltungsgebäudes, trat an die Fenster jenes Raumes, in dem die hochrangige psychiatrische Kommission zu tagen pflegte, und ging ohne Theaterpause zum zweiten Akt über: Er drosch blindwütig mit dem Knüppel auf die Wand ein; im dritten Akt dann trug er auf Belorussisch einen kryptischen Monolog vor, dessen Inhalt selbst die berühmtesten Slawisten der „Zone", Michail Poljakow und Gelij Donskoi nicht entschlüsseln konnten. Offenbar forderte Arkadi in seiner Muttersprache die Entlassung. Man hielt ihn nicht auf, man rief ihn nicht zur Ordnung. Er schlug eine ganze Stunde lang gegen die Wand, die Lagerleitung hüllte sich in Schweigen, und erst nachdem er, von der Erfüllung seiner Pflicht erschöpft, zur Kurilka hinübergegangen war, wo die anderen standen, erschienen die Kontrolleure, um den an der Wand entstandenen Schaden zu sichten. In diesem Straflager mit verschärftem Vollzug, wo man unter Garantie schon für fünfzehn Tage in den „Schiso", den Strafisolator (Strafzelle) kam, wenn die Haare länger waren als zwei Millimeter, wurde Arkadi für seinen politischen Akt niemals bestraft; die Lagerleitung und die Kontrolleure wussten nur zu gut, mit wem sie es zu tun hatten. Sie waren ja auch keine berühmten Akademiemitglieder und konnten demzufolge einen Normalo von einem Psycho unterscheiden.

Wie die meisten Insassen des Straflagers rauchte auch Arkadi, doch war er selbst nie im Besitz von Tabak oder Machorka – er nutzte die Möglichkeit nicht, welchen zu kaufen (jeder Häftling durfte einmal im Monat für fünf Rubel einkaufen, allerdings ohne Bargeld), sondern sparte das Geld für sein künftiges Leben, das, wie er wusste, an einem 13. Mai beginnen sollte; daher hatte sich Arkadi zum klassischen Schnorrer, einem sogenannten „Schützen", entwickelt, das heißt zu einem bescheidenen Erpresser von Machorka. Hinsichtlich dieser Tatsache war die Raucherschaft der „Zone" gespalten: Die Mehrheit bildeten die, die Arkadi unter keinen Umständen Machorka abgeben würden, und eine verschwindende Minderheit waren jene, die ihm unter der Last der Umstände hin und wieder etwas gaben.

Man konnte beide Parteien verstehen, denn in der „Zone" musste man mit allem haushalten, und wer Arkadi etwas von seinem Machorka überließ, beraubte sich eines Vergnügens und verlängerte so die eigene Haftzeit. Damit will ich sagen, dass wir die Minuten des Behagens, die der Machorka uns bereitete, mit der Freiheit assoziierten. In der Vorstellung eines Strafgefangenen ist (vereinfacht gesagt) die Freiheit ein Ort unzähliger Freuden. Genau aus diesem Grund hörte im Lager auch niemand auf zu rauchen; hingegen kam es durchaus vor, dass Nichtraucher zu Rauchern wurden.

Arkadi wusste, dass er mit einem einfachen „Hast du mal was zum Rauchen" niemandem, außer zwei, drei naiven Häftlingen, etwas Machorka abluchsen konnte, und so war sein „Hast du mal was zum Rauchen" stets ein unabdingbarer, wenn auch unzureichender Teil einer „Vorstellung", die er mit solcher Meisterschaft darbot, dass man sich leicht ausmalen konnte, wie ihm die Deutschen die Uniform angezogen hatten, oder wie er sein ganzes Leben lang einer erdachten Legende folgen konnte: Arkadi Dudkin war der geborene Schauspieler.

Nehmen wir an, Arkadi sah Rafael Papajan in der Kurilka stehen, dann begann er seine „Vorstellung" unverzüglich: Er näherte sich Papajan langsam bis auf einen Abstand, der es ihm erlaubte zu „schießen": „Ich hab mal unter Marschall Baghramjan gedient ..."

Hier muss erwähnt werden, dass Arkadi seiner Rede durch den Gebrauch belorussischer Ausdrücke eine altslawische, ja mythische Dimension verlieh. Solchermaßen fuhr er also fort: „Das war ein echter Kommandeur! Und wie ihm mein Panzer gefiel! Er wollte unbedingt mit mir tauschen. Was für ein Mann! Ein richtiger Militär. Die Armenier sind wahre Krieger, nicht so wie die Türken! Hast du mal was zum Rauchen? Was mich interessieren würde: Ob der Baghramjan Nachkommen hat?"

Anfänglich gab Rafael ihm, wenn auch ungern, von seinem Machorka ab, doch mit der Zeit wurde es schwieriger, Papajan mit solch primitivem Patriotismus einzufangen. Zu Arkadis Pech entwickelte der Sohn eines bekannten armenischen Dramaturgen und Doktor der philologischen Wissenschaften Rafael Aramaschotowitsch Papajan mit der Zeit immer mehr Feingefühl, und dieser Humanist tendierte zunehmend zu Stanislawskis „Nicht glaubhaft", manchmal sagte er sogar: „Glaube ich nicht!", und ließ Arkadi ohne Machorka stehen.

Von Arkadis unzähligen Tugenden zählten seine Standhaftigkeit und seine Unermüdlichkeit zu den interessantesten. Dieser Mensch kannte keine Pausen. Er hatte den erfolglosen Auftritt mit Papajan noch nicht beendet, da war er schon wieder unterwegs zu irgendeinem Georgier, der in der Kurilka herumstand, und begann mit fast homerischer Objektivität und Gelassenheit eine neue Geschichte, er war ja nicht aufs Maul gefallen, er hatte von diesen Geschichten unzählige parat und brauchte sich nicht zu wiederholen. Mit seinem leichten belorussischen Akzent schnurrte er herunter: „Davor hab ich unter General Lesselidse gedient. Das war ein wahrer Militär, ein Vater für die Soldaten! Leonja Breschnew habe ich da auch kennengelernt, der mir später die Medaillen und Orden geklaut hat, aber das tut hier nichts zur Sache. General Lesselidse war ein großer Freund von mir. Du, hat er zu mir gesagt, du sollst die Flagge über Berlin hissen, und nicht Gorochow. Und dieses eine georgische Lied hat er geliebt, Gulamoskwnili-i wtiroi sada cha-ar ... Hast du mal was zum Rauchen? ... tschemo Suliko-o-o! Was mich interessieren würde, gibt es in Baku eigentlich eine Lesselidse-Straße?"

Trotz seiner offensichtlichen Schwächen in Geographie (es gelang mir nicht, ihn davon zu überzeugen, dass die Hauptstadt von Georgien Tbilissi heißt, und nicht Baku) übten Arkadis schauspielerische Darbietungen auf mich einen unvergesslichen Eindruck aus, so dass ein Teil meines monatlichen Machorkavorrats vorbehaltlos ihm gehörte. Einmal, während einer der in der „Zone" üblichen Diskussionen, in der die Theaterliebhaber darüber stritten, wer in den fünfziger Jahren am besten den Othello gespielt habe, als auf allen sowjetischen Bühnen zwischen Archangelsk und Wladiwostok die Stimme des Verdienten Künstlers des Volkes Chorawa erdröhnte (unter Stalins Fittichen natürlich), oder ob es der Verdiente Künstler des Volkes Papazyan war (während Wassadse in der Rolle des Jago von allen gleichermaßen gewürdigt wurde), meinte ich im Scherz, sie könnten noch so viel diskutieren, für mich sei Arkadi der größte Schauspieler. Daraufhin änderte unser Mithäftling, der Psychologe Boris Manilowitsch, Arkadis Familiennamen in einen jüdischen um, damit er dem Namen eines anerkannten Kunstschaffenden ähnelte: „Dudkind". (Jefim Grigorjewitsch Etkind, Literaturwissenschaftler und Freund Joseph Brodskys, erfreute sich in unserem antisowjetisch eingestellten Publikum höchster Autorität.)

Im Grunde war Arkadi ein Dichter. Und, im Unterschied zu anderen Dichtern, ein dankbarer Dichter. Hatte er mithilfe seiner schauspielerischen Meisterschaft etwas Machorka ergattert, ihn in ein aus der „Iswestija" herausgerissenes Stück Papier gewickelt und angezündet, begann er sofort, aus lauter Dankbarkeit ein amüsantes Histörchen zu erzählen: „Einmal saß ich da so im Panzer. Ich war ja Panzerfahrer! Ich sitze also im Panzer und sehe, da kommen drei deutsche ‚Tiger' auf uns zu. Kurz vor Berlin war das, neben mir war der Panzer vom georgischen Leutnant Macharaschwili, na du weißt schon, der Sohn von dem Alten*. Die Deutschen kommen da also mit den drei ‚Tigern' und schreien schon von weitem: ‚Arkadi, Chendechoch!' Auf Deutsch. Drei deutsche Panzer. Ich hatte einen T-34 und sie drei ‚Tiger', ich war Löwe und sie war'n Tiger. Der Sohn vom Alten, der arme Macharaschwili, der war Wolf.

---

    * Hauptheld des Films „Der Vater des Soldaten" (Georgien, 1964) – Anm. d. Übers.

Die schreien also ‚Chendechoch!', das ist Deutsch, heißt ‚Hände hoch', und ich schreie zurück: ‚I-ch bien Arkadi, ich nicht Chendechoch, ich bin umbringen Sie, schwain fritzen jawohl! Ich erschieße euch alle!', ich meine die deutschen Schweine. Ein deutscher Panzer hat mir in die linke Seite geschossen und geschrien: ‚Ja! Ja!' Dann hab ich geschossen und einen ‚Tiger' erlegt. Den zweiten ‚Tiger' hat Macharaschwili erlegt, der Sohn von dem Alten mit dem Bart. Dann fährt der dritte ‚Tiger' los, den kann ich nicht aufhalten, der fährt und fährt. Erschießt den Macharaschwili. Kommt immer näher und schießt mich ab. Ich schieße und schieße, aber der stirbt nicht! Da stellt sich raus, dass Hitler selbst im Panzer sitzt. Und ich hab begriffen, dass ich nicht mehr zu retten bin, und hab gerufen: ‚Für die Heimat! Für Stalin!' Dann hab ich die Flügel aus dem Panzer gefahren und bin geflogen, ganz hoch bin ich geflogen, höher als die Sonne!"

Arkadi Dudkin sollte am 13. Mai 1987 entlassen werden. Am 12. Mai starb er. Der Lagertradition entsprechend nahm man ihm die Schuhe ab und übergab ihn einem anonymen Grab, so dass Arkadi dem Wiedersehen mit seinem heldenhaften Bruder, dessen Rolle er sein Leben lang erfolgreich gespielt hatte, barfuß entgegenging.

GRISCHA

Grischa Feldman war der lebenslustigste und munterste jener hundertfünfzig Häftlinge unseres Lagers, mit denen ich das Schicksal teilte. Er war 1982 wegen antisowjetischer Agitation und Propaganda verhaftet und zu sechs Jahren Haft verurteilt worden. Grischa war Jude, besaß einen mittleren Bildungsabschluss und hatte als Elektriker in der Eisenbahnerklinik der Stadt Konotop im ukrainischen Bezirk Sumy gearbeitet. Er hatte eigentlich nichts verbrochen, er war einfach Jude, im Krieg gegen die Araber war er für Israel und redete von nichts anderem – sowohl vor der Verhaftung als auch danach.

Fragte ihn einer mal: „Wie geht's?", erwiderte er munter: „MPis vorhanden, Kugeln werden geliefert, und auf die Araber – da-da-da-da-da!" Die virtuelle MPi hielten ganz offensichtlich erfahrene Hände, und die Richtung der Araber war ebenfalls gedanklich korrekt gewählt: Grischa zielte auf die Agitationsabteilung im Verwaltungsgebäude, wo lauter sehr weise Inschriften hingen, zum Beispiel „Salz und Brot macht Wangen rot" (was diese Weisheit mit Staatsverbrechern zu tun hatte, konnte nie ermittelt werden), oder „Denk lieber vorher als nachher! Demokrit". Als Spezialist für antike Literatur erkläre ich mit voller Legitimation, dass Demokrit nie und nimmer so etwas gesagt hat, doch die Lagerleitung, speziell der ideologische Vater, Oberst Ganitschenko, sah dies anders: Ihnen gefiel der Name „Demokrit": zum einen, weil es ein zulässiger und materialistischer Name war, im Unterschied zu dem schlechten und dunklen Heraklit, zum anderen, weil man ihn leicht mit „den Demokraten" assoziieren konnte, was wiederum in der „Zone" als Spottname diente – genau so nannten die Vertreter der Lagerleitung uns, die wegen antisowjetischer Agitation und Propaganda Verurteilten, voller Hohn: „die Demokraten". Der einflussreiche Häftling und Psychologe Boris Manilowitsch interpretierte die Aussage Demokrits folgendermaßen: Demokrit lehrt, dass, wenn man schon beabsichtige, mit der sowjetischen Staatssicherheit zu kooperieren, es besser sei, dieses vor der Verhaftung zu tun als danach.

Abends, während des Zählappells auf dem Lagerplatz, blickte Grischa immer nach oben. Gewöhnlich versammelten sich, sobald die Häftlinge antraten, auf dem Barackendach die Tauben und fingen an zu gurren – und Grischa sah sie mit warmem, feuchtem Blick an.

Grischa war ein gefräßiger Nimmersatt. Deswegen war, als das Gerücht die Runde machte, Grischa habe eine Taube getötet und verspeist, auch niemand verwundert. Von Interesse waren eigentlich nur die technischen Details – wie hatte er sich rangeschlichen, womit getötet, wie verarbeitet und schließlich: Wann hatte er sie gebraten oder gekocht, hatte er sie überhaupt gebraten oder gekocht, oder zuerst gekocht und dann gebraten? Diese blieben aber letztlich ungeklärt. Ein Teil der „Zone" wertete das Geschehene als weitere Äußerung eines natürlichen Selbsterhaltungstriebs, zur Rettung von Leben, der andere, intellektuellere Teil als ein weiteres Anzeichen für den geistigen Niedergang des Menschen. Die Hauptsache war, dass keines der beiden Lager die Meinung vertrat, dass man Grischa für seine Tat bestrafen solle. So dachten alle, bis der ruhmreiche ukrainische Sozialist Friedrich (Fred) Anadenko, Autor des bekannten antisowjetischen Buches „Von Lenin bis Breschnew", uns, das heißt ein Grüppchen von ihm für vertrauenswürdig befundener sogenannter „Eingeweihter", zu einem abendlichen Gespräch bestellte und uns, während wir beim Gruppenausgang auf dem Hof der „Zone" hin und her liefen, ausdrucksvoll und mit angemessener Betonung einen von ihm verfassten Brief vorlas, gerichtet an den Generalstaatsanwalt der UdSSR:

„An den Generalstaatsanwalt der UdSSR
Rekunkow, Alexander Michailowitsch

Genosse Generalstaatsanwalt der Union der Sozialistischen Sowjetrepubliken, Alexander Michailowitsch!

Wir möchten Sie davon in Kenntnis setzen, dass der Häftling Grigori Sinowjewitsch Feldman in der Einrichtung SH-CH 385/3-5 gesetzeswidrig eine oder mehrere Tauben (die Zahl der Opfer konnte nicht ermittelt werden) gestohlen und verzehrt hat. Das kann nicht geduldet werden, denn es ist allgemein bekannt, dass die Taube ein Symbol des Friedens ist. Ausgehend von dem zuvor Erwähnten, bitte ich Sie, unverzüglich entsprechende Maßnahmen zu veranlassen.

Hochachtungslos,
der zu Unrecht verurteilte
politische Strafgefangene
Friedrich Filippowitsch Anadenko"

Das Gruppenspaziergangsgespräch eröffnete Poljakow, der zwar das mutige „Hochachtungslos" lobte, dann aber mit unverhüllter Ironie erklärte, dass der Generalstaatsanwalt möglicherweise mit der Auffassung, die Taube sei ein Symbol des

Friedens, nicht einverstanden sei, weil die erwähnte Auffassung ihren Ursprung in der Bibel habe, der Genosse Rekunkow aber, ein wahrhafter Marxist, Kommunist und Sozialist (dieses Wort betonte Poljakow ganz besonders, da ihm als echtem Demokraten Anadenkos Treue zum Sozialismus nicht behagte), mit Sicherheit eine konfliktträchtige Beziehung zur Bibel habe. Der Topologe, Polyglotte und überhaupt Schlaumeier Anatoli Jankow erklärte, dass die Menschen ja ständig damit beschäftigt seien, irgendwelche Symbole zu verschlingen, schließlich seien Kuh, Schwein, Lamm, Vögel und Fische in verschiedenen Kulturen mit unterschiedlicher Symbolhaftigkeit belastet – an dieser Stelle wollte Jankow sein grenzenloses Wissen offenbaren, doch da klebte Anadenko verärgert, mit zitternder Hand, eine Briefmarke auf den Umschlag und versenkte den Brief demonstrativ in den Postkasten, der an der Wand des Verwaltungsgebäudes hing. Ich gab einen letzten Kommentar ab: Wir sollten Anadenkos selbstloser Tat unsere Anerkennung nicht versagen, schließlich habe er für ein gesellschaftliches Anliegen eine ganze Briefmarke geopfert. Briefumschläge und Marken waren in der politischen „Zone" ausgesprochen defizitäre Dinge, daher wurde mein bescheidener Kommentar von den erfahrenen Häftlingen positiv aufgenommen. Mir ist nicht bekannt, ob Anadenkos Brief seinen Adressaten erreicht hat, jedenfalls blieb das Aufessen eines Friedenssymbols für Grischa Feldman ohne Folgen. Doch war seine gastrokulinarische Epopöe damit nicht beendet. Feldman war ja von Beruf Elektriker und reparierte unentwegt den Elektroofen, den er am Ende jenes Waschraums mit acht Wasserhähnen aufgestellt hatte, der „Kurilka" genannt wurde. Den Herd benutzte die ganze „Zone", bis die Lagerverwaltung irgendwann auf die Idee kam, diese Erfindung des modernen Prometheus, der so für seine Mithäftlinge sorgte, auf Dauer zu entfernen.

Einmal, als am Vorabend des Neujahrsfestes die in der „Zone" existierenden kulinarisch-gastronomischen Gruppierungen (inoffizielle Häftlingsgruppen, die einen gemeinsamen gastronomischen „Haushalt" betrieben, darunter die jüdischen „Kibbuze", „Christoföd" – die Christliche Föderation der Völker des Südkaukasus, die litauisch-lettische „Unia" und die ukrainische „Schodstwo" – gesprochen „S-chodstwo") eine Inventur ihrer Lebensmittelressourcen durchführten, fand sich bei einem der Mitglieder von „Christoföd", nämlich Rafael Papajan, ein ganzes Zweiterglas Lamm-Kaurma (eine Art Ragout), das seine Frau ihm bei ihrem letzten Besuch vor anderthalb Jahren mitgebracht hatte. Die Kaurma wartete, wie es sich gehörte, im Gemeinschaftslagerraum, dem sogenannten Depot, darauf, dass ihr letztes Stündchen schlagen sollte. Nun hatte das endlose Warten ein Ende und die Zeit der Kaurma war gekommen. Auf dem Zweiterglas befand sich ein Deckel mit Gewinde, und nachdem es Papajan beim dritten Versuch gelungen war, den Deckel loszudrehen, begann es im Glas ungut zu brodeln, die ganze Baracke wurde von einem solchen Gestank erfüllt, dass der Veteran des Vaterländischen Krieges und deutsche Hilfspolizist sowie einstige Held der sozialistischen Arbeit der UdSSR Werchowin schrie: „Achtung! Senfgas! Gasangriff! Alle raus hier!", und die ganze Baracke auf den Hof rannte. Als Letzter kam Grischa mit dem Glas Kaurma in den Händen aus der Baracke und erkundigte sich bei uns Kaukasiern, was damit geschehen solle, doch wohl nicht wegschmeißen, und wir bestätigten, ja, wegschmeißen, worauf er sich mit dem Glas in die Kurilka begab, also zu seinem Elektroherd. Gleich darauf verließen mehrere Häftlinge die Kurilka in schnellem Flug. Grischa erklärte, dass sein Herd vierhundert Grad erreiche und somit alle Bakterien vernichte. Er kochte die stinkende Kaurma eine ganze Stunde lang, dann trug er den Topf hinaus, setzte sich mitten auf dem Hof zu Tisch und verputzte sie vor den Augen der gesamten „Zone" gründlich, planvoll und in aller Ruhe. Niemand im Umkreis von dreißig Metern, nicht einmal die Lagerleitung, wagte es, sich der Kaurma mit dem giftstoffbelasteten Geruch zu nähern. Ich bin mir fast sicher, dass sich in diesem Zusammenhang Fred Anadenko mit einem weiteren Brief hochachtungslos an den Generalstaatsanwalt wandte, doch machte er uns nicht mehr mit dem Inhalt seiner neuen Beschwerde bekannt.

Kurz nach der Sache mit der Kaurma wurde Grischa aus dem Lager abgeholt. Wie wir erfuhren, hatte man ihn in die mordwinische Hauptstadt Saransk gebracht und in die dortige Strafzelle gesperrt. Lange Zeit erhielten wir keine Informationen über Grischa, er schrieb niemandem, und auch von außerhalb drangen keine Nachrichten über ihn zu uns. Vier Monate vergingen, und eines schönen Tages kehrte Grischa zurück, mit nachgewachsenem Haar, ein wenig fülliger und sehr bleich. Wir waren geübt darin, anhand der Gesichtsfarbe festzustellen, wie lange ein Mensch in der Strafzelle gesessen hatte. Feldmans Gesicht verriet, dass er die ganzen vier Monate dort verbracht und außer der täglichen Stunde Hofausgang kein Sonnenlicht gesehen hatte. Dieser einst fröhlich-laute Bewohner der „Zone" war irgendwie erloschen, redete nicht mehr von Arabern und Maschinengewehren, verzichtete sogar, was vorher kaum vorstellbar gewesen war, auf kulinarische Exzesse und dachte nicht mal mehr daran, seinen Elektroherd zu reparieren.

Der eine oder andere schlug vor, die entsprechenden Schlüsse zu ziehen, doch keiner hatte stichhaltige Informationen. Es muss gesagt werden, dass Georgier gute Häftlinge sind. Damit meine ich, dass Georgier, wenn man sie einsperrt, nicht rumheulen und, was die Hauptsache ist, Vorbilder einer beispielhaften körperlichen Belastbarkeit sind. Ungeachtet einer solch hohen Reputation drang im Herbst 1986 ein Grippevirus in die „Zone" ein, der mit anderen auch mich niederstreckte. Mehrere Tage lag ich mit hohem Fieber in der Baracke, und der Arzt sagte, wenn das Fieber in zwei Tagen nicht gefallen sei, würde er mich in die „Bolnitschka", die Krankenhausbaracke, einweisen und mir Diät verordnen (Diät war in der „Zone" ein sehr gutes Wort). Kurz gesagt, ich liege also um neun Uhr abends mit vierzig Fieber am Barackeneingang, außer Grischa und ein paar älteren Litauern ist kaum einer da, als plötzlich Shora Chomisuri mit der sensationellen Nachricht angerannt kommt, in der Nachrichtensendung „Wremja" würde gleich unser Grischa auftreten. Ich erhob mich mit Decke und Matratze und ging in den Klub- und Essensraum. Der Fernseher war sehr weit oben angebracht, damit alle hundert Mann, die an den langen Tischen saßen, ihn sehen konnten. Die Nachrichtensendung „Wremja" berichtete über ein Plenum des Politbüros der Kommunistischen Partei, kaleidoskopartig liefen auf dem Bildschirm Werke, Fabriken, Kombinate, Traktoren, Kultur an uns vorbei. Es wurde bereits Zeit für die Sportmeldungen und den Wetterbericht, als plötzlich der Nachrichtensprecher Balaschow den wegen antisowjetischer Agitation und Propaganda verurteilten politischen Häftling Grigori Sinowjewitsch Feldman ankündigte und dieser den ganzen Bildschirm einnahm.

Grischa sagte: „Israel ist ein schlimmer Staat, die quälen die armen Araber, Schimpf und Schande über sie! Tag und Nacht reden sie vom Holocaust, und dabei verüben sie selbst an den Arabern und Palästinensern Genozid, und überhaupt kann ich mir auf der Welt nichts Schlimmeres vorstellen als den Zionismus. Was das Straflager angeht, wo ich einsitze, da wird mir ganz übel von meinen sogenannten Mithäftlingen, so viele von diesen Halunken sind da versammelt, ein Pech aber auch! Verzeih mir, Sowjetvolk, obwohl mir nicht zu verzeihen ist und nicht verziehen werden sollte."

Grischa wurde dann von den Sport- und Wetternachrichten abgelöst, und die fassungslosen Häftlinge machten sich still auf den Weg in ihre Baracken. Ich kehrte mitsamt Decke und Matratze auf meinen Schlafplatz zurück. Drei Meter neben mir fläzte sich Grischa angekleidet und in Schuhen auf seiner Koje herum. Draußen entstand eine kurze Unruhe, dann betrat eine sogenannte „Schmachkommission" mit Fred Anadenko an der Spitze die Baracke. Zur Kommission gehörten Mischa Poljakow und Shora Chomisuri. Diese dreiköpfige Delegation ging auf Feldmans Koje zu.

„Grigori Sinowjewitsch, womit kannst du dich rechtfertigen?", fragte Anadenko mit leiser Stimme.

„Womit ich mich rechtfertigen kann?", fragte Grischa zurück, und in seiner Stimme deutete sich ein vorgespielter ukrainischer Akzent an. „Hiermit!"

Grischa drehte sich um, zeigte der Delegation seinen Hintern, und dieser gab einen derart dröhnenden Laut von sich, dass es sogar den glorreichen Autor von „Gargantua und Pantagruel", François Rabelais, verdutzt hätte.

„Wie's aussieht, bist du kein Mensch", meinte der fassungslose Anadenko, und die Kommission verließ die Baracke.
Von dem Tag an wurde Grischa zum politischen Aussätzigen, und niemand näherte sich ihm mehr. Zu schnell war er sich untreu geworden und hatte sich aufgegeben. Insbesondere bewegte sein Fall die Juden unter uns: Dieser Araber-Beweihräuchler habe sie mit Schimpf und Schande bedeckt.
Grischa wurde am 9. Februar 1987 begnadigt und entlassen. Fünf Tage später, am 14. Februar, war kein einziger „Demokrat" mehr im Baraschewer Straf- und Arbeitslager – die Zeit der politischen Häftlinge ging während der Perestroika zu Ende.
Israel lehnte es lange Zeit ab, Feldman aufzunehmen. Es hieß, der Mossad habe seine Hände im Spiel gehabt. Ich schließe nicht aus, dass auch seine ehemaligen Mithäftlinge seine Alija nicht gerade unterstützten. Zwanzig Jahre lang kämpfte Grischa verzweifelt um die Gunst seiner gekränkten Landsleute und erreichte das Ziel seiner Wünsche erst 2006. Das Heilige Land betrat ein erschöpfter und zermürbter Siebzigjähriger. Wie ich später erfuhr, rief er, als er die Gangway herabgestiegen war und israelischen Boden betreten hatte, laut auf Russisch: „Verzeiht mir!", und gab auf der Stelle, noch auf dem Flughafen von Tel Aviv, seinen Geist auf.

SHORA

Shora – Georgi Pawlowitsch Chomisuri, alias Ernest Garajew, alias Njekoba, alias Aparek Gulaguri, alias Sechsundzwanzig, war, wie auch der von dem amerikanischen Dichter Carl Sandburg beschriebene Johann Sebastian Bach, ein Zahlenmensch:

„Er war geboren, Zahlen zu durchdringen,
brachte Zehnen und Fünfen zusammen,
paarte sie, verliebte sie,
ließ sie das Bett miteinander teilen."

Shora brachte es fertig, nachmittags um Viertel nach zwei aufgeregt angerannt zu kommen und dir aufgewühlt zu verkünden, dass dir in einer Minute noch genau eine Million Minuten blieben, bis du so alt wärst wie Christus. Er brachte es auch fertig, uns mitten in der Nacht zu wecken und die freudige Mitteilung zu machen, dass wir in genau 44 Sekunden noch 44.444.444 Sekunden bis zur Entlassung hätten.

„Er weckte die Zweien und Vieren
aus ihrem kindlichen Schlummer
und zauberte sie wieder in den Schlaf."

Fast die gesamte „Zone" geriet ins Schlepptau seiner Zahlen, wurde von sechs- und siebenstelligen Ziffern terrorisiert und zum Wahnsinn getrieben. Um solch umfangreiche Arbeit zu bewältigen, musste er natürlich ständig irgendetwas aufschreiben und berechnen. Er kannte nicht nur die Geburtsdaten sämtlicher Häftlinge auswendig, sondern auch die ihrer Ehefrauen und Kinder, wusste die Daten der Verhaftung und Entlassung aller politischen Strafgefangenen (sowohl unserer „Zone" als auch der politischen Lager von Perm). Zum Beispiel wusste er, dass der 21. Mai der Geburtstag von Andrej Sacharow, Mascha Chomisuri, Mischa Skripkin und der Republikanischen Partei Georgiens war, dass er der 141. (in Schaltjahren der 142.) Tag des Jahres war, dass es genau der 21. Mai des Jahres 878 nach Christus war, an dem Syrakus an den muslimischen Sultan fiel, dass 1674 an diesem Tag Jan Sobieski von den Aristokraten zum König von Polen und Großfürsten von Litauen gewählt worden war, dass am 21. Mai 1972 der geisteskranke Australier ungarischer Herkunft Laszlo Toth, ein Geologe übrigens (was Shora als, wenn auch geistig normaler, Geologe besonders zu betonen pflegte), Michelangelos „Pietà" im römischen Petersdom beschädigte und so weiter; sein grenzenloses Wissen hatte keinen Anfang und kein Ende. Ähnlich einer gewaltigen Rechenmaschine war er ständig angeschaltet, rechnete und rechnete, ohne sich zu schonen. Und was am wichtigsten war, er rechnete exakt; wozu allerdings diese fehlerfreie Genauigkeit gut war, wusste niemand. Niemand hatte auch nur die leiseste Ahnung, warum es wichtig war, dass bis zu dem und dem Ereignis noch so und so viel Zeit war, Stunden, Minuten, Sekunden. Obwohl, was heißt „niemand" – Shora selbst wusste es schließlich!

„Er kannte die Zahlen der Liebe, des Glücks,
er wusste, wie das Meer, die Sterne, das Land
aus Zahlen erschaffen und verbunden wurden."

Er liebte alle Zahlen, als seien es seine Kinder, eine Zahlenverbindung aber war ihm vom Schicksal vorherbestimmt. Das war die Zahl „Sechsundzwanzig".

Seine erste bedeutsame Arbeit war gewesen, den sowjetischen Mythos von den sechsundzwanzig Kommissaren Bakus zu Staub zu zermalmen, der sich in der Tat als reines Märchen, als sowjetische Propagandalüge erwies, was den damals noch ganz jungen, in mythischen Dingen unerfahrenen Forscher zutiefst und unauslöschlich beeindruckte: Erstens fand er heraus, dass von den sechsundzwanzig Kommissaren Bakus ganze siebenundzwanzig erschossen worden waren, weiter, dass von diesen nur neun wirklich Kommissare waren, nur zwei von ihnen aus Baku und so weiter. Je tiefgründiger er den Mythos von den sechsundzwanzig Kommissaren Bakus erforschte, desto öfter sprach er von „Schahumjan-Dschaparidse-Asisbekow-Fioletow" (wobei sich herausstellte, dass selbst die Führung der armenisch-georgisch-aserbaidschanisch-russischen Bolschewiki einen Tribut an den Internationalismus darstellte, die tatsächlichen Führer aber die armenisch-georgisch-russischen Bolschewiki Schahumjan-Dschaparidse-Korganow-Petrow waren). Er konnte diese wirklich unheilbringende Zahl nicht mehr loswerden: Überall erschienen ihm die unglückselige „Sechsundzwanzig" und ihre finstere Stellvertreterin, die unglückselige „Dreizehn". So zum Beispiel fing Chomisuris Telefonnummer in Jerewan mit einer 26 an, die Quersumme betrug auch 26, und als er eine neue Nummer erhielt, blieb die Summe der Ziffern dieselbe: 26! Später bekam er wieder eine neue Telefonnummer, die Quersumme aber änderte sich nicht! „Mystisch!", sagte Shora wahrhaft erregt. „Meiner Telefonnummer in Tbilissi fehlte nur eine Eins an der Sechsundzwanzig.

Das Jahr bestand aus zweimal sechsundzwanzig Wochen, und Leonid Iljitsch Breschnew fehlten nur drei an dreimal sechsundzwanzig Jahren! Und nochmal sechs ... und zwanzig, wie die Russen sagen!"*

Schlussendlich legte die Gemeinschaft, bei der Shora sehr beliebt war, fest, für die in unserem Lager bewiesene besondere Ergebenheit und Treue zur Zahl „Sechsundzwanzig", diese zu einer neuen numerischen Konstante zu erheben: zu einem „Homisuri", bezeichnet durch den lateinischen Großbuchstaben „H", und aufgrund einer sehr komplizierten Ergänzung des überragenden politischen Strafgefangenen, Mathematikers und Topologen Wadim Anatoljewitsch Jankow, wurde ein Siebentel zum „Shorik" umbenannt und mit dem lateinischen Kleinbuchstaben „h" bezeichnet. (Der Vorschlag, lateinische Buchstaben zu verwenden, stammte von mir.) Die Schwierigkeit von Jankows Ergänzung bestand darin, dass er die Ziffern, aus denen die Zahl „Sechsundzwanzig" besteht, addierte (also acht), dann eine Eins subtrahierte und so zu einem Siebentel hinführte, also einem „Shorik". Die Krönung der Kompliziertheit aber war seine Antwort darauf, warum er diese Eins subtrahiert hatte. Jankow holte eine selbstgefertigte Schiefertafel und einen riesigen Griffel, schrieb, wischte, stritt, bewies und schrie drei Stunden lang, dass, wenn wir das jetzt wieder nicht begriffen, er nicht mehr in der Lage sei, es solchen Amateuren wie uns auseinanderzusetzen. Danach wussten in unserem politischen Lager sogar die Kriegsverbrecher mit ihrem relativ niedrigen Bildungsstand, dass ein Jahr aus genau zwei „Ho-

---

* „Und wieder fünfundzwanzig" entspricht dem deutschen „Und nochmal von vorn!" – *Anm. d. Übers.*

misuri" und einem „Shorik" Wochen (2 H 1h) besteht; dass Breschnew drei Jahre an drei „Homisuri" fehlten, dass laut Angaben vom 1. Januar 1985 Shora, Lewan Berdsenischwili, Jonny Laschkaraschwili und Rafael Papajan jeder einen „Homisuri" Zähne besaßen, und laut Angaben vom 1. Januar 1986 die genannten Personen nur noch alle zusammen zwei „Homisuri" Zähne hatten; dass die Zahl „Dreizehn" Unglück bringt, weil sie kein voller, sondern nur ein halber „Homisuri" ist; dass in unserem Lager der wahrhafte und allgemein anerkannte Meister im Führen unflätiger Reden, der Schöpfer der sowjetischen Multivitaminpräparate (Undevit und Dekamevit) Arnold Arturowitsch Anderson zwei „Homisuri" Jahre alt war, als man ihn für die Weitergabe der Dekamevit-Formel an seinen Bruder in der Bundesrepublik Deutschland zu einem halben „Homisuri" verurteilte; dass die Tagesnorm für die von uns zu nähenden Arbeitshandschuhe dreieinhalb „Homisuri" plus eins (92) Paar betrug und so weiter.

Shora stellte auch die These auf, dass man die alphanumerische Bezeichnung unseres politischen Straflagers (der „Zone"), also SH-CH 385/3-5, auch als Shora Chomisuri 1+1 (das stünde für SH-CH) +3+8+5+3+5=26, also Shora Chomisuri Chomisuri lesen müsse, analog zu Homo sapiens sapiens.

Zu jener Zeit war Georgi Chomisuri als Dissident niemandem außer unserer „Zone" bekannt. Man kannte ihn in einem sehr engen Kreis von Geologen als Perle des Instituts für Petrolchemische Industrie, als sehr guten Geologen und Autor einer umfangreichen Monographie über die Geosynklinale; doch gab es in der ganzen Sowjetunion keinen Dissidenten oder Andersdenkenden, der nicht schon von Ernest Garajew und seinen Büchern gehört hätte.

„Ernest Garajew" war eines seiner Pseudonyme; davon hatte er viele, vom stalinfeindlichen „Njekoba" („Nicht Koba"*) bis hin zu dem, wie er glaubte, in seinem heimatlichen, chewsurischen Dialekt formulierten „Aparek Gulaguri". Unter eben diesem Pseudonym hatte er im Untergrund die Bücher „Die Geschichte der Führung der KPdSU (unkommentierte Fakten)", „Der Mythos von den Sechsundzwanzig (die wahre Geschichte der sechsundzwanzig Kommissare Bakus)", „Chronologie des Großen Terrors" herausgegeben. Ich foppte ihn: „Du hast dir doch mit Sicherheit nicht aus Liebe zu Hemingway den Namen Ernest gegeben, bei deiner trotzkistisch-linksradikalistischen Vergangenheit ist das ja wohl ein Zeichen der Verehrung für Ernesto Che Guevara"; doch er stimmte dem nie zu, wenn er auch nicht allzu heftig widersprach.

Georgi Chomisuri, Georgier, der in Baku geboren, als Kind von der Mutter verlassen, von seinem stolzen und einsamen georgischen Vater auf Sachalin erzogen worden war, der ein „Homisuri" Jahre in Moskau gelebt hatte und 1982 in Jerewan verhaftet worden war, war ein standhafter Kämpfer. In den zweihundertdreiundachtzig Millionen und achthundertvierundzwanzigtausend Sekunden, die er auf Beschluss des sowjetischen KGB in Lagern und in der Verbannung verbringen sollte, kamen ihm nicht eine Sekunde lang Zweifel. Er war zu sechs Jahren Lager mit verschärften Haftbedingungen und drei Jahren Verbannung verurteilt worden, sein Gefährte Rafael

---

* „Koba" („der Unbeugsame") – Stalins erster, bereits in jungen Jahren gewählter Spitzname – *Anm. d. Übers.*

Papajan entsprechend zu vier und zwei. Ihr dritter Gefährte entwischte der Rechtsprechung unter im Ganzen fragwürdigen Umständen, dennoch sprach Shora weiterhin mit hoher Achtung von Edgar als gebildetem Menschen. Interessant war, dass die armenischen Tschekisten ohne Zögern den antisowjetischen Georgier als Leiter der Jerewaner Gruppe ansahen, die aus zwei armenischen und einem georgischen Dissidenten bestand – hierzu meinte Shora, dass Tschekisten auch nur Menschen seien und mit Gewissheit Stalin zu schätzen wüssten und schnell kapiert hätten, wer der Anführer christlicher Kaukasier nur sein konnte.

Wir Georgier und Armenier hatten den Freundes- und Haushaltskreis „Christliche Föderation der Völker des Südkaukasus" gegründet. Eigentlich hätten wir das Wort „christlich" auch weglassen können, wäre nicht der einzige Aserbaidschaner ein schlechter Mensch gewesen, und zwar der Spion Achper Radschabow, der den Amerikanern in Jugoslawien die Zeichnungen der SS-20-Rakete verkauft hatte – auch ein Südkaukasier. Das „Christlich" diente also dazu, die Türen der „Föderation" für Radshabow verschlossen zu halten; einen „guten" Aserbaidschaner konnten wir schon deshalb nicht aufnehmen, weil in Aserbaidschan niemand wegen antisowjetischer Agitation und Propaganda hinter Gitter kam. Das Niveau der finanziellen Integration der Föderierten war nicht so hoch wie im jüdischen „Kibbuz" (wir durften fünf Rubel im Monat nach eigenem Belieben ausgeben), doch einmal im Monat, wenn wir am „Larjok", dem Verkaufskiosk, Lebensmittel erstanden, fand dennoch eine gewisse Abstimmung zwischen den Mitgliedern der „Föderation" statt.

Die „Föderation" hatte eine eigene Verfassung. Deren Vater und einziger Autor war Georgi Chomisuri; und natürlich existierte auch ein schriftlicher Text der Verfassung, geschrieben von Shora auf Russisch, übersetzt von Rafael Papajan ins Armenische und von Lewan Berdsenischwili ins Georgische (mein Vorschlag, den Text auch in die lateinische und altgriechische Sprache zu übersetzen, stieß bei Shora auf größte Empörung, das sei schließlich keine Spielerei, eine Verfassung sei ein ernstzunehmendes Dokument!). Alle drei Texte existierten nur als Originale und wurden von Shora aufbewahrt, wobei nur die russische und die georgische Version juristisch rechtskräftig waren, weil Papajan eine russische Schule besucht hatte und Shora seinem Armenisch misstraute. Laut dieser Verfassung leitete der „Älteste" die Konföderation (bevor Genrich Owannessowitsch Altunjan aus dem Tschistopoler Gefängnis zu uns überführt wurde, war Shora der Älteste in der „Föderation"), und nur Shora Chomisuri konnte in dieses Amt gewählt werden. So stand es auch in der Verfassung: „Für die Wahl zum Ältesten kann als Kandidat nur Georgi Pawlowitsch Chomisuri, geboren am 9. Februar 1942 in Baku, Georgier, aufgestellt werden, nur Georgi Pawlowitsch Chomisuri, geboren am 9. Februar 1942 in Baku, Georgier, kann in das Amt des Ältesten gewählt werden. Falls Georgi Pawlowitsch Chomisuri seine Kandidatur zurückzieht, sind die Mitglieder der Föderation dennoch verpflichtet, ihn zum Ältesten der Föderation zu wählen." Zur Begründung dieser, sagen wir es geradeheraus, nicht allzu demokratischen Festlegung wurden angeführt: Der Text des georgischen Volksliedes „Georgien, greif zum Säbel!" (in Shoras russischer Variante stand: „Georgien, hol den Säbel raus!"), mehrere Episoden aus Stalins Biographie, speziell seiner Zeit in Tbilissi, vor allem jene Stellen, welche die Beziehung zwischen Koba und Kamo* darstellten und die strenge Subordination zwischen diesen beiden nichtgesetzestreuen Bürgern hervorhoben, und noch ein paar weitere, nicht minder überzeugende Argumente.

Entsprechend der Verfassung der „Föderation" ging der Wahl eine Vorwahlperiode voran, in der der Älteste seine Wähler mit einem Glas Tee bestechen musste (eine Streichholzschachtel losen schwarzen Tees war mit einem Liter Wasser aufzugießen und hatte in einer Thermoskanne fünfzehn Minuten lang zu ziehen, dann erfolgte seine „Hochzeit", das heißt das dreimalige Umgießen des Tees ohne Verluste aus der Kanne in die Gläser und zurück, wodurch der Tee genau das richtige Aroma erhielt), außerdem mit einer ganzen „Prima"-Zigarette (bekanntermaßen haben Häftlinge die Angewohnheit, Zigaretten entzweizubrechen). Am „Larjok" waren „Prima" teuer, kosteten fünfzehn Kopeken, dafür konnte man ein ganzes Päckchen Machorka kaufen, dessen Kapazität, die Lungen pro Kopf der Bevölkerung zu schwärzen, die eines Päckchens „Prima" um das Zehnfache übertraf und der daher unter den Strafgefangenen anerkanntermaßen als effektiver, rentabler und wirkungsvoller galt.

Wahltag war sonntags (die Wahlen fanden zwei „Homisuri" Mal im Jahr statt), und das Teetrinken in Begleitung einer ganzen „Prima" wurde immer samstags um zwanzig Uhr veranstaltet; die Samstage waren sowieso das reinste Paradies, die Arbeit (das Nähen von Arbeitsfäustlingen mit Gummibe-

---

* Kamo (1882–1922) – georgischer Revolutionär und Bandit armenischer Abstammung – *Anm. d. Übers.*

satz) ging nur bis zwölf, dann war Banja (mit Kesseln, Kübeln, Schöpfkellen und Seife, sowas wie Duschen, Shampoo und so, wie in euroatlantischen Gefängnissen, gab es natürlich nicht), danach Kino (meist über Stalin, Pioniere, Komsomolzen und Kommunisten, obwohl sich einmal aus Versehen Bergmans „Herbstsonate" reingemogelt hatte), dann Teetrinken mit dem „Ältesten" und zum Schluss pflichtgemäß die Nachrichtensendung „Wremja" mit Politbürobeschlüssen, Mähdreschern, den ewigen Erdbeben in Japan und unendlichen Tornados in Amerika.

Diese wunderbare Tradition der Subbotniki, der Sabbatjünger, wurde 1986 zeitweilig unterbrochen, als man Shora gemeinsam mit einigen anderen Häftlingen in die Strafzelle der mordwinischen Hauptstadt Saransk überführte. Der Grund für diese Überführung war simpel, es handelte sich um die sogenannte Milch- und Eier-Bewährungsprobe, also eine Untergrabung, ein Auf-die-Probe-Stellen der Psyche eines sowjetischen Menschen mithilfe von Komponenten des Luxus und Behagens.

Der Versuch, Shora zu „verführen", misslang, da er von Kindesbeinen an keine Milch vertrug, und auf Eigelb reagierte er derart allergisch, dass er keinerlei Gebäck auch nur anrührte. Am ersten Tag, als Shora und sein Zellengenosse, der Petersburger Michail Tolstych, Milch erhielten, schickte Shora sein Glas zurück und erklärte, dass er keine Milch vertrage. Tolstych machte ihn daraufhin den ganzen Tag Vorwürfe: Wenn Shora keine Milch wolle – er schon! Shora gestand seinen Fehler ein, lehnte aber am nächsten Tag sein Ei ab, er reagiere darauf allergisch. Tolstych regte sich wieder auf, worauf Shora wütend wurde und ihm entgegnete: Vielleicht könne er ja an der Milch für ihn noch „Geschmack finden", aber wegen der Eier solle er ihn in Ruhe lassen, erstens sei das eine Prinzipienfrage, zweitens seien zwei Eier am Tag schlecht für den Cholesterinwert, also die Gesundheit. Kurz gesagt, der emotionale und prinzipienfeste Georgier und der kaltblütige und nicht ganz so prinzipienfeste Mann von den Ufern der Newa verstanden einander nicht. Im Grunde waren sie nie große Freunde gewesen, aber nach ihrer Rückkehr in die „Zone" fiel zwischen den beiden außer „Guten Tag" nie wieder ein Wort.

Nebenbei gesagt, wusste ich lange nicht, dass Shora eine Eigelb-Allergie hatte, aber woher sollte ich das wissen, wer hätte uns auch mit einem Ei oder ähnlichem üblem Eiweißzeug beehrt? Am 23. Oktober 1986 veranstaltete ich eine große Geburtstagsfeier und lud neben den fünf südkaukasischen Föderierten noch einige „Demokraten" ein: den Petersburger Michail Poljakow, den Moskauer Wadim Jankow und den Flugzeugentführer Arenberg. Ich hatte eine sagenhafte Geburtstagstafel: heißen Tee, je fünf sehr kleine, runde Konfektstücke, mit Fischpastete der Marke „Wolna" bestrichene Brote (aus getrockneten und zerstoßenen Brotresten wurde immer wieder neues „Schwarzbrot" gebacken) und, wie Sachari alias Jonny Laschkaraschwili es formulierte, der „Nagel des Programms" (also der Clou): ein adscharisches Chatschapuri, das ich in Grischa Feldmans berühmtem Ofen überbacken hatte. Als Zutaten hatten ein am 9. Mai desselben Jahres erhaltenes Weißbrot gedient, das ich im Verlauf mehrerer Monate fachgerecht getrocknet und zerkrümelt, genauer zerstoßen, und wieder zu einem Teig geknetet hatte, dann etwas Butter, die Jonny Laschkaraschwili während einer Erkrankung nicht gegessen und für schwere Zeiten aufgespart hatte, ein Fragment eines Sulguni-Käses, der in einem Fünfkilopaket geschickt worden war, wie wir es nach Absitzen der halben Haftzeit einmal im Jahr erhalten durften – bekommen hatte es Inga Karai –, und Eipulver, das ich gegen zwei Packungen Machorka eingetauscht hatte. Shora erhielt ein Stück mit Ei und schlug Arenberg vor, es gegen ein Stück ohne Ei zu tauschen. Dieser lehnte brüsk ab, und da griff Chomisuri frech in die Lügenkiste und behauptete, dieses Gericht würde traditionell mit Schweinefleisch zubereitet, worauf der orthodoxe Jude Arenberg die Tafel verließ. (Was wahr ist, muss wahr bleiben, Shora hatte diesen Menschen von Anfang an nicht gemocht, und später erwies er sich tatsächlich als Schurke: Er sorgte dafür, dass die Lagerleitung einen Mithäftling, den grundehrlichen Mischa Riwkin, hart strafte.) So erfuhren wir von Shoras Allergie. Arenbergs Stück aber teilten sich nach fünfminütigen Verhandlungen brüderlich Poljakow und Jankow.

Shora lernte mit schrecklichem (ein anderes Wort fällt mir hierfür nicht ein) und unaufhaltsamem Enthusiasmus Georgisch, doch es fiel ihm sehr schwer. Lesen allerdings konnte er nach einer Woche, nach einem Monat las er in den altgeorgischen Buchstabenschriften Mrglowani und Nuschuri. Über das Mrglowani schuf er eine Theorie (in der die Sechsundzwanzig natürlich eine besondere Rolle spielte), übersetzte mit Feuereifer den Dichter Galaktion Tabidse (und machte sich Sorgen, es könne nicht gelingen – obwohl, war es je jemandem gelungen? – sagte dann auf Georgisch: „Isev vvgebodi da mivdiodi" – „Er erhob sich und ging weiter" – und fing wieder von vorn an), konnte stundenlang Rustaweli in der Übersetzung Sabolozkis zitieren – dieses Buch besaß er seit seiner Jerewaner Isolationshaft und verlieh es an niemanden.

Zuerst sprach er auf Russisch:

„Was wirbelst du und drehst uns, herzlose ird'sche Welt?
Wer dir Vertrauen schenkt, wird mit mir klagen einst.
Wo holtest du uns her, machst uns der Erde gleich?
Den du verstößt, Welt, den schützt Gott allein!"*

Dann fügte er auf Georgisch hinzu: „Vah, sophelo …"**
Die Übersetzung von Konstantin Balmont erkannte Shora nicht an: Sie sei zu exaltiert, wenn er auch ein guter Dichter sei, jedoch, ärgerte Shora sich, prätendiere Balmont in seiner Übersetzung beinahe auf einen Platz neben Rustaweli. Die Übersetzung von Schalwa Nuzubidse erkannte er überhaupt nicht an, wie könne es sein, dass ein Philosophiehistoriker oder ein Philosoph einen Dichter übersetze, eiferte er sich, diese Übersetzungen seien in georgischem Russisch verfasst, und außerdem habe auch Satan (also Stalin) seine Hand im Spiel gehabt. Ich erzählte Shora in allen Einzelheiten, was mein wunderbarer Lehrer Simon Kauchtschischwili über Schalwa Nuzubidse, dessen Schwester, Simon Kauchtschischwili selbst, über Rustawelis „Recken im Tigerfell", Stalin und natürlich Lawrenti Berija erzählt hatte. Die pikanteste Episode dieser

---

* Vgl. Hugo Hupperts Nachdichtung aus: „Der Recke im Tigerfell", Rütten & Loening 1982, S. 177: „Trügerische Welt! du wirbelst uns umher auf schnöde Art. / / Wer dir traut, dem bleibt kein Tropfen salziger Tränenfluß erspart. / Sprich, Entwurzlerin! von wannen und wohin denn geht die Fahrt? / Gut, daß Gott all deinen Opfern rettend seine Huld bewahrt!" – *Anm. d. Übers.*
** „Was für ein Leben!"

Geschichte war nicht, dass die vom Genossen Stalin befürwortete russische Übersetzung Rustawelis Schalwa Nuzubidse und mit ihm Simon Kauchtschischwili vor dem Gefängnis gerettet hatte, und nicht einmal, dass die vom Gefängnis verschonten georgischen Wissenschaftler zu einem Trinkgelage eingeladen wurden, und zwar von Lawrenti Berija. Am „pikantesten" war, dass der ziemlich besoffene Schalwa Nuzubidse bei Berija sein Manuskript der Übersetzung des „Recken im Tigerfell" liegenließ, und als die beiden georgischen Akademiker beim Genossen Berija erschienen, um es zu holen, der verdutzte Lawrenti Pawlowitsch die historischen Worte aussprach: „Ich hab wenige erlebt, die mich in Frieden verlassen haben, aber dass Leute von einem ungefährlichen Ort auf eigenen Füßen zu mir zurückkommen, erlebe ich zum ersten Mal."

Shora war ein antisowjetischer Mensch reinsten Wassers, und es war nicht verwunderlich, dass er niemanden auf der Welt so sehr hasste wie Stalin. Ich behaupte sogar, dass Georgi Chomisuri auf den größten Führer aller Zeiten und Völker, den Generalissimus und Führer des internationalen Proletariats, sehr viel allergischer reagierte als auf Hühnereier.

Unsere Haft war durch eine wesentliche Besonderheit geprägt: Wir saßen nicht in den schrecklichen dreißiger Jahren, nicht während des Krieges, nicht, als die Dissidentenbewegung ihnen Anfang nahm, nicht in der Phase der Breschnew'schen Stagnation, sondern in der Phase der sowjetischen Demokratie, Glasnost und Perestroika. Während in der „Prawda" die Stalinisten schäumten, publizierte die „Ogonjok" den berühmten „Offenen Brief an Stalin" des in Dissidentenkreisen sehr bekannten Fjodor Raskolnikow. Mal übertrug das Fernsehen die sowjetische Nachrichten-Wassersuppe, mal gratulierte uns

Ronald Reagan vom selben Bildschirm zum neuen Jahr. Die Erfahreneren unter uns behaupteten, dass es besonders unerträglich sei, in einer solchen Zeit zu sitzen – dazu konnte ich nichts sagen, ich hatte nie zu einer anderen Zeit gesessen –, doch den Erfahreneren muss man wohl Glauben schenken.

Wir saßen also in der Zeit von Glasnost und Perestroika. Diese Zeit hatte, wie alle wichtigen, außerordentlichen Epochen, ihre eigenen aufgeklärten, liberalen Helden mit einem völlig neuen Image. Einer dieser Helden war Wadim Wiktorowitsch Bakatin, ein bekannter Reformer und Liberaler, den wir von einer gänzlich anderen Seite kennenlernten.

Genosse Bakatin, zu jener Zeit der Erste Sekretär des Kirower Bezirkskomitees der Kommunistischen Partei der Sowjetunion, späterer Innenminister und Vorsitzender des KGB, trat in unserem Klub- und Essenssaal mit einer Rede auf, in der er die wegen antisowjetischer Agitation und Propaganda verurteilten Dissidenten niedermachte und die Insassen der benachbarten „Zone Nummer drei mit verschärften Haftbedingungen" (die „Gestreiften", welche gestreifte Häftlingskleidung trugen) in den Himmel hob, also die Berufsverbrecher, Mörder und Banditen, indem er sagte, dass diese im Vergleich mit uns ehrenhafte Leute seien, zumindest Patrioten, kurzum, die hätten sich nicht gegen ihre Heimat ausgesprochen.

Als er diese von einem Helden der Perestroika gehaltene Tirade hörte, runzelte selbst unser Lagerleiter die Stirn, doch der von der Richtigkeit des Gesagten überzeugte Bakatin ließ sich nicht von seiner Meinung abbringen und fuhr fort. Als Erster stand Jonny Laschkaraschwili auf und empfahl ihm, statt dieses Gewächs mal den da zu waschen (er meinte den Fernsehbildschirm im Saal), der Generalsekretär wirke darauf schon ganz schwarz, und erst dann von Heimatliebe zu reden, doch Bakatin kam nicht mit Jonnys Akzent klar und sagte, er habe ihn nicht verstanden. Da erhob sich Shora und rief aus vollem Hals: „Natürlich sind euch die Mörder und Banditen sozial näher, schließlich seid ihr Meister desselben Fachs!" Der bekannte „Liberale" erbleichte (wie Rustaweli gesagt hätte, „sein Antlitz ward fahl"), knurrte, wie sie es wagen könnten, und verließ unter donnerndem Beifall des gesamten „demokratischen" Lagers im Laufschritt den Raum. Die Kriegsverbrecher, Vaterlandsverräter, Terroristen und Spione applaudierten natürlich nicht, doch waren genügend „Demokraten" da, um den vergleichsweise kleinen Saal mit ohrenbetäubendem Beifall zu füllen. Die Lagerleitung rannte dem Liberalen, der Berufsverbrecher, Mörder und Banditen bevorzugte, noch hinterher, aber der bleiche, gekränkte künftige Leiter des KGB lief so schnell, dass nicht einmal Achilles ihn eingeholt hätte, geschweige denn unsere Lagerleitung. Kaum hatte Bakatin das Lager verlassen, als der DALK (D-A-L-K – diensthabender Assistent des Leiters der Kolonie) Suraikin Shora aus der Baracke rief und ihn in Richtung Schiso, des Strafisolators, abführte. Die ganze „Zone" kam herausgerannt, als es hieß, Suraikin würde Shora aus dem schlechten Knast in den noch schlechteren abführen. Ich konnte mich nicht zurückhalten und trat auf Suraikin zu.

„Was geht hier vor sich, Suraikin?", fragte ich den wie versteinerten DALK, der Fragen seitens der Häftlinge, solch unerhört dreistes Auftreten, und vor allem solch saloppe Anrede nicht gewohnt war; die offizielle Anrede war „Bürger Lagerleiter".

Die „Demokraten" des Lagers umringten uns.

„Ich führe den zu bestrafenden Chomisuri Georgi Pawlowitsch zum Schiso", formulierte der irritierte Major Suraikin die Antwort entsprechend der Lagersatzung.

„Wofür?", fragte ich.

„Für Grobheit", erwiderte Suraikin.

„Major Suraikin, du und Bakatin, ihr wisst noch nicht, was richtige Grobheiten sind. Pass auf, gleich werf ich dir mal eine richtige Grobheit an den Kopf", warnte ich ihn. „Suraikin, ich werde deine Mutter f..."

Suraikin und die sofort zu Hilfe geeilten Kontrolleure Trifonow und Kisseljow führten Shora ab und waren so schnell wieder da, auch mich zu holen, dass unsere Freunde es nicht einmal mehr schafften, uns warme Kleidung zu holen.

Im Schiso war keine Zelle frei, deshalb brachte man Shora und mich gemeinsam in einer Zelle unter, während die zweite Zelle dauerhaft von Witautas Schabonas bewohnt wurde. Bei Schabonas konnte man niemanden unterbringen, da er eine äußerst gefährliche Sache betrieb: Den ganzen lieben Tag lang übermittelte er lautstark Informationen über die politischen Gefangenen an die von Bakatin so geliebte „Zone Nummer drei" und vergaß dabei nicht, politische Forderungen hinzuzufügen: „Freiheit den litauischen Kämpfern für Gerechtigkeit: Algirdas Andreikas, Janis Barkans, Vitautas Skuodis! Freiheit den georgischen Kämpfern für Unabhängigkeit: den Brüdern David und Lewan Berdsenischwili, Sachari Laschkaraschwili!" Konnten sie denn einem solchen Menschen Leute wie uns zugesellen, wir könnten schließlich einen schlechten Einfluss auf ihn ausüben?!

Später gab mir der Lagerleiter mit großem Vergnügen Major Suraikins Bericht zu lesen. Dieser war eine solches Juwel, dass Soschtschenko und Charms vor Neid erblasst wären.

Ich weiß nicht mehr jedes Detail, aber die Szene mit Shora und mir war ungefähr so beschrieben: „Bei der Erfüllung der mir auferlegten Pflichten, insbesondere als ich den wegen antisowjetischer Agitation und Propaganda verurteilten Chomisuri Georgi Pawlowitsch, Georgier, geboren am ... 1942 in Baku in den Schiso führte, trat der wegen antisowjetischer Agitation und Propaganda verurteilte Berdsenischwili Lewan Walrianowitsch, Georgier, geboren am ... 1953 in Batumi, auf mich zu und wandte sich auf grobe Weise, unter anderem mit den Worten ‚Suraikin, ich werde deine Mutter f...', an mich. Ich kam zu der Annahme, dass er das mit dem Ziel meiner Beleidigung tat – die Georgier fluchen nur mit dieser Absicht –, wofür wir Berdsenischwili Lewan Walrianowitsch, Georgier, geboren am ... 1953 in Batumi, für fünfzehn Tage in den Schiso sperrten, wozu ich rechtlich befugt war."

Shora sorgte dafür, dass das ganze Lager diesen Bericht Suraikins auswendig kannte.

Nach unserer Entlassung kam Shora ein paarmal mit seiner Familie – seiner Frau Nina, der Tochter Mascha und dem Sohn Pawlik – zu uns nach Tbilissi. Unsere Familien wurden sehr bald von unserer Freundschaft angesteckt. Die Chomisuris wollten schon nach Tbilissi ziehen, besonders sein Sohn Pawlik war ganz wild darauf, ihm gefiel Tbilissi und er nannte sich selbst einen Georgier. Doch sollte dieser Traum nie wahr werden; das Schicksal versetzte Shora einen weiteren grausamen Schlag: Pawlik starb im Alter von dreizehn Jahren, seine Tochter Maria wurde Nonne.

Der zutiefst überzeugte Atheist (in der Sprache des von ihm geliebten Rustaweli ein Mann des Witzes, also des Verstandes, der kein Verständnis für erhabene, himmlische Liebe hat), ein Materialist mit Leib und Seele, ein Mensch der Zahlen und Formeln, der Dr. habil. der Geologie und Mineralogie Georgi Pawlowitsch Chomisuri ließ sich in schon vorgerücktem Alter (im Alter von zwei „Homisuri" und zwei Jahren) zur Festigung der von ihm im Kampf errungenen georgischen Wurzeln in der kleinen Dreifaltigkeitskirche in Tbilissi orthodox taufen. Die an diesem Ritual beteiligten Personen – der Taufpate (und Autor dieser Zeilen) und der Taufpriester – waren fast einen halben „Homisuri" jünger als er. Das Ganze geschah natürlich am 26. August, also im „Homisuri"-Monat, dem achten Monat, der gleichzeitig der sechsundzwanzigste ist, denn 2+6=8.

JONNY

Der große russische Reformer Stolypin überging in seiner Fürsorge und Aufmerksamkeit auch das Strafvollzugssystem Russlands nicht, das nach meinem Dafürhalten bis zum heutigen Tag ein lebenswichtiges, vielleicht sogar das wichtigste System dieses Staates darstellt. Er führte eigene Regeln für die etappenweise Verlegung und Weiterverlegung der Strafgefangenen in die Gefängnisse ein, und die Menschen „jenseits der Barrikaden" erdachten sogleich den Begriff „Stolypin-Etappe". In den Etappengefängnissen wurden Sammelpunkte geschaffen, wo Häftlinge, die in eine Richtung gebracht werden sollten, monatelang auf den Transport warteten; sobald genügend Häftlinge da waren, um die nötige Anzahl Waggons zu füllen (in sowjetischen Zeiten zu überfüllen), setzte sich die „Etappe" in Bewegung. Auf diese Weise durchliefen mein Bruder und ich die Gefängnisse von Rostow, Rjasan und Potjma und kamen nach anderthalbmonatiger Reise in Mordwinien, in der Siedlung Baraschewo an.

Als ich das Lager betrat, war mein erster Gedanke, dass dies kein Lager sein konnte, sondern eine weitere Zwischenstation, ein Bestandteil der „Stolypin-Etappe". Ich dachte so, weil ich auf dem Hof ein paar Bäume und vor allem ein Gärtchen erblickte, in dem Rosen blühten. In meiner Vorstellung passten Rosen ganz und gar nicht zu einem politischen Lager oder überhaupt einem Lager, außer vielleicht einem Pionierlager. Neben den Rosen standen ein paar Häftlinge – das Begrüßungskomitee. Besonders fiel mir ein blonder junger Mann von scheinbar slawischem Äußeren auf, doch ein erfahrenes Auge lässt sich nicht täuschen: Ich sah sofort, dass er Georgier war.

Jonny, Sachari Konstantinowitsch Laschkaraschwili, geboren am 12. August 1954 in Doessi, einem Dorf im Landkreis Kaspi, Mitglied der Kommunistischen Partei der Sowjetunion, war Taxifahrer mit Fachschulabschluss. Er war eine Ausnahmeerscheinung, nicht nur innerhalb Georgiens und der Sowjetunion, sondern auch weltweit: Wir verfügen über keinerlei Informationen, dass es außer ihm noch Taxifahrer gab, welche Dissidenten oder Aktivisten nationaler Befreiungsbewegungen waren, mit Ausnahme der französischen Résistance. Im Gegenteil, die meisten sowjetischen Taxifahrer (wenn nicht gar alle) sollen mit den Sicherheitsorganen kooperiert haben. Sachari Laschkaraschwili hatte im tiefsten Untergrund die Georgische nationale Befreiungsbewegung (auf Georgisch kurz: „SEGO") gegründet und das schwierige und gefährliche Vorhaben in Angriff genommen, Kunden durch patriotische Gespräche in seinem Taxi zur Mitarbeit heranzuziehen. 1983 war es für Schewardnadse sehr wichtig, Russland unsere Loyalität und Ergebenheit zu beweisen, und er entfaltete unter dem Vorwand des 200. Jahrestages des Vertrags von Georgijewsk mit der russischen Zarin im ganzen Land eine breite liebedienerisch-prorussische Kampagne. Passende Filme wurden gedreht, Theaterstücke aufgeführt, Gedichte, Poeme, Erzählungen, Romane geschrieben, Bildwerke geschaffen, kurz: Von hundert möglichen Signalen kolonialer Unterwürfigkeit wurden hundertzwanzig nach Moskau gesandt. Im Land der Sowjets begann in jener Zeit eine tiefe wirtschaftliche Krise: Außer den Lebensmittelmarken für Fleisch und Butter gab es völlig exotische Marken für Bohnen. Die Mitglieder der Organisation „SEGO" setzten eine Idee Sachari Laschkaraschwilis um und beklebten zum Zeichen des Protests das Denkmal „Kartlis Deda" („Mutter Georgiens") mit solchen Bohnenmarken.

Am 13. Juli 1983 wurde die „SEGO" aufgedeckt, ihre Mitglieder wurden verhaftet und streng bestraft. Ihren Anführer Sachari Laschkaraschwili verurteilte man zu fünf Jahren verschärfter Lagerhaft und zwei Jahren Verbannung, seine Mitstreiter Gwiniaschwili und Obgaidse zu vier Jahren.

Wie sich herausstellte, war Jonny einer der besten Taxifahrer in der Geschichte Tbilissis. Ich habe ihn selbst als solchen nicht erlebt, doch ich kann mit Fug und Recht behaupten, dass mir in vielen Jahren als Taxi-Kunde (ich nutzte über zwanzig Jahre lang kein anderes Transportmittel, denn ein Auto habe ich mir erst sehr spät gekauft) kein derart in Tbilissis Geographie und Toponymie bewanderter Fahrer begegnet ist. Jonny wusste zum Beispiel nicht nur, dass zwischen der Straße, wo ich „zu Hause" war (das Wort setze ich in Anführungszeichen, weil mir als in Batumi Geborenem nicht das Recht zugestanden wird, mich einen „echten Tbilisser" zu nennen), also der Wedsinskaja-Straße, und der Kote-Meskhi-Straße eine Durchfahrt für Autos existierte, sondern auch, dass diese beiden Straßen durch eine schmale Fußgängergasse verbunden waren, genauer gesagt, durch zwei: eine in direkter Nachbarschaft und die andere zwanzig Meter unterhalb meines Hauses. Als echter Taxifahrer beschrieb Jonny im fernen Mordwinien meine Adresse so: „Wedsinskaja 17, das liegt im Stadtteil Mtazminda, in der Nähe der Arsena*, an der Ecke Wedsinskaja-Straße und Vierte Wedsinski-Passage; das ist genau die Stelle, wo der Asphalt en-

---

* Straße in Tbilissi – *Anm. d. Übers.*

det, und ab da haben sowohl die Wedsinskaja-Straße als auch die Vierte Wedsinski-Passage ein ganz schreckliches Kopfsteinpflaster." So erfuhr ich zum ersten Mal, dass die Asphaltstraße vor meinem Haus endete, das hatte ich bis dahin nie bemerkt.

Jonny war der geborene Geograph. Tbilissi war nicht das einzige Objekt seiner geographischen Überlegungen. Er hatte die physische wie auch die ökonomische Geographie jedes beliebigen Landes im Kopf. Er kannte die großen Städte der Welt so, als würde er dort Taxi fahren, und konnte stundenlang Vorträge über Einbahnstraßen, Streckenführungen und Verkehrsbeschränkungen in Paris, London oder New York halten. Bekannte Koryphäen wie der allwissende Mathematiker Wadim Jankow oder das Universalgenie Georgi Chomisuri wandten sich oft an Jonny, wenn sie Fragen zur religiösen Zusammensetzung in Zaire oder zur Bevölkerungszahl der Zulu in der Republik Südafrika hatten.

Einmal erklärte er den Vertretern Petersburgs (die um nichts in der Welt dazu zu bringen waren, „Leningrad" zu sagen) auf für alle verständliche Weise, wie man von der einen oder anderen Stelle zur Wassiljew-Insel kam und wie viel die Taxifahrt zu welcher Tages- oder Nachtzeit kosten würde. Daraufhin meinte das anerkannte Oberhaupt der Petersburger, Michail Poljakow: „Mit so einem Taxifahrer würde ich nicht nur auf die Wassiljew-Insel fahren, sondern bis nach nach Finnland."

Die Liebe zur Geographie führte Sachari Laschkaraschwili zu Büchern. Besonders liebte er Bücher, die Karten oder wenigstens Zeichnungen enthielten. Nahm er ein Buch in die Hand, erstellte er eine schwerwiegende Diagnose: „Futurismus-Demokratie". Das bedeutete das Fehlen von Karten. Wir erhielten für unsere harte Arbeit nur Kopeken, und man zahlte uns auch kein Geld aus – das Geld existierte nur virtuell, auf dem Papier. Ganz unvirtuell aber durften wir Bücher bestellen. Und Sachari bestellte und bestellte: Atlanten! Schließlich bestellte er sogar den Großen Atlas der Sowjetunion, der für damalige Finanzvorstellungen eine unerhörte Geldsumme kostete: siebenundzwanzig Rubel und zwanzig Kopeken. In dem riesigen Land gab es ein vortreffliches System: „Bücher per Post", und die Bücher kamen sogar in einer solchen Einrichtung an wie der unseren. Auch Jonnys Atlas kam an, die Lagerverwaltung gab ihn jedoch aus dem einfachen Grund nicht heraus, weil auch eine Karte von Mordwinien darin war, die zu Fluchtzwecken verwendet werden könnte. Das gefiel Jonny natürlich nicht, und er schlug der Verwaltung vor, die Seite aus dem Atlas herauszureißen. In seinem etwas eigentümlichen Russisch verwendete er allerdings das Wort „vyreshem" – „ausschneiden", das aber auch „niedermetzeln" bedeuten kann, und so verstand es die Lagerleitung auch: Er wolle Mordwinien „dahinmetzeln", und sie wollte den Vorschlag schon zum beabsichtigten terroristischen Anschlag qualifizieren; als aber endlich geklärt war, was genau der Strafgefangene Laschkaraschwili hatte sagen wollen, war sie ganz entsetzt: Wie man aus einem Buch Seiten herausreißen könne, wir seien doch Sowjetmenschen und keine Barbaren! Nun machte der Leiter der Bibliothek, Professor Anderson, den Vorschlag, den Atlas der Bibliothek zu überlassen, dann könnten die Hilfskräfte der Bibliothek, ohne die Seite herauszureißen, jeden Versuch, die Karte Mordwiniens anzusehen, blockieren. Der Vorschlag war hirnrissig – vielleicht wurde er deshalb auch angenommen. Man schrieb einen Vermerk in das Buch „Geschenk der Lagerverwaltung an die

Bibliothek SH-CH 385/3-5", und das Problem war gelöst, nur die Seite wurde, wie sich in der Folge zeigte, dann doch noch herausgeschnitten. Viele Jahre später bekam ich als Leiter der Nationalbibliothek noch des Öfteren solche Barbarei in Form ausgeschnittener Buchseiten zu Gesicht.

Sachari Laschkaraschwili war unverheiratet. Er erzählte uns von seiner Liebe, einem Mädchen namens Ketewan, die an der Universität studierte, und ihre Namen erschienen ihm symbolisch: Sakro und Keto (dabei dachte er an die Helden des Trickfilms). Er erzählte uns auch, wie ein gewisser Dozent als Gegenleistung für ein bestandenes Testat Ketewan etwas Ungehöriges vorgeschlagen hatte, und der künftige in der Warasiskhewi-Straße festgehaltene Polithäftling die Ehre seiner Geliebten verteidigte. Ich hoffe, jener Dozent liest diese Zeilen und erkennt sich darin wieder, denn er war gewissermaßen auch eine Ausnahmeerscheinung in seinem Land.

Letztendlich brach Ketewan doch Sacharis Herz, er aber ließ sie sausen und machte sich noch am selben Tag auf die Suche nach einer neuen Liebe. Zwei Kandidatinnen lernte auch ich kennen. Die erste war die Lagerärztin Tamara, die wir selten zu Gesicht bekamen; Jonny aber hatte Lungenprobleme und kam öfter einmal in die Krankenbaracke der „Zone", vor allem im Winter, und so hatte er auch Kontakt zu unserer einzigen Ärztin. Die Liebe war allerdings einseitig und nur vorübergehend, es folgten ihr keine nennenswerten Komplikationen wie Verse, Gedichte oder Flucht aus dem wertlosen Leben. Von anderer Art hingegen war die letzte Liebe, ich meine die letzte in der „Zone". Jonny verliebte sich in den Klassenfeind aller Häftlinge, eine Dame, die Zensorin Frau Ganitschenko.

Frau Ganitschenko war tatsächlich eine Dame von außergewöhnlicher Schönheit; die von der Natur für politische Lager und Haftanstalten festgelegten Abstriche in der Bewertung von Schönheit hatte sie nicht nötig. Der ukrainische Name war der ihres Mannes. Wie sich herausstellte, war er Leiter unseres Lagers gewesen, jedoch für seine Milde gegenüber dem Stalinisten Raslazki, genauer gegenüber dem Schnurrbart des Stalinisten Raslazki, dieses Amtes enthoben worden und setzte seine Karriere in der benachbarten „Zone Nummer drei" fort. Die Dame selbst war Moldawierin. Ihre unkomplizierteste Beschreibung erdachte sich Jonny: Sie sei Nestan Daredschan (die Heldin aus dem „Recken im Tigerfell"): die Gestalt wie eine Pappel, das Antlitz weiß, die Lippen rot, Haar und Augen schwarz.

Wenn die Zensorin Ganitschenko das Lager betrat, stieg die emotionale Temperatur um mehrere Grad. Jonny kannte die Verse seines Zeitgenossen, des georgischen Dichters Tariel Tschanturia nicht: „Leute, was für ein Mädchen, was für eine Frau! Um hundert Röntgen steigt die Strahlung!", aber dennoch stellte er fest: „Die Strahlung erhöht sich." Die meisten von uns wurden von einem Koller erfasst. In einem politischen Lager stimmt die Tätigkeit eines hauptamtlichen Zensors niemanden versöhnlich, zumal Frau Zensorin ihr schwarzes Werk mit Hingabe, auf Russisch würde man sagen, „mit Schadenfreude" verrichtete; die entsprechenden georgischen Begriffe reichen nicht aus, um jene Freude wiederzugeben, mit der die schöne Frau Zensorin dem Häftling den Brief am letzten Tag, an dem er abgeschickt werden durfte, mit einem bezaubernden, eine gewisse Intimität verbergenden Lächeln zurückgab – er sei aus Sicht der Zensur nicht akzeptabel. Der strafgefangene Chefpsychiater und Chefpsychologe der „Zone", der Freudianer-Jungianer-Adlerianer-Frommianer Doktor Boris Issakowitsch Manilowitsch behauptete, dass die bösartige Zensorin im Inneren ein guter Mensch sei, die, während sie dem Häftling den an seine Lieben geschriebenen Brief zurückgab, orgasmusähnliche Impulse empfange, das heißt den Häftling liebe. Michail Poljakow zitierte Oskar Wildes Aussage, dass Schönheit eine Form des Genies sei, entfernte sich dann gedanklich in sein fernes Petersburg und zitierte Puschkin, das Genie und das Böse seien unvereinbar, führte als Zeugen auch die Aussage eines anderen berühmten Petersburgers an: „Die Schönheit wird die Welt retten." Doch kein dichterischer Rückhalt der Petersburger half der Zensorin Ganitschenko, wenn die Häftlinge in ihren Händen den Stapel Briefe erblickten, die sie ihnen zurückgeben würde. Keiner wollte mehr ihre Schönheit sehen!

Irgendwann zog auch mich die Schönheit der Zensorin in den Bann, und ich äußerte spontan: „Ihr würde ich mich hingeben!", womit ich Wut und Empörung bei der Mehrheit der „Demokraten" hervorrief. Mit Einverständnis des allwissenden Wadim Jankow blieb mir nichts anderes übrig, als mich auf jene Stelle der „Ilias" zu berufen, an welcher Homer meisterhaft die Schönheit der schönen Helena beschreibt, ohne ein Wort über ihren Körper, ihr Antlitz oder ihre Augen zu verlieren. Die Ältesten Trojas reden abwertend über Helena, doch als die göttliche Schöne vor ihnen steht, wechseln sie langsam den Tonfall, um am Ende festzustellen: Tadelt nicht die, die um ein solches Weib Krieg führen! Obwohl Jankow das Zitat zu werten wusste und zugab, dass ich Homer im Großen und Ganzen richtig zitiert hätte, billigte der Sozialist Fred Anadenko meinen „Schnitzer" nicht und rief mir eine von Maos Weisheiten ins

Gedächtnis: „Trinke nicht, du könntest im Suff deinen Klassenfeind umarmen."

Anfänglich war Sachari Laschkaraschwili der Ganitschenko gegenüber feindselig eingestellt. Das war verständlich, denn auf Vorschlag meines Bruders David Berdsenischwili begannen wir drei Georgier – in der „Zone" nannte man uns die drei „Schwilis": zwei Berdsenischwilis und ein Laschkaraschwili – schon am ersten Tag, den wir beide in dem Lager waren, unsere Briefe auf Georgisch zu schreiben. Bis dahin wurden Briefe grundsätzlich auf Russisch geschrieben, damit die Zensorin sie lesen und ablehnen konnte. Drei Monate lang führte Ganitschenko den Kampf gegen uns, drei Monate lang mahnte uns der KGB in Tbilissi, wir sollten solche dummen Scherze sein lassen, und drei Monate lang erhielten unsere Freunde und Familien keinerlei Nachricht von uns. Doch die Information, dass man Menschen verwehrte, in ihrer Muttersprache zu schreiben, drang bis ins Ausland, und Ganitschenko verlor den Krieg. Nunmehr umgingen unsere Briefe Ganitschenko und durchliefen die Zensur in Tbilissi. Nach unserem kleinen Sieg begannen die Häftlinge nicht nur in unserem, sondern auch in den politischen Lagern von Perm, Briefe in ihren Muttersprachen zu schreiben. Selbstverständlich verstärkte das nicht gerade Ganitschenkos Liebe zu den Georgiern, sie begann nunmehr die Jagd auf ankommende Briefe und führte neue, strenge Regeln ein: Mir händigte sie die Briefe meiner Frau nicht aus, und Jonny nicht die Briefe seiner Mutter – unter dem Vorwand, Menschen mit anderen Familiennamen könnten nicht die Ehepartner oder die Mutter sein. Es kam zu einer ernsthaften Auseinandersetzung. An mich war ein Brief mit folgendem Absender angekommen: Tbilissi, Wedsinskaja-Straße 17, Inga Schirawa. Die Zensorin gab mir den Brief nicht und wollte herausbekommen, wer dieser Schirawa sei. Ich erklärte ihr, dass Inga Schirawa meine Frau sei und dass in Georgien die meisten Frauen nach der Hochzeit ihren Mädchennamen behielten, und dass aus diesem Grund meine Frau und Laschkaraschwilis Mutter andere Namen trügen als wir. „Ihr Georgier seid euch doch alle einig!", behauptete Ganitschenko: „Ihr tretet gegenseitig als Zeugen auf, euch kann man nicht trauen." Als Experten für kaukasische Angelegenheiten rief sie Rafael Papajan in den Zeugenstand. Papajan erklärte ganz entschieden: „Bei uns tragen die Frauen den Namen des Ehemannes, und in Georgien ist das wahrscheinlich auch so." (Hier fällt mir ein, was einer meiner Lehrer erzählt hatte. Das bekannte russische Akademiemitglied Sobolewski wollte nicht glauben, dass in der georgischen Syntax das Subjekt in drei Fällen stehen kann und wurde sogar ärgerlich: Ein Subjekt könne nur im Nominativ stehen!)

Darauf folgten natürlich georgisch-armenische Spannungen, wie es sie seit 1919 nicht wieder gegeben hatte. Ins Spiel kamen dabei völlig witzlose Argumente, das georgische Alphabet, die Dshwari-Kirche bei Mzcheta, Rustaweli, Kognak, den FC Dynamo Tbilissi und den FC Ararat Jerewan betreffend, bis sich der wahrhaft weise Wadim Jankow einmischte, der Nestor unseres Lagers. (Die Vergleiche mit Nestor, Achilles, der schönen Helena und anderen stellte immer Boris Manilowitsch an.) Jankows armenische Gattin hatte während ihrer zwei Ehen ihren Mädchennamen behalten, und er wusste nicht nur, dass georgische Mädchen ihre Mädchennamen behalten, sondern war auch über das äußerst komplizierte System in Litauen informiert, wo die Frauen einen Namen als Mädchen tragen, einen als verheiratete Frau und einen dritten als Witwe, wobei der ursprüngliche Stamm des Namens erhalten bleibt. Dies wurde von Witautas Skuodis bestätigt, und Ganitschenko übergab mir widerstrebend den Brief meiner Frau. Laschkaraschwili aber quälte sie zwei weitere Tage.

In dieses Ungeheuer verliebte Jonny sich. Kaum erblickte er die hohe, schlanke, einem Model auf dem Laufsteg gleichende Gestalt, rief er schon: „Er kommt!" In der Frage des grammatischen Geschlechts war Jonny unnachgiebig; selbst nachdem wir ihn tausendmal korrigiert hatten, gebrauchte er das Pronomen „er" sogar, wenn er von seiner Mutter sprach. Dann ging er ihr entgegen. Ich weiß nicht, was in Ganitschenkos Kopf vor sich ging, wenn sie vor dem Hintergrund hundertfachen völligen Abscheus gegen ihre Person einen verliebten Blick sah, das politische Lager aber war beunruhigt, die Häftlinge konnten es nicht fassen, dass die Liebe die Oberhand über den Klassenhass gewinnen konnte. Auch das in aller Eile von mir und Shora Chomisuri übersetzte Gedicht von Galaktion Tabidse „Eines Abends" half nichts.

> „Ich war natürlich bei den Weißen,
> als Kugeln die Luft durchbohrten."

Dieses Gedicht, die tragische Liebesgeschichte zwischen Dendi und Veronika, kennen alle in Batumi Geborenen wenn nicht auswendig, so doch beinahe auswendig, denn es spielt in ihrer Stadt.

„Die untergehende Sonne Batumis brannte, ein sanfter Wind wehte über dem Meer."

Nur das von uns leicht abgewandelte Finale des Gedichts, laut dem die göttliche Veronika sich als ganz gewöhnliche Revolutionärin und Mörderin erwies, nämlich als Werotschka aus Kaluga, wäre nicht in Galaktions Sinn gewesen. Dieser hatte zuvor in einem anderen Gedicht über Veronika (also auch über Ganitschenko) andere Vorstellungen geäußert; allerdings hielten Fred Anadenko und Dmitro Masur nicht nur nichts von Galaktion, sondern selbst von Friedrich Engels (von Marx behaupte ich das nicht, will die Sünden der Lagersozialisten nicht auf mich nehmen).

Eine Kommission wurde gegründet (wobei die Georgier als voreingenommen eingestuft wurden, selbst Chomisuri, der die Ganitschenko hasste, nahmen sie nicht in die Kommission auf), sie lud Jonny vor, hielt dem Verliebten eine Moralpredigt, aber die Katze lässt bekanntermaßen das Mausen nicht. Jonny versprach Besserung, am nächsten Tag aber ging alles von vorn los. In der Zwischenzeit hatte „er" eine provozierende Taktik entwickelt – begann, sich noch hübscher und vernichtender zu kleiden und zu schminken, und ging so weit, dass selbst Anadenko nicht mehr an sich halten konnte: „Verdammt, die ist aber auch hübsch!" Irgendwann dann wurde Jonny zur Lagerleitung gerufen und gefragt, ob er nicht wisse, wessen Frau die Ganitschenko sei und ob er schon einmal von Oberst Ganitschenko gehört habe, worauf der in Kaspi aufgewachsene Laschkaraschwili eine Gegenfrage stellte: „Haben Sie schon mal von Georgi Saakadse gehört?", hinzufügte, dass sie ihn kennen sollten und dass sie „Anna Antonowskaja" lesen oder wenigstens den Film anschauen sollten, und schließlich so ganz nebenbei bemerkte: „Das war ein Scherz, und ich liebe IHN auch gar nicht, ich habe eine georgische Braut", worauf man ihn in Ruhe ließ.

Die russische Sprache fiel ihm schwer. Er redete zwar tapfer drauflos, machte aber immer wieder Fehler. Einmal kam seine Mutter ihn besuchen, ihm stand jedoch kein persönliches Treffen zu (Insassen von Lagern mit verschärften Haftbedingungen durften nur einmal im Jahr für ein bis drei Tage persönlichen Besuch erhalten; uns gestand man in der Regel zwei, Vaterlandsverrätern, Terroristen und Kriegsverbrechern dagegen drei Tage zu), und Jonny durfte sie daher nur zwei Stunden in einem mit Glasfenster und Telefon versehenen Raum unter Trimaskins Aufsicht sprechen (Trimaskin war einer der vergleichsweise milden Offiziere). Als die Mutter zu reden begann: „Gamardshoba, schwilo!"*, schritt Trimaskin sofort ein: „Sprechen Sie ausschließlich russisch!" Nun begannen die Qualen der Georgier. Später erzählte Jonny: „Ich kann schon nicht gut Russisch, aber im Vergleich zur Mutter bin ich der reinste Puschkin, sie kann es überhaupt nicht." Sobald die Mutter georgisch sprach, knurrte Trimaskin sie an, worauf er mit einem „Sikvdilida kubo!" bedacht wurde („Tod und Sarg dir!"). Darauf Trimaskin: „Russisch!", und die Mutter: „Tod und Sarg!" Ein so idiomatisches Russisch verstand nicht einmal der aus Mordwinien stammende Trimaskin. Letztendlich lief, wenn man Jonny Glauben schenkte, das Gespräch ungefähr so ab: „Natela hat heiratet. Er so schön, nu, lamas, dass twals wer waschoreb, verstehst du?" Trimaskin regte sich auf: „Wer ist schön?" „Natela, Natela ist schön", erklärte Jonny ihm.

Mir scheint, dass Jonny, als er das allen erzählte, als Solist vor zwanzig Mithäftlingen sozusagen, als echter georgischer Schwadroneur ein wenig übertrieb; es konnte nicht sein, dass seine Mutter nicht einmal grundlegende Kenntnisse des Russischen besaß, aber dass Mutter und Sohn, die sich seit Jahren

---

* „Guten Tag, Söhnchen!"

nicht gesehen hatten, sich nicht in ihrer Muttersprache unterhalten durften, ist Tatsache. Wenn heute einer der leiblichen Söhne jenes kannibalischen Systems vom hohen Thron herab kundtut, was für ein schreckliches Ereignis der Zerfall der Sowjetunion gewesen sei und dass derjenige, den dieser Zerfall nicht betrübt, kein Herz im Leib habe, dann überzeugen diese Aussagen Jonny, seine Mutter und mich nicht; um es auf Deutsch, der Sprache des Schöpfers der Grundprinzipien der neuen Zeit, zu sagen: „Wie bekannt, ist es eine unbestrittene Tatsache."

Jonny hatte, genau wie Chasanows beliebte Comedy-Figur, eine kulinarische Fachschule abgeschlossen. Da er wegen seiner Lungenprobleme öfters in die Krankenbaracke eingewiesen wurde, stand ihm Diät zu. In der Freiheit ist der Begriff „Diät" negativ besetzt, in Gefängnissen und Lagern dagegen ist dieses edle griechische Wort von außerordentlich positiver Bedeutung. Diät bedeutete vor allem 1 gekochtes Ei, 100 g Weißbrot, 200 ml Milch, 20 g Butter, 60 g Käse und 120 g gekochtes Rindfleisch pro Tag (während der gesamten Haftzeit hat von uns nie einer diese himmlischen Dinge zu Gesicht bekommen). Jonny entzog seinen Lungen die Butter und hortete sie fürs Herz, das heißt für das Neujahrsfest, bewahrte sie in einem Glas mit Wasser auf. 1986 stellte Jonny Laschkaraschwili eine Neujahrstorte her. Als Mehl diente eine in einer von uns entwickelten Technik hergestellte Masse: Das am 9. Mai erhaltene Weißbrot hatte Jonny sogleich in winzige Stückchen geschnitten und acht Monate lang getrocknet, dann zerkleinert, genauer gesagt zerstoßen und gesiebt (Rafael Papajan besaß ein Mikrosieb); was nicht durchs Sieb passte, bewahrte er für die Tortendekoration auf (er gestaltete eine „1986" daraus).

Aus Milchpulver, Schlagsahne, dem „Mehl" und Wasser wurde die Teigmasse gemixt und in Grischa Feldmans legendärem Herd abgebacken. Für die Creme verwendete er die Butter, abgekochte gezuckerte Kondensmilch (aus dem Päckchen, das ich im September erhalten hatte; ich hatte es sorgfältig aufbewahrt), sowie Vanille aus Jonnys Päckchen vom Oktober. Es war immer so, dass in meinem Päckchen Nüsse, Knoblauch, getrocknete Paprika, getrockneter Koriander und Chmeli Suneli waren, und in Jonnys Zimt, Piment, Lorbeerblätter, Ingwer und Vanille. Die Tortenpremiere fand am 1. Januar 1986 um 0.01 Uhr statt, nachdem wir mit unserem selbstgemachten Getränk auf das neue Jahr angestoßen hatten.

Theaterliebhaber wissen, wie sich der grandiose Erfolg einer Premiere anfühlt. Ich aber kann, in Anlehnung an Homer, nur den in den ersten Minuten des 1. Januar 1986 erlebten kulinarischen Schock beschreiben: Chomisuri äußerte nur ein einsilbiges „Uach!", Rafik ein zweisilbiges „Pach-pach!", Genrich ein dreisilbiges „Karabach!", und ich sagte: „Besser als Ganitschenka" (wir beugten auch die eigentlich undeklinierbaren ukrainischen Namen, wie es ja auch die Ukrainer tun. Übrigens hatte das auch Tschechow getan, dessen umfangreiche Briefwechsel ich in der Isolationshaft in Tbilissi in Ermangelung anderer Bücher beinahe auswendig gelernt hatte). Jonny war glücklich, schließlich hatte ich zuvor erwähnt, dass ich ein Kenner guter Küche sei!

In unserem Lager gab es einen hologeorgischen, also rein georgischen Vorfall. Damit will ich sagen, dass an diesem Vorfall nur ethnische Georgier beteiligt waren. Shora Chomisuri vergötterte Rabelais, ich aber war der Meinung, dass hier sein georgisches Blut sprach, denn ich kenne keinen „georgischeren" Autor in der Weltliteratur als François Rabelais, einen Franzosen durch und durch. Gleichzeitig muss ich anerkennen, dass Rabelais auch in Mordwinien kein Unbekannter war: Im DubrawLag und in Saransk hatte seinerzeit der herausragende russische Rabelais-Forscher Bachtin seine Haft- und Verbannungsjahre verbracht, so dass Rabelais im Lager als einer „der Unsrigen" galt. Einmal stand ich mit Shora Chomisuri im Waschraum, genauer: in der sogenannten Kurilka, wo wir uns über Rabelais unterhielten. Shora wollte wissen, ob Rabelais ins Georgische übersetzt worden sei. Ich teilte ihm mit, dass man ihn natürlich übersetzt habe, dass sogar zwei Übersetzungen existierten: eine unvollständige der Dame Bagrationi und eine vollständige von Gogiaschwili. Gogiaschwili hatte zu einem interessanten künstlerischen Mittel gegriffen, indem er einige Begriffe aus der kachetinischen Mundart verwendete. In dem Augenblick kam ein weiterer georgischer Bewohner der „Zone" hinzu, Arsén Lolaschwili, der mit halbem Ohr das Wort „kachetinisch" vernommen hatte, beleidigt wissen wollte, wieso ich über die Kachetinier schlecht redete, und sogleich auf mich losging. Die Kurilka war zu klein für den Konflikt, und schon befanden wir uns auf dem Hof: Arsén wurde von Jonny zurückgehalten, und ich von Shora. Dieses ungewöhnliche Ereignis eines innergeorgischen Konflikts, begleitet von einer lexikalischen Vielfalt, für die alle Konversations- und orthographischen Wörterbücher der georgischen Sprache zu klein waren, ließ SH-CH 385/3-5 vor Verblüffung erstarren. Niemand wagte sich zu nah an uns heran.

Arsén Lolaschwili war ein kachetinischer Bauer, der schon immer im Konflikt mit dem Gesetz gestanden hatte und der den politischen Paragraphen erst beim dritten Anlauf „erwischte". Er hatte versucht, illegal die Grenze zur Türkei zu überqueren, und hatte dabei irgendein antisowjetisches Elaborat bei sich. Seiner Anklageschrift war in keiner Weise zu entnehmen, wann und wie er die Heimat verraten hatte. Er war einfach nur erbost gewesen und wollte weg aus Georgien. So erbost war er und so schnell rannte er weg, dass er nicht einmal darüber nachdachte, was da vor ihm lag: die Türkei oder Armenien. Von Politik hatte er keine Ahnung, verwechselte Menschenrechte und Demokratie vor allem mit Sodomie. In den ersten Tagen unseres Aufenthalts in der „Zone" näherten wir uns Arsén und Jonny an und hatten ein gutes Verhältnis zu beiden. Arsén begann uns erst abzulehnen, nachdem wir uns auch mit Shora Chomisuri und Rafael Papajan angefreundet hatten. Er stellte uns ein Ultimatum – entweder ich oder Chomisuri – und tat uns seine nicht sehr liberalen Gründe für den Hass auf Chomisuri kund. Wir gingen dann friedlich unserer Wege, obwohl er offenbar immer noch Groll im Herzen trug. Interessant war nun die Konstellation: Zwei Georgier gingen aufeinander los, und Georgier wiederum hielten sie zurück. Plötzlich aber zückte Arsén ein Messer und stieß es Jonny, der ihn zurückhalten wollte, in den Bauch. Es war ein kleines Messer, solche hatten wir alle, da wir sie für die Arbeit in der Fabrik benötigten; normalerweise ließen wir sie am Arbeitsplatz oder in der Baracke, niemand kam auf die Idee, es bei sich zu tragen. Nachdem Jonny gestürzt war, fiel Arsén über mich her und stieß Shora zur Seite. Mit einem Fußtritt schlug ich das Messer aus Arséns Hand (dieser Szene widmete unser anerkannter Poet und Lagerchronist Manilowitsch später ein kleines Poem). Nun stürzte sich die halbe „Zone" auf Arsén, der kein Messer mehr hatte, während Shora und ich zu Jonny stürzten. Die Wunde war nicht tief, obwohl das Blut aus ihr herausspritzte. Der Heiler und Kräuterspezialist Arnold Arturowitsch Anderson wusch die Wunde sogleich aus, deckte sie mit Wegerich und Kamille ab, zerriss ein T-Shirt meisterhaft zu einer Binde, wofür er den Beifall des Opfers erhielt, und verband ihn fest wie eine Seidenraupe. Die Lagerleitung ließ sich die ganze Zeit über nicht blicken.

Jonny trat unauffällig an Arsén heran und sagte ihm, dass er, falls er nach dem Messer befragt würde, so tun solle, als habe er kein Messer gehabt. Die „Zone voller Spione und Verräter" war, wie sich zeigte, tatsächlich voller Spione, und so war die Lagerleitung voll und ganz im Bilde, bis auf die Ursache der Prügelei selbst. Befragt wurde niemand außer Arsén. Er gab dann wohl doch zu, dass er ein Messer hatte (später rechtfertigte er sich, er könne nicht lügen), und man steckte ihn in den Schiso. Hätten Shora oder ich Vergleichbares getan, wären uns zusätzliche acht Jahre und die Überführung ins Tschistopoler Gefängnis (eine euphemistische Bezeichnung für die Hölle) sicher gewesen, Arsén aber kam glimpflich davon, und hätte er bestritten, dass er ein Messer hatte, wäre er nicht einmal in den Schiso gekommen.

Ein paar Jahre später, als mein Bruder David Berdsenischwili als Direktkandidat aus Batumi ins erste Parlament des unabhängigen Georgien gewählt worden war und in der Opposition zu den Regierenden wirkte, entstand bei dem einen oder anderen der Wunsch, gestützt auf einen ihrer Meinung nach verlässlichen Menschen, die Karte „Arsén Lolaschwili" auszuspielen und uns angeblicher, im Lager begangener „Untaten" zu bezichtigen. Präsident Swiad Gamsachurdia erfuhr von der geplanten Selbstjustiz, für die man schon den Zeugen

Lolaschwili ins Parlamentsgebäude geladen hatte. Er schickte Temur Koridse hin, Lolaschwili wurde aus dem Parlament gejagt: Politische Strafgefangene solle man umsorgen und nicht mit Schmutz bewerfen, und wie es passieren könne, dass man den dreimal verurteilten Ganoven Lolaschwili, der den künftigen Präsidenten Gamsachurdia vor zehn Jahren verunglimpft hatte, überhaupt in das Gebäude des Obersten Sowjets gelassen habe und so weiter.

In der georgischen Sprache gibt es keinen Begriff, der Jonnys politische Ansichten beschreiben könnte. Mit gewissen Einschränkungen könnte man sie als extremistischen Ultraradikalismus bezeichnen, was aber zur vollständigen Beschreibung nicht ausreicht. Als Ideal sah er die Irisch-Republikanische Armee an und sagte, dass ohne Terror nichts ginge. Er geriet in rasende Wut, wenn die Rede von liberalen Demokraten war. Terror, nur Terror, Bewaffnung und Kampf seien nötig! Und das sagte ein Mann, der zuvor und auch später keiner Fliege etwas zuleide getan hat. Im Februar 1987 war in den politischen Lagern der Sowjetunion kein einziger politischer Häftling mehr. Aber nein, zwei waren doch noch drin: Wachtang Dsabiradse und Sachari Laschkaraschwili! Nachdem alle politischen Strafgefangenen diskutiert und sich geeinigt hatten, unter den veränderten politischen Bedingungen den leicht zu akzeptierenden Text zu unterschreiben (als Erste hatten bereits Sacharow und Orlow ihre Unterschriften daruntergesetzt) und nach Hause zurückzukehren, lehnten diese beiden Georgier das ab und verbrachten noch ein paar Monate im Gulag. Sachari Laschkaraschwili wurde am 3. Juni 1987 buchstäblich aus dem Lager gejagt. Nach seiner Entlassung fand er sich in der nationalen Bewegung nicht wieder; als vermeintlicher Radikaler und Revolutionär konnte er keine Gleichgesinnten finden. Hinzu kamen materielle Not sowie ständiger Geldmangel, und so ging Jonny Laschkaraschwili in die Emigration. Er ließ sich mithilfe dortiger Georgier in Paris nieder, erhielt vom Rundfunksender „Svoboda" ein paar Groschen für irgendwelche Reportagen. Einem unserer georgischen Führer flößte Judas Gift ins Blut, und er verleumdete Jonny von Tbilissi aus gegenüber dem bekannten Dissidenten Ginsburg: Man solle Laschkaraschwili nicht trauen, er sei ein Agent des KGB. Ich habe in meinem Leben viel Ungerechtigkeit gesehen, aber die Kränkung dieses im Grunde politischen Heiligen war eine besonders skrupellose und schmutzige Intrige. Sie nutzte die Tatsache aus, dass das Wort des Sohnes einer anerkannten und gebildeten Familie, des künftigen Oberhaupts der Nation weit mehr zählt als das irgendeines Taxifahrers mit mittlerer Fachschulausbildung. Ginsburg glaubte dem führenden georgischen Politiker, und Laschkaraschwili verlor seinen mit Mühe ergatterten Job. Er kam dann finanziell gerade so über die Runden, schlug sich mit schweren Gelegenheitsjobs in der fremden Stadt durch.

Die schnellste Möglichkeit, Paris kennenzulernen, ist, sich in den oberen Stock eines Doppelstockbusses zu begeben, Kopfhörer aufzusetzen, die gewünschte Sprache auszuwählen (eine westeuropäische Sprache, Japanisch, Chinesisch oder Russisch) und „die Ohren und Augen" zu spitzen. Wenn Sie Glück haben und aus dem liebenswürdigen „Entre, s'il vous plaît" des Busfahrers einen starken georgischen Akzent heraushören, dann wissen Sie: Sie haben Sachari Laschkaraschwili vor sich. Er wollte Taxi fahren, hatte alle Prüfungen – Fahren, Topographie, Streckenplanung – mit bestmöglichen zehn Punkten bestanden, war jedoch an der französischen Sprache gescheitert, und sein Wunsch, Taxifahrer in Paris zu werden, blieb ein unerfüllter Traum. Jonny hat geheiratet, ein Mädchen aus Sestaponi, wen sonst sollte er in Frankreichs Hauptstadt auch kennenlernen? Und so sprechen die Eltern georgisch, und die Kinder mit ihnen französisch. „Sie bringen mir Französisch bei!", erklärt er uns manchmal.

RAFIK

Auf der gesamten Erdkugel gibt es keinen Menschen, mit dem ich so viel geredet und gestritten habe wie mit Rafik. Ich wüsste auch keinen anderen Menschen, mit dem ich so viele Themen hätte, über die wir reden und diskutieren könnten.

Unsere Haft, und zugleich unsere Beziehung, endete vor fast einem Vierteljahrhundert, obwohl die Anlässe für Gespräche, Diskussionen, Streits und Wortgefechte für die kommenden Jahrhunderte ausgereicht hätten.

Rafik – Rafael Aschotowitsch Papajan, geboren 1942, Vater einer Familie mit zwei Kindern, wurde am 10. November 1982 verhaftet und zu vier Jahren Lager mit verschärften Haftbedingungen und zwei Jahren Verbannung verurteilt. Rafik hatte 1975 gemeinsam mit Eduard Arutunjan die armenische Helsinki-Gruppe gegründet. Als Arutunjan und zwei Mitglieder seiner Gruppe verhaftet wurden, führte man auch bei Rafik und Edmon Awetikjan Haussuchungen durch. Damals nahm man ihn nicht fest, doch er erhielt eine strenge Verwarnung. Da diese aber nicht half, wurde er gemeinsam mit Shora Chomisuri verhaftet und in den Gulag komplimentiert.

Rafiks Vater, Aschot (Aramaschot) Papajan, war ein in Armenien bekannter Mann, zunächst als Schauspieler, später auch als Autor von Theaterstücken, vor allem Komödien, und Drehbüchern. Übrigens stellte sich heraus, dass Aschot aus unserer Gegend stammte, er war wie Dato und ich in Batumi geboren, so dass Rafik, ohnehin unser Landsmann, auch beinahe „Batumier" war. Rafael Papajan war für mich auch deshalb ein besonderer Mithäftling, weil wir beide zum einen die Ersten in der Geschichte des Baraschewer politischen Lagers waren, die einen internationalen „Kolchos" beziehungsweise Kibbuz (also eine internationale Kollektivwirtschaft) gründeten, namentlich die „Christliche Föderation der Völker des Südkaukasus" (bis dahin hatten die wirtschaftlichen Zusammenschlüsse der politischen Strafgefangenen stets ausgeprägt nationalen Charakter getragen), zum anderen, weil er unter all den vielen Häftlingen mein einziger wirklicher „Kollege", also ebenfalls Philologe war. Rafael Papajan hatte am Jerewaner Brjussow-Institut für russische Sprache und Fremdsprachen studiert und war Kandidat (Doktor) der philologischen Wissenschaften. Seine dreijährige Aspirantur hatte er an der Universität Tartu absolviert und in diesem hervorragenden wissenschaftlichen Zentrum auch seine Dissertation bei dem berühmten Juri Lotman verteidigt.

Ich brauchte nicht lange, um festzustellen, dass Rafik ein erstaunlicher Mensch war. Genau aus diesem Grund begann ich, ihn unentwegt zu beobachten. Er war für mich ein Phänomen, das es zu studieren galt. Papajan war ein äußerst vielseitiger Mensch: ein Gelehrter, der sich glänzend in der Geschichte Armeniens und Georgiens auskannte, ein hervorragender Experte der russischen Sprache und Literatur, ein exquisiter Stilist, talentierter Poet und ein äußerst belesener, taktvoller und achtsamer Mensch mit einem nur ihm eigenen, traurigen Humor, von kolossalem Arbeitseifer und äußerster Geduld.

Ungeachtet seiner Vielseitigkeit war Rafik vor allem die personifizierte Meisterschaft.

So wie die dankbaren Landsleute den vielseitigen Mesrop Maschtoz vor allem den „Übersetzer" nannten (was bedeutet, dass sie dessen Übersetzung der Bibel als Hauptverdienst dieses Schöpfers des armenischen Alphabets, Aufklärers, Missionars und Heiligen der Armenisch-Apostolischen und Armenisch-Katholischen Kirche ansehen), so könnte man auch Rafik mit nur einem Wort charakterisieren, und dieses Wort wäre „Meister". Das handwerkliche Geschick der Armenier ist legendär, und Rafik gehörte zu seinen talentiertesten Vertretern. Eines seiner „Meisterwerke" (wie Borja Manilowitsch es formulierte) war ein Gerät, das gleichzeitig zwölf Machorka-Zigaretten drehte und das er mir schenkte, als ich „so alt geworden war wie Christus", allerdings gelang es ihm nicht, mich auch mit der nötigen Geduld auszustatten, die für die Fertigung der Zigaretten mit diesem Gerät nötig war, und so drehte ich meine Machorkas auch weiterhin per Hand. An seine Nähmaschine montierte er einen selbstgebauten doppelten Propeller, und im Sommer gab es nichts Angenehmeres, als daran zu sitzen. Er stattete die Nähmaschine mit so vielen Verbesserungen und Vereinfachungen aus, dass er die Tagesnorm bisweilen schon um elf Uhr vormittags schaffte und in den restlichen Stunden für künftige Tage vorarbeitete. (Es hieß damals, er habe für „schlechte Zeiten" mehrere Tausend fertige Paar solcher Arbeitshandschuhe liegen. Ich habe allerdings keine Ahnung, welche Zeiten noch „schlechter" sein sollten als jene.)

In seiner Freizeit baute Rafik zu unterschiedlichen Zeiten eine automatische Knoblauchpresse (ein Gerät, das die meiste Zeit über ungenutzt dastand, denn woher sollten wir den Knoblauch dafür nehmen?), eine automatische Vorrichtung zur Zerkleinerung von Nüssen (auch dies im Grunde ein Präsentationsmodell, denn Nüsse waren ebenfalls „seltene Früchte", und außer uns Georgiern hatte nie jemand welche). Er schuf auch eine Vorrichtung zur Liniierung von Druckerpapier, eine zum abfallfreien Entgräten von Fischstücken, ohne die Struktur des Fischfleisches zu beschädigen, einen mechanischen Fleischwolf aus Holz (Fleisch bekam ich im Lager drei Jahre lang nicht zu sehen), eine selbstentwickelte Waage, die natürlich aufs Milligramm genau wog, und so weiter und so fort. Man konnte sich nicht alles merken, geschweige denn hier aufzählen. Wenn es nicht schon etliche Theorien gäbe, die die armenische Herkunft der Genies verschiedener Völker und Epochen belegen sollen (ich selbst habe zu verschiedenen Zeiten gehört, wenn auch nicht von Rafik, dass es „unwiderlegbare Beweise" für die armenische Abstammung von Rustaweli, Shakespeare, Byron, Mozart, Julius Caesar, Christus, Buddha, Mohammed, Juri Dolgoruki, Lew Tolstoi sowie Leonardo da Vinci gäbe), so würde ich selbst einiges an Argumenten einbringen und mich dabei auf das, wenn man so sagen darf, geniale materiell-technische Schaffen von Rafik Papajan berufen.

Er war ein Verfechter des Zurücklegens, Sparens, Versteckens, Konservierens, Aufbewahrens und Nur-dünn-Aufschneidens. Es machte ihm auch nichts aus, dass ihm vor etlichen Monaten die von seiner geliebten Gattin Anait zubereitete Kaurma vergammelt und letztlich von Grischa Feldman verdrückt worden war. Und das war noch gar nichts: Zu Neujahr rückte er wesentlich länger (drei Jahre!) gelagertes Eingemachtes heraus – Balyk, Störfilet –, und zwar nur aus der Erwägung heraus, dass er nächstes Jahr nicht mehr im Lager sein würde und er es nicht allein in der Verbannung essen wollte!

Die Neujahrstorte aus jener Butter, die Jonny Laschkaraschwili sich während der Krankheit vom Munde abgespart hatte, wurde von Rafik beanstandet: Er erklärte, dass wir in diesem Jahr ohnehin genug zu essen hätten (was meiner Meinung nach etwas übertrieben war), und dass man diese Butter hätte aufsparen sollen, da man nicht wisse, was uns im kommenden Jahr erwarte.

In der „Larjok" genannten Einkaufsmöglichkeit gehörte Butter nicht zum spärlichen Sortiment, deshalb hieß in der Lagersprache die Aussage „Im Larjok gibt's Butter" so viel wie „Bleib mir vom Hals". Im Larjok gab es Waren, die sich hoher Nachfrage erfreuten, und solche, an denen geringerer Bedarf bestand. Zu den stärker nachgefragten Artikeln gehörten Sonnenblumenöl (die Flasche einen Rubel und zwei Kopeken, inklusive 20 Kopeken Flaschenpfand, der am nächsten Verkaufstag wieder einzulösen war), schwarzer Tee (90 Kopeken), Machorka (15 Kopeken das Päckchen, wobei ich zum Beispiel 20 Schachteln im Monat benötigte), Streichhölzer (1 Kopeke; die musste man besitzen, die lieh einem keiner), runde Bonbons, die man statt Zucker verwenden konnte (3 Rubel das Kilo, wobei wir nicht mehr als 200 Gramm kaufen durften), Schulhefte (die klassische sowjetische Version mit 12 Seiten kostete 2 Kopeken), und Füller (ein Füller war teurer: 30 Kopeken). Vergleichsweise geringe Nachfrage bestand nach allen möglichen „Jams", also Marmeladen (1 Rubel das Glas inklusive 10 Kopeken Pfand, der einzulösen war), Fischpastete der Marke „Wolna" (76 Kopeken), die ewigen sowjetischen Konserven „Touristenfrühstück", eine unvergleichliche Kombination aus Fisch, Tomaten und Reis (80 Kopeken), Luxus-Tabakwaren (zum Beispiel ungefilterte Zigaretten der Marke „Prima" zu 15 Kopeken), und ein paar Waren aus dem Bereich der Phantastik und Häftlingsverhöhnung, zum Beispiel Filterzigaretten der Marke „Marlboro", ein Erzeugnis der Kischinjower Tabakfabrik, zum Preis von einem Rubel fünfzig, nach denen überhaupt keine Nachfrage bestand und die deshalb von Larjok zu Larjok unverkauft blieben.

Rafik hatte am 22. Dezember Geburtstag. Im ersten Jahr unseres Lagerdaseins, als wir noch entsprechend unerfahren waren, beschlossen Dato und ich, den Jubilar zu überraschen, opferten von den uns im Monat gemeinsam zustehenden zehn Rubeln drei und kauften ihm ein unerhört teures Geschenk: zwei Schachteln „Marlboro". Wir waren überzeugt, dass unser Freund von unserem finanziellen Opfermut in helle Verzückung geraten würde, und konnten den Moment kaum erwarten, in dem wir pochenden Herzens das wertvolle Geschenk überreichen durften. Am Abend, zu Rafiks bescheidenem Festmahl, übergaben wir das sorgfältig verpackte Präsent. Der Jubilar wickelte es behutsam aus dem Zeitungspapier, erblickte die Zigaretten, und da vergaß, ähnlich wie der damalige Präsident der USA Ronald Reagan, der einzige Sohn des Schauspielers und Dramaturgen Aramaschot Papajan Rafael die alte Volksweisheit vom geschenkten Gaul und seinem Maul, heulte mit wahrhaft tragischer Stimme auf, rief den Herrn an, verpetzte uns, seine nächsten Nachbarn, sozusagen bei den himmlischen Heerscharen: Was wir elenden Georgier da angerichtet hätten, schließlich könne man für drei Rubel drei ganze Gläser Marmelade kaufen!

In einem der Trinksprüche, die wir mit Tee auf sein Wohl ausbrachten, nannte ich ihn „Träger des Ordens der Sparsamkeit", was ihm durchaus gefiel. Er sparte alles für später auf, Jonny nannte ihn einen Depotleiter, mich dagegen Museumsdirektor. Was sein Talent als Geschäftsmann betraf, so konnte sich in unserer „Zone" niemand mit Rafik messen. Einmal brauchte einer der Häftlinge dringend eine Briefmarke, er klapperte die ganze „Zone" ab und kam schließlich auch zu uns: „Es ist mein Untergang", sagte er, „ich krieg den Brief nicht abgeschickt, das ist meine letzte Chance diesen Monat, erlöst mich!" Was für ein schreckliches Gefühl, wenn man wegen einer fehlenden Dreikopekenmarke den im Laufe von zwei Wochen geschriebenen, zweiunddreißig Seiten langen Brief umsonst verfasst hat, denn die einzige Stimme, mit der man zu seinen Lieben sprechen kann, ist ein Brief, und wenn einem auch diese Möglichkeit genommen wird, landet man in einem Sog innerer Leere und Abkehr und möchte nicht mehr leben. Jener Ukrainer saß bei mir und erklärte mir das, seine Stimme bebte und er stand kurz vor einer tiefen Depression. Ich beruhigte den Mithäftling, keine Sorge, ich würde ihm eine Marke besorgen, und ging los, ganz wie die Laus aus dem georgischen Volksmärchen oder wie Awtandil aus dem „Recken im Tigerfell", und landete, wie konnte es anders sein, bei Rafik. Ich sprach zu ihm: „Rafik, Achper-dshan, zawatanem,* „ich brauche eine Briefmarke, ein guter Mensch kommt sonst um!"

„Eine Briefmarke ist eine Rarität", meinte Rafik. „Ihr Preis hängt vom Marktwert ab. Ist der Klient bereit zu zahlen?"

„Was soll er denn zahlen? Der Mann braucht einfach nur eine Dreikopekenmarke!", offenbare ich meine naive Ahnungslosigkeit in geschäftlichen Dingen.

„Achper-dshan, Lewan-dshan, ich habe keine Lust, dir jetzt einen Vortrag über georgische Verschwendungssucht zu halten. Euer Eigentum habt ihr verschleudert, und jetzt wollt

---

* „Geliebter Bruder, ich will dein Leid mit dir tragen ..."

ihr mir beibringen, was eine – wie viel sagst du – Dreikopekenmarke kostet?"

„Was kostet denn eine Dreikopekenmarke? Zehn Kopeken?", fragte ich in möglichst geschäftlichem Ton.

„Zehn ist eine gute Zahl, aber an deiner Stelle würde ich mit dieser Zahl nicht so leichtsinnig umgehen. Du sagst doch selbst, dass die Marke im Larjok drei Kopeken kostet, ich multipliziere sie mit dem Koeffizient dringender Bedürftigkeit, also zehn, und lege einen, wie die Engländer sagen, *emergency price* fest: dreißig Kopeken, also zwei Schachteln Machorka."

„Warum denn so viel – zwei ganze Schachteln Machorka?" Ich konnte meine Entrüstung nicht verbergen.

„Wir wollen feilschen?", fragte Rafik mit einem Gesichtsausdruck, bei dem mir jede Lust zum Feilschen verging. Und er fügte ein Argument aus der klassischen Literatur hinzu. „Ich denke, das Feilschen ist hier fehl am Platz", erklärte er streng wie Ostap-Suleiman-Berta-Maria-Bender-Bey, und begann, weitere Erzeugnisse aufzuzählen, die 30 Kopeken kosteten: zwei Schachteln „Prima", eine Streichholzschachtel voll Tee und so weiter.

Ich ging zu meinem ins Unglück geratenen ukrainischen Bruder, erklärte ihm die Situation und bat ihn um ein Päckchen Machorka. Glücklich und zufrieden kam er sofort mit einem Päckchen an.

„Du weißt", sagte ich, „hätte ich eine Marke gehabt, dann hätte ich sie dir geschenkt."

„Ich weiß", erwiderte er. „Ich auch, wenn du in Not gewesen wärst, aber ich brauche sie so dringend, dass es mir um ein Päckchen Machorka nicht leidtut. Gut, dass der Markenbesitzer keine zwei Päckchen haben wollte, oder sogar mehr."

Als taktvoller Mensch fragte er gar nicht erst, von wem die Marke war, obwohl er sich sicher denken konnte, wer im Lager über eine derart defizitäre Ware verfügte.

Ich tat aus meinem Vorrat ein Päckchen hinzu und trug sie zu Rafik.

„Siehst du", meinte Rafik. „So schnell hat sich der Klient bereiterklärt, zwei Päckchen zu zahlen! Ich hätte drei fordern müssen!"

Ich erzählte ihm nicht, dass eines der Päckchen von mir war, zumal Rafik mir als „Gewinnbeteiligung" mein Päckchen Machorka zurückgab. Ehrlich gesagt, hatte ich meinen Machorka nicht für meinen ukrainischen Freund gestiftet, weil ich ein besonders guter Mensch bin, sondern es war mir einfach peinlich, für eine unglückselige Marke zwei Päckchen Machorka zu fordern. Rafik aber beschloss nun allen Ernstes, künftig in solch dringenden Fällen den Koeffizienten für den *emergency price* auf fünfzehn hochzusetzen.

Rafik war ein Mann mit Prinzipien und nahm an allen Protestaktionen teil. Die Hauptform der Proteste war der Streik. Dann gingen wir nicht zur Arbeit in die Fabrik. Einige Häftlinge untermauerten diesen Prozess mit einem Brief an den Generalstaatsanwalt der UdSSR Rekunkow. Im Brief stand dann: Herr Generalstaatsanwalt der UdSSR, zum Zeichen des Protestes gegen dies und jenes erkläre ich an dem und dem Tag den Streik, darunter die Unterschrift: Häftling soundso. Brief in den Umschlag, Umschlag in den Kasten und ab die Post. Wir Georgier ließen nicht eine Aktion aus, schlossen uns allen Protesten an, doch den Generalstaatsanwalt der UdSSR erkannten wir nicht an und schrieben ihm deshalb keine Briefe; die Information darüber, wer am Streik teilnahm und wer nicht, ging sowieso mit Sicherheit an die richtige Adresse. Die anderen schrieben diese Briefe und steckten sie in den Kasten. Jonny Laschkaraschwili bestand immer wieder darauf, dass Rafik Kaukasier sei und deshalb dem Generalstaatsanwalt keine Briefe schicken solle, und einmal, als Rafik einen an Rekunkow adressierten Brief in den Kasten stecken wollte, riss Jonny ihm das Kuvert aus den Händen, öffnete es und strahlte: Darin lag ein leeres Blatt Papier.

Rafik war, wie wir schon erwähnt haben, ein Schüler Lotmans. Es stellte sich heraus, dass sowohl ich als auch Manilowitsch und Wadim Jankow diesem außergewöhnlichen Wissenschaftler bereits begegnet waren. Eines Tages beschlossen wir, ein kreatives Intelligenzspiel zu spielen, und bildeten Zweiergruppen. Ein Mitglied der Mannschaft musste dem anderen pantomimisch irgendein Wort oder eine Wendung übermitteln. Im Finale besiegten Rafik und ich (unsere Trainer waren Shora Chomisuri und Genrich Altunjan) die stärkste Mannschaft der Petersburger, die aus Poljakow und Manilowitsch bestand und von Donskoi und Tolstych trainiert wurde: Rafik gelang es, mir gestisch das Lösungswort zu übermitteln, das die Petersburger vorgegeben hatten: die „Allgemeine Erklärung der Menschenrechte" (die Bibel der politischen Häftlinge). Die Verlierermannschaft lud uns, die Sieger, zum Tee ein, und da erzählte Rafik, wie in einem solchen Spiel Lotmann seinem Partner den äußerst schwierigen Begriff „Salazar-Regime" (auf Russisch „Regime Salazara") erklärt hatte (zu der Zeit, als Rafik seine Aspirantur absolvierte, war António de Oliveira Salazar Diktator in Portugal). Juri Lotman hatte mimisch zunächst einen klassischen Diktator dargestellt, führte dann seine Gattin herbei, die Sarah hieß, nahm ein virtuelles Messer in die Hand und begann, etwas vom nichtvirtuellen Hinterteil Sarahs „abzusäbeln", stellte mit den Händen die Frage: Was tun wir denn gerade? Antwort: Schneiden Speck von Sarah (auf Russisch: „Reshem sala Zary").

Ein Thema unserer Diskussionen war auch das georgische Alphabet. Rafik war genervt, weil Shora angefangen hatte, das Mrglowani-Alphabet zu lernen, und darin ein „kosmisches System" zu finden versuchte. Er stützte sich auf Moses von Choren und behauptete, dass Mesrop Maschtoz gemeinsam mit dem Übersetzer Dshaga das georgische Alphabet geschaffen habe, gefördert von Zar Bakur und dem Erzbischof von Mzcheta, Mose.

„Stimmt es, dass Mesrop kein Georgisch konnte?", stellte ich meine grundsätzlichste Frage.

„So heißt es bei Koriun", gab Rafik zu.

„Du bist doch Philologe; kann man, ohne die Sprache zu kennen, ihre Phoneme abgrenzen?", fragte ich und stellte mich auf eine längere Diskussion ein. „Schließlich reicht es nicht einmal aus, eine Sprache zu kennen – man muss ein tiefgehendes Gespür für sie haben, um ihre sinntragenden Elemente herauszuarbeiten."

„Natürlich nicht, aber die georgischen Phoneme hat offenbar der Übersetzer bereitgestellt", entdeckte Rafik plötzlich ein unbekanntes Genie im Georgien des fünften Jahrhunderts.

„Sag mal, du kennst uns Georgier doch – findest du, dass Undankbarkeit ein typisches Merkmal unseres Volkes ist?", fragte ich ihn rundheraus.

„Besondere Undankbarkeit habe ich bei den Georgiern nicht bemerkt", meinte Rafik vorsichtig.

„Dann hat also Mesrop ein so bedeutendes Werk vollbracht! Wieso sind wir dann so undankbar?", stellte ich die Frage so, dass es für Rafik schwierig war, eine passende Antwort zu finden.

„Vielleicht wart ihr ja dankbar, bevor die Spaltung unserer Kirchen stattfand." Rafik überschritt die Grenzen der Höflichkeit nicht.

„Na gut, es gab also die Spaltung, und wir haben den Wohltäter Mesrop vergessen. Und was hat sich Dshaga zuschulden kommen lassen?", interessierte ich mich für den gerade entdeckten genialen Stammesgenossen.

„Jetzt stelle ich mal die Fragen. Euer Leonti Mroweli behauptet, dass Parnawas eure Schrift geschaffen habe. Glaubst du das?", fragte Rafik listig.

„Unsere Mrglowani-Schrift wurde nach dem Beispiel des griechischen Alphabets erschaffen und war ein Ergebnis der Christianisierung; vielleicht meinte Leonti Mroweli eine andere Schrift oder ein anderes Prinzip, denn er spricht ja von Schrift und nicht von einem konkreten Alphabet, vielleicht meinte er eine Art Alloglottographie."

„Wenn Parnawas ein anderes Alphabet entwickelt hat, oder sagen wir, das Prinzip der Alloglottographie – wer hat denn das Mrglowani-Alphabet geschaffen, könnt ihr mir das erklären?", beschloss Rafik, mich und ganz Georgien an die Wand zu spielen.

„Darüber gibt es keine Angaben", entgegnete ich vorsichtig.

„Ihr überrascht mich, meine Herren Georgier", triumphierte Rafik. „Ihr sagt, ihr seid nicht undankbar, aber was hat sich der Schöpfer eurer Schrift zuschulden kommen lassen, in welcher Versenkung ist sein Name verschwunden? Kommt es dir nicht selbst komisch vor, dass ihr seinen Namen nicht kennt, dass ihr Rustawelis Biographie nicht kennt, dass ihr nicht wisst, wo eure Königin Tamar begraben liegt? Ist es normal, dass Rustaweli, Guramischwili, Besiki, Barataschwili in der Fremde gestorben sind?", startete der historische Nachbar eine großangelegte Offensive.

„Ist es normal, dass Vardapet Komitas zwanzig Jahre in der psychiatrischen Klinik von Villejuif verbracht hat und wie ein Obdachloser gestorben ist? Ist es normal, dass eure wahre Hauptstadt in der Fremde war und euer geistiges Zentrum unser Tbilissi? Ist es normal, dass ihr keinen Staat, aber eine Hauptstadt hattet, die aber im Ausland?", legte ich los.

Als ich Komitas' psychische Erkrankung erwähnte, veränderte sich Rafiks Gesichtsausdruck; er hatte nicht gedacht, dass ich das wusste. Ich vermied es, ihn daran zu erinnern, dass Komitas an Schizophrenie und einer venerischen Krankheit gestorben war, und nicht an dem vom Genozid verursachten seelischen Schock, und dass niemand wissen kann, was den Menschen eher umbringt.

„Wer hat behauptet, Tbilissi sei die Hauptstadt Armeniens gewesen?", fragte Rafik auf eine Weise, als habe er noch nie so etwas gehört.

„Auf jeden Fall ein gewisser Agassi Aiwasjan, der Autor der großartigen Novelle ‚Das Awlabari-Evangelium', der übrigens aus Tbilissi stammt."

„Ihr wollt also nicht zugeben, dass Mesrop euer Alphabet geschaffen hat?", kehrte Rafik zu seiner Argumentation zurück, da sich die Diskussion klar in eine für ihn ungünstige Richtung entwickelte.

„Natürlich nicht", erwiderte ich und spürte in mir den Atem aller seit dem fünften Jahrhundert sowie künftig geborenen Georgier.

„Dann bekommst du gleich mein letztes Argument zu hören!", warnte Rafik mich.

„Ich wusste, dass du schon wieder etwas gehortet hast!"

Die Geschichte mit der Briefmarke hatte ich ihm noch immer nicht verziehen.

„Als das griechische Alphabet geschaffen wurde, entstanden da die Groß- und die Kleinbuchstaben gleichzeitig?"

„Nein, natürlich nicht. Das griechische Alphabet wurde nur aus Großbuchstaben erschaffen. So war es auch beim lateinischen Alphabet, bei der Kyrilliza, und auch dem georgischen und dem armenischen Alphabet. Erst Jahrhunderte später entstanden beim Schnellschreiben die Kleinbuchstaben", legte ich akademisch kompetent die allgemein anerkannte Wahrheit über die Entwicklung der phonographischen Systeme dar.

„Die Griechen, Römer, Slawen, Armenier haben sich auf diese Groß- und Kleinbuchstaben beschränkt, also ‚Mtawruli' und ‚Nuschuri', aber warum ihr nicht, warum musstet ihr noch ein neues Alphabet, das ‚Mchedruli' entwickeln?", kam Rafik endlich mit seiner wichtigsten Argumentationsfrage heraus.

„Wir sind nun mal so ein ungestümes Volk." Ich klang wohl nicht sehr überzeugend.

„O nein, Lewan-dshan, Achper-dshan. Dass ihr ein neues Alphabet entwickelt habt, ist für mich Argument genug, um an der Hypothese festzuhalten, dass Mesrop das ‚Mtawruli' geschaffen hat. Ich glaube unseren Historikern!"

„Und ich glaube unseren Historikern!", bestand ich auf meiner Meinung.

„Was habt ihr denn für Historiker, ihr seid doch das Land der Dichter!", ironisierte Rafik und benutzte dabei dasselbe Wort wie meine Großmutter Iwlita Beraja.

„Mich verwundert diese Ironie eines Dichters gegenüber Dichtern. Wenn euch georgische Dichter nicht gefallen, wieso habt ihr euer Herz so sehr an Rustaweli gehängt? Hände weg von Rustaweli!", warf ich schließlich die Losung des Tages aus.

„Ich habe nie behauptet, Rustaweli sei Armenier, diese Provokation haben sich Georgier ausgedacht, und die Armenier haben sie dummerweise aufgegriffen. Jedenfalls ist hier die Hand eines Georgiers mütterlicherseits zu spüren, Niko Marr. Aber auch ihr seid ziemlich weit weg von Rustaweli, wie Astafjew richtig gesagt hat."

„Na, na, na!, Astafjew und die Russen lasst in Ruhe", mischte sich Mischa Poljakow empört ein.

„Zwingt mich nicht, euch ins Gedächtnis zu rufen, was Wiktor Astafjew über die Russen und die Armenier gesagt hat, da käme nichts Gutes bei raus!"

„Os hoi g'amphiepon taphon Hectoros hippodamoio"*, zitierte Wadim Jankow und unterstrich mit dem Schluss der „Iliade" das Ende der ersten Runde unserer kaukasischen Debatten.

---

* „Also bestatteten jene den Leib des riesigen Hektors ..."

Im November 1986 hatte Rafik seine Lagerhaft abgesessen und wurde in die Verbannung geschickt. Entsprechend den Lagerregeln ließ sich der Häftling in den letzten zwei Monaten seiner Haft die Haare lang wachsen, wobei „lang wachsen" ein großes Wort ist, denn auf zuvor völlig kahlrasierten Köpfen wuchs das Haar bei niemandem in zwei Monaten sehr üppig nach. Bei niemandem außer bei Rafik. Innerhalb eines Monats hatte Rafik so langes Haar, dass sich im Klubraum eine Szene abspielte, auf die selbst Raikin neidisch gewesen wäre. Wir redeten gerade von Rafiks Haar und der kaukasischen Haarpracht im Allgemeinen, als der angetrunkene Kontrolleur Trifonow in den Saal stürzte und aus vollem Hals brüllte: „Mützen ab!"

Es war November, und viele von uns hatten die Mützen auf, doch wir entblößten unsere Köpfe alle, einschließlich Rafik; vor der Entlassung und sogar vor der Abschiebung in die Verbannung war jeder Häftling besonders vorsichtig. Außerdem war Rafik sowieso kein Draufgänger.

„Mütze ab, Papajan!", brüllte Trifonow, und als das gesamte Lager sich vor Lachen krümmte, fing auch er an zu lachen: „Da f... doch einer deine Mutter, diese Armenier, diese Demokraten, sogar die Haare wachsen bei denen anders!"

„Das wird ein gutes Thema für meine Habilitationsarbeit", meinte Rafik. „Die Rolle der Demokratie bei der Beschleunigung des Haarwuchses." („Beschleunigung" war neben „Glasnost" und „Perestroika" einer der wichtigsten Begriffe der Gorbatschow-Ära.)

„Die Rolle der Demokratie bei der Beschleunigung des Haarwuchses auf armenischen Köpfen", korrigierte ihn Jonny Laschkaraschwili und wies auf mich. „Auf einem georgischen Schädel hilft, wie du siehst, nicht einmal die Demokratie." Und er fügte den nur für Georgier verständlichen Satz hinzu: „Bei uns sind ja nicht mal Ameisen dafür nütz."*

Im armenischen Parlament leitete Rafael Papajan später das Komitee für den Schutz der Menschenrechte, heute ist er Richter des armenischen Verfassungsgerichts. Zu seinem noch immer sehr dichten Haar ist noch ein Vollbart hinzugekommen, was ihm ein äußerst ehrwürdiges Aussehen verleiht. Er hat das umfangreiche Werk „Die christlichen Wurzeln des modernen Rechts" verfasst und einen Artikel im Lotmann-Almanach veröffentlicht. Der Moskauer Verlag „Unipress SK" hat eine Sammlung seiner Übersetzungen armenischer Literatur des 20. Jahrhunderts herausgegeben, von Howhannes Tumanjan bis Hakob Mowses. In der Einleitung zu diesem Buch schreibt Papajan, dass er aus Liebe zu diesen Dichtern beschlossen habe, sie zu übersetzen. (Rafael Papajan gehört übrigens zu der kleinen Gruppe von Übersetzern, die in der Lage sind, in beide Richtungen zu übersetzen: vom Russischen ins Armenische und vom Armenischen ins Russische.) Tumanjan, Issahakjan, Tscharenz, Schirazi, Parujr Sewak, Medzarents – über diese Dichter konnte er stundenlang reden.

Vor einigen Jahren endete die langjährige Freundschaft zwischen Rafik und Shora in einem ernsten Konflikt. Rafik publizierte sogar einige Zeitungsartikel gegen Shora. Offenbar verlangt der Zugang zur Macht doch erhebliche Opfer, und jene Dreikopekenmarke hatte ihr Werk getan. Jene Marke hatte

---

* Hier bezieht Jonny sich auf den Roman „Sonnennacht" des Schriftstellers Nodar Dumbadse, in dem behauptet wird, spanische Ameisen würden das Haarwachstum fördern – *Anm. d. Übers.*

Rafik einen falschen Weg gewiesen. Nachdem ich die Lektüre seines in vollkommenem Russisch abgefassten Presse-Traktats beendet hatte, musste ich an Rafiks Äußerung denken, dass die Georgier nach der religiösen Spaltung allzu schnell Mesrops Verdienste vergessen hätten. Rafik und seine Freunde haben allzu schnell die Verdienste Georgi Chomisuris vergessen, der viele Jahre lang für die Rettung der Geschichte und die Rettung Armeniens gekämpft hat. Ich aber kann selbst nach diesem neuen, grundlegenden ideologischen Zwist nicht jenen alten Rafik vergessen, den wahrhaften Meister, der, damals noch ohne Haare und Bart, an seinem Nachtschränkchen saß und in aller Ruhe, ausgestattet mit unendlicher Geduld, ein Gerät konstruierte, das gleichzeitig zwölf Machorkas drehen konnte.

GENRICH

Es ist der frühe Morgen des 20. Juni 1969. Charkow ist eine Industriestadt, und heute ist Freitag, also ein Arbeitstag, dennoch befindet sich auf den Straßen kein Verkehr, nun ja, es ist ja auch noch sehr früh. In der Straße der Kosmonauten halten drei Limousinen vor einem Wohnhaus. In aller Ruhe steigen einige seriöse Herren aus und gehen wichtigen Schritts auf den ersten Aufgang zu. Es sind elf an der Zahl: zwei Ermittler, sieben Mitarbeiter und zwei Hausdurchsuchungszeugen, also zufällige Passanten, die nichtsdestoweniger die Nacht gemeinsam mit den anderen neun in der Charkower Gebietsabteilung für Sicherheit verbracht haben. Zwei bleiben unten, die anderen steigen in die dritte Etage hoch. Sie gehen in aller Ruhe vor, ohne Hektik: Es ist zu merken, dass sie ihr Geschäft kennen. Die Mitarbeiter halten die Stellung oberhalb und unterhalb der Treppe. Sobald die Aufstellung klar ist, klingelt der Hauptermittler an der Tür. Das Klingelzeichen ist aus der Wohnung zu hören, doch niemand reagiert. Sie klingeln noch einmal. Der Ermittler lächelt und klopft an die Tür, unaufgeregt und ohne Eile.

„Altunjan, öffnen Sie die Tür!", sagt der Hauptermittler ohne Drohung in der Stimme. Er weiß hundertprozentig, dass Altunjan zu Hause ist. Das entsprechende Signal ist angekommen. Er weiß, wann Altunjan gestern nach Hause gekommen ist, und auch, woher er gekommen ist und wozu. Er weiß, dass er die Wohnung heute Morgen noch nicht verlassen hat, er weiß überhaupt allerlei. Aus der Wohnung dringt kein Laut.

„Öffnen Sie, wir sind vom Staatssicherheitskomitee!"

Die Tür der Nachbarwohnung geht auf, heraus schaut ein erschrockener Bürger. Der Hauptermittler gibt ein Zeichen, und einer der Mitarbeiter bringt den Bürger wieder in seine Wohnung, geht mit ihm hinein und macht die Tür fest hinter sich zu.

„Altunjan, wir wissen, dass du zu Hause bist!" Jetzt spricht der Hauptermittler schon sehr laut, ohne auch nur einen Augenblick an seiner Kenntnis zu zweifeln. Er weiß genau, dass Altunjan zu Hause ist, mehr noch, er weiß, dass dieser vor einer halben Stunde aufgewacht ist, aufgestanden, dass er seinen Kaffee getrunken und sich einer Beschäftigung zugewandt hat. Unterdessen dringt aus der Wohnung nach wie vor kein Ton.

„Altunjan, besser, du machst die Tür auf, sonst müssen wir sie aufbrechen!" Diesmal schreit der Hauptermittler schon fast, wenn auch ohne Zorn und Radau, er ist sich der Bedeutung seines Rufens bewusst. Keine Reaktion. Mit dem Blick gibt er den Helfern ein Zeichen, und sie stellen sich darauf ein, die Tür aufzubrechen. Da plötzlich öffnet sie sich, aus der Wohnung dringt schwarzer Rauch, und aus dem Rauch taucht ein sympathischer untersetzter Bürger auf – in Militäruniform, mit Schnurrbart, Brille und einem netten Lächeln: „Ich hatte Sie durchs Fenster schon kommen sehen, liebe Gäste. Bei mir lagen aber ein paar überflüssige Papiere umher, es hat ein bisschen gedauert, bis ich sie verbrannt habe, deshalb musste ich Sie warten lassen. Es tut mir sehr leid. Jetzt aber treten Sie bitte ein, gute Leute, suchen Sie, so viel Sie wollen!"

Dem Hauptermittler stieß insbesondere dieses unnatürliche Bulgakow'sche „gute Leute" auf, sein Gehör nahm antisowjetische Untertöne genauestens wahr, sehr zum Nachteil der Betroffenen.

Die Leute traten ein und durchsuchten die Wohnung gründlich. Sie fanden nichts, nahmen zur Sicherheit noch ein paar zu Chruschtschows Zeiten herausgegebene Bücher mit und gingen wieder, wobei der Hauptermittler zum Abschied sagte: „Wir kommen wieder, Major. Ich versichere Ihnen, Ihre Zirkusvorstellung heute Morgen wird Ihnen nichts nützen. Ihr Schicksal ist schon besiegelt."

Der Ermittler hielt Wort: Am 11. Juli 1969 verhaftete die sowjetische Staatssicherheit den Major der Luftstreitkräfte der Sowjetarmee Genrich Owanessowitsch Altunjan, geboren 1933 in Tbilissi, wohnhaft in der Straße der Kosmonauten in Charkow, bis 1968 Mitglied der KPdSU. Am 26. November desselben Jahres verurteilte ihn das Bezirksgericht Charkow zu drei Jahren Haft. Das war seine erste Verurteilung. Die Strafe verbüßte er in der Provinz Krasnojarsk. Als ehrlicher Mensch verhehlte er nicht, dass er zu jener Zeit noch immer überzeugter Kommunist und Leninist war. Während der ersten Gerichtsverhandlung betonte er, dass er der wahre Leninist sei und nicht die Ermittler der Tscheka. Im Knast las er den gesamten Lenin, genauer, alle in den dortigen Bibliotheken verfügbaren Bände. Wenn, was vorkam, von den vielbändigen Ausgaben ein Band fehlte, erhob er einen solchen Skandal, dass sich die Leitung gezwungen sah, die Bibliothek zu vervollständigen. Was interessant ist: Von Lenin ging er über zu Marx, und genau da wurde sein erster Zweifel geboren; sein Glaube bekam einen Riss. Dieser Riss vertiefte sich, und nach Verbüßung seiner ersten Haftstrafe verließ er das Gefängnis als Sowjetgegner.

Der Kommunistischen Partei entging Altunjans Metamorphose nicht. Auch vergaß man ihm nicht, dass er zur Initiativgruppe des Schutzes der Menschenrechte gehörte und gegen die Verbannung Sacharows protestierte, und das zweite Mal bekam er schon die laut Artikel 70 mögliche Maximalstrafe, die sogenannten „sieben plus fünf", also sieben Jahre Straflager mit verschärftem Vollzug und fünf Jahre Verbannung.

Genrich Owanessowitsch Altunjan, unter Freunden „Gentschik", war der gütigste aller gütigen Menschen, denen ich in meinem Leben begegnet bin. In unser Lager kam er vom Tschistopoler Gefängnis. Den meisten politischen Häftlingen der Baraschewer „Zone" war er als Persönlichkeit im Zusammenhang mit Andrej Sacharow und General Pjotr Grigorenko sowie als einer der legendären Helden der Dissidentenbewegung bereits ein Begriff. Anfänglich saß er seine Haftstrafe in Perm ab, ließ sich jedoch auch dort etwas „zuschulden kommen", worauf seine Haft verschärft wurde: Aus dem achten Kreis der Hölle überführte man ihn in den neunten, das heißt in das Gefängnis, das in der Häftlingssprache „Kryt" genannt wurde (ein Wort, das „bedeckt", aber auch „geschmäht" bedeuten kann).

Als man ihn in die „Zone" führte, standen mehrere von uns vor der Kurilka und rauchten Machorka. Beim Anblick des fremden Häftlings begann automatisch das unter Polit-Insassen übliche intellektuelle Spiel „Rate, wer ich bin und wie lange ich schon einsitze".

„Sechs Monate Untersuchungshaft", gab der im Sitzen, sowohl im Petersburger Kresty-Untersuchungsknast als auch im Moskauer Lefortowo-Gefängnis, sehr erfahrene Experte Borja Manilowitsch seine Meinung zum Besten.

„Mehr!", zweifelte der nicht weniger erfahrene Mischa Poljakow diese Aussage an. Er hatte fast ebenso viel Zeit im „Kresty" verbracht, als Strafe dafür, dass er ein Jahr und acht Monate auf der Flucht gewesen war. „Mindestens neun Monate, guckt euch doch mal seine Gesichtsfarbe an, und wie er geht!"

„Ja, aber heutzutage sitzt doch keiner mehr so lange in Untersuchungshaft!", wunderte ich mich. In der Zeit, die der Perestroika vorangegangen war und die nach dem Generalsekretär der KPdSU „Tschernenko-Ära" genannt wurde, hatten neuankommende Häftlinge berichtet, dass die Untersuchungszeiten erheblich verkürzt worden seien – auf drei Monate.

„Jakobson vergleicht, als er über die Prosa des Dichters spricht, einen solchen Gang mit dem des Bergbewohners in der Niederung", fing der allwissende Wadim Jankow an, worauf die, die kundig genug waren, an Doktor Schiwago denken mussten: Vielleicht war er ja Arzt?

„Er ist ganz sicher kein Arzt, er ist eindeutig ein Berufssoldat", erklärte Shora voller Überzeugung. „Mindestens Hauptmann oder Major."

„Gang und Haltung sind tatsächlich militärisch", bestätigte ich und musste an Major Kuzenko aus unserer „Zone" denken, der sich stets so gerade hielt, als tanze er den georgischen „Kartuli".

„Vielleicht ist er Georgier", vermutete Poljakow, der sich in der nationalen Frage auskannte. „Er wirkt irgendwie zurückhaltend."

„Er sieht eher wie ein Armenier aus", vermutete ich.

„Glaube ich nicht", meinte Rafik Papajan. „Zu klein."

„Wenn mich mein Blick nicht täuscht, ist er nicht kleiner

als Charles Aznavour", kam es von Manilowitsch, der keine Gelegenheit ausließ, eine Spitze fallenzulassen.

„Er wirkt bescheiden, aber der Haltung nach ist er ein wichtiger Mann. Wenn er ein Militär ist, und die Leute nicht mehr so lange in U-Haft bleiben, dann kommt er vielleicht aus dem ‚Kryt'? Hat vielleicht die ganze Zeit in der Dunkelzelle gesessen", überlegte Mischa Poljakow.

„Der war bestimmt im ‚Kryt', so eine Gesichtsfarbe bekommt man nur dort." Manilowitsch schien sich sicher zu sein.

„Wenn er aus dem ‚Kryt' kommt und Militär ist, dann wissen wir auch, wer er ist", schloss Chomisuri und rief dem Neuankömmling zu: „Major Altunjan, vor der Kurilka wird schon auf Sie gewartet!"

Der Häftling kam heran, begrüßte uns mit einem Nicken und meldete lächelnd: „Major Altunjan Genrich Owanessowitsch, geboren in Tbilissi, Artikel siebzig, sieben plus fünf, letzter Aufenthaltsort das Tschistopoler Gefängnis, neun Monate Einzelhaft. Habt ihr alles erraten?"

„Alles außer dem Geburtsort Tbilissi", erwiderte Shora.

Wir holten daraufhin einige von unseren Vorräten aus der Baracke, brühten in der Thermoskanne den für besondere Anlässe vorgesehenen Tee und bereiteten dem neuen Freund einen „offiziellen" Empfang. Am selben Abend hatte die „Christliche Föderation der Völker des Südkaukasus" wieder fünf Mitglieder (nach Datos Entlassung waren nur noch vier übrig geblieben). Als wir zur Abstimmung kamen, bat der Aufnahmekandidat um das Wort: „Unter so vielen Georgiern bin ich der Einzige, der in Tbilissi geboren wurde, ihr habt demzufolge die Südkaukasische Föderation ohne einen Tbilisser gegründet, also seid ihr de facto Hochstapler! Was wäre aus euch geworden, wenn mich mein heimischer KGB nicht verhaftet hätte?!"

Dissidenten und Demokraten sind an sich ein angenehmes Volk, ihre Interessengebiete sind vielfältig, doch war der Flügel der Fußballfans bis zu Genrichs Erscheinen ein wenig im Nachteil: Jankow ging überhaupt nicht zu irgendwelchen Spielen, Mischa als echter Nordrusse interessierte sich für Eishockey und Shora Chomisuri konnte den FC Neftchi Baku nicht vom FC Pachtakora unterscheiden. Dank Genrich änderte sich das alles, dieser Tbilisser war, wie sich zeigte, „Dinamo"-Fan und gleichzeitig ein großer „Brasilianer". Unsere „Brasiliengespräche" nahmen mit der Zeit öffentlichen Charakter an, und manchmal wohnten ihnen Dutzende von Männern bei.

„Mein lieber Lewan, weißt du noch, was 1970 los war?", fragte Genrich, und schon ging's los.

„Wie könnte ich mich nicht an das Jahr 1970 erinnern, schließlich hat Mao Tse-tung in dem Jahr die UdSSR des Neokolonialismus bezichtigt, die Boeing 747 ihren ersten Flug absolviert, Paul McCartney die Auflösung der Beatles bekanntgegeben, haben die Ereignisse in Kambodscha angefangen, war in Peru das schreckliche Erdbeben, entführten Vater und Sohn Brasinskas das Flugzeug Suchumi-Batumi und brachten die Flugbegleiterin Nadeshda Kurtschenko um, wurde Salvador Allende chilenischer Präsident, gründete Sacharow gemeinsam mit Tschalidse und Twerdochlebow das Komitee zur Durchsetzung der Menschenrechte, erfanden die Amerikaner die ‚Maus', habe ich die Schule beendet und mein Studium an der TU Tbilissi begonnen, und die Nationalmannschaft von Brasilien hat in dem Jahr in Mexiko zum dritten Mal den Weltmeistertitel geholt, im Aztekenstadion, und den Jules-Rimet-Pokal für immer mit nach Hause genommen."

„Im Finale standen sie, glaube ich, gegen Italien?", fragte Genrich leichthin und lenkte so das Gespräch, alles andere beiseite lassend, in die gewünschte Richtung. Er erklärte den Anwesenden: „Zu jener Zeit war Italien zweifacher Weltmeister, aber die Titel waren von vor dem Krieg, von 1934 und 1938, da hatte sich Mussolini massiv eingemischt und Einfluss genommen."

„Die Brasilianer waren auch zweifache Weltmeister, 1958 und 1962, aber nach ihrem Ausscheiden in England 1966 mussten sie sich erst wieder in die oberen Ränge durchkämpfen."

„Weißt du noch, wann genau das Spiel war?"

„Am 21. Juni 1970, das Aztekenstadion ist für 100 000 ausgelegt, und 108 000 Zuschauer waren da."

„Das hast du schön gesagt. Jetzt die Aufstellung. Ich als der Ältere kann mich am besten erinnern. Also, die Italiener: im Tor Albertosi, Verteidiger Facchetti und Burgnich (damals haben wir Burg-nitsch gesagt, aber Jankow hat mich korrigiert, er wird wohl Burnjitsch ausgesprochen, mit weichem N), im Angriff Rivera, Mazzola, Riva, Boninsegna."

„Was denn, spielen nur sieben Mann in einer Mannschaft?"

„Nichts zu machen, die anderen fallen mir nicht mehr ein."

„Jetzt die Brasilianer: Felix im Tor, Verteidigung Brito, Everaldo, Clodoaldo, Carlos Alberto, Mittelfeld und Angriff Gérson, Jairzinho, Rivelino, Tostão, Pelé."

„Einer fehlt", konnte Genrich mir nicht verzeihen.

Und so bereicherten wir, indem wir uns „unterhielten", die fußballerische Allgemeinbildung der übrigen „Zone". Durch uns hörten sie zum ersten Mal von Jules Rimet und dem nach ihm benannten Pokal, von Kurt Hamrin, Tofiq Bahramow, Beckenbauer, Cruyff, Mário Zagallo, Telê Santana, der italienischen Blutrache 1982 und vielen anderen Fußballlegenden (und Ammenmärchen).

Genrich war Initiator vieler Ideen. So zum Beispiel organisierten wir auf seine Anregung hin einen Abend der mündlichen Erzählung. Jeder Teilnehmer musste vor einer kompetenten Jury eine Erzählung vortragen, die er aus dem Stehgreif zu einem von der Jury gestellten Thema erdachte. Damit die Jury nicht zu viel Arbeit damit hatte, mussten die Teilnehmer des Wettstreits sich jeder selbst ein Thema ausdenken und es bei der Jury einreichen. Die Aufgabe der Jury war es dann, darauf zu achten, dass kein Teilnehmer sein eigenes Thema erhielt. Der Sieger des Abends erhielt als Preis die traditionelle Streichholzschachtel voll Tee. Zum Vorsitzenden der Jury wurde einstimmig der allgemein anerkannte Erudit Wadim Jankow ernannt. Als Helfer zog Jankow zwei große „Freunde der Literatur" (wie er herausgefunden hatte) hinzu: den bekannten Pharmazeuten Arnold Anderson und den ehemaligen Professor der Litauischen Staatlichen Universität Vytautas Skuodis.

Der Wettstreit wurde eröffnet. Das Los entschied, dass Boris Manilowitsch als Erster auftreten sollte. Anderson griff in ein Beutelchen, zog einen der akkurat zugeschnittenen Zettel heraus und gab das Thema bekannt. Borja bot eine poetische Skizze über einen Kater namens „Zigeuner" dar, die die Zustimmung des Publikums fand. „Zigeuner", der Kater, saß übrigens dabei und nickte würdig mit dem Kopf: Ja, ich habe alles verstanden. Dann trat Shora auf, dann ich, dann Jonny. Shoras Erzählung beruhte auf einer bekannten Anekdote, in der ein sowjetischer Dissident in Amerika von der Nachrichtensendung „Wremja" träumt. In meiner Erzählung ging es um den Sperrstreifen am Lager, Jonny bekam die Ärztin Tamara als Thema, und er erzählte eine sehr lustige russisch-georgische Geschichte (wenn er Probleme mit dem Russischen hatte, ging er dreist und ohne Vorwarnung zum Georgischen über); das Publikum kugelte sich vor Lachen.

Als Letzter trat Genrich auf. Wieder griff Anderson in das Beutelchen, zog einen Zettel heraus und las sehr würdevoll das Thema vor: „Der Aufseher". Genrich bat um eine halbe Minute Bedenkzeit und fing an zu erzählen: „Die Erzählung heißt ‚Die besten Menschen'. Einmal wollte unser Lieblingsaufseher in den ihm zustehenden Urlaub fahren. Schließlich war auch er nur ein Mensch! Genau, er war ein Mensch und hatte sogar eine Mutter! Ebendiese Mutter begann, als sie ihren Sohn erblickte, den sie schon ewig nicht gesehen hatte, ihn lang und breit auszufragen – über dies und jenes, alles Mögliche. Mutter und Sohn redeten lange miteinander. Zwei Liter Wodka tranken sie aus und vertilgten zweihundert Gramm Speck und ein halbes Schwarzbrot. Unser Aufseher hatte zwar viel getrunken, doch er war halt kein einfacher Mann, er war eben wirklich *unser Aufseher*, und verriet deshalb nicht einmal seiner Mutter auch nur ein einziges Staatsgeheimnis und verriet ihr natürlich auch nicht, in was für einer ‚Zone' er diente. Nach dem langen und ersprießlichen Gespräch traf die Mutter die in allen sowjetischen Küchen übliche, geradezu klassische Aussage: ‚Was ist bloß los bei uns, wo soll das noch hinführen? Gibt es denn keine Menschen, die unser Land retten können?' Nun, hier also hielt es unser Aufseher nicht mehr aus, seufzte tief und sagte zu seiner geliebten Mutter: ‚Ich weiß, wo diese Menschen sind, ich sehe sie jeden Tag. Ich bin ihr Bewacher.'"

Der Preis wurde Genrich zugesprochen. Der Sieger schüttete den als Preis erhaltenen Tee in den Thermosbehälter, fügte eine Streichholzschachtel von seinem eigenen Tee hinzu, goss aus dem Heißwasserbereiter der Marke „Titan" kochendes Wasser darüber und beschäftigte sich anschließend fast eine halbe Stunde mit der „Hochzeit" des Tees, bis dieser die gewünschte Stärke hatte. Das erste und einzige Glas tranken wir natürlich auf den begabten Autor und auf die von ihm erwähnten guten Menschen. Tamada also der Zeremonienmeister dieser spontanen Feier war ich, und mein Trinkspruch, der länger ausfiel als die preisgekrönte Erzählung, wurde positiv aufgenommen.

Genrich war in Tbilissi geboren, am Semmel. Er pflegte zu sagen: „Ich bin Tbilisser, und ich bin Armenier, aber ich bin absolut kein ‚Tbilisser Armenier', das ist ein ganz anderes Phänomen, dafür muss man im Stadtbezirk Awlabari geboren sein." Genrichs Familie wohnte in der einstigen Moskauer Straße, heute „Straße der Brüder Kakabadse", und als Kind besuchte er zunächst die berühmte Schule Nr. 51, doch dann wurde sein Vater zu einem anderen Truppenteil versetzt und die Familie zog aus Tbilissi fort. Genrich kannte das Gebiet um den Semmel sehr gut, und wir, das heißt Jonny, Genrich und ich, führten oft interessante Gespräche darüber. Er überraschte uns mit seiner Kenntnis der Geschichte der kleinen Straßen. Zum Beispiel erfuhr ich von ihm zum ersten Mal, dass man vom Semmel zu meiner, der Wedsinskaja-Straße gelangen konnte, ohne auf den Rustaweli-Prospekt und die Werchnjaja-Straße zu geraten. Nach meiner Befreiung aus der Haft lief ich die von Genrich beschriebene Strecke ab und rief ihn dann in Charkow an, um ihm mitzuteilen: Ich bin deiner Wegbeschreibung gefolgt und von deinem Haus bis zu meinem Haus gelangt, ohne den Rustaweli-Prospekt auch nur ansatzweise zu tangieren.

Ich erzählte ihm von dem vortrefflichen Tbilisser Schriftsteller Aġasi Aywazyan und ich war es auch, der ihm jene wunderbare Erzählung „Das Awlabari-Evangelium" zu lesen gab. Zwei Tage später gab er sie mir zurück und meinte, er brauche sie nicht mehr, er habe sie auswendig gelernt. Die Erzählung ist nicht lang, aber als zur Genüge erfahrener Lehrer begriff ich das Wort „auswendig" dennoch als Synonym für „nah am Text", bis Genrich anfing: „Von Awlabari aus kann man alles überblicken. Ganz Tbilissi mit seinen engen Gassen, den Schaitan-Basar, den Jerewaner Platz, die Mylnaja-Straße, Nariqala, die Sankt-Sarkis-Kirche, die Sioni-Kathedrale, die Griechische Kirche ... Von Awlabari aus sieht man die Häuser der Herren Chatissow und Melik-Kasarow, Tamamschews Karawanenscheune, das Ter-Ossipow- und das Subalow-Theater, die Schwefelbäder ..."

Besonders gefiel Genrich Sarkissows Weinschenke, wo „der Rausch einen Zwanziger kostet". Das heißt, schreibt Aywazyan, „nicht der Wein kostet zwanzig Kopeken, sondern das ‚Ersaufen im Wein'. Trink, so viel du willst, und zahl nur einen Zwanziger". Diese Erzählung über Mirsa Assaturjans unglückliche Liebe trug Genrich auch gern anderen vor, als Beweis, dass Liebe eine äußerst verantwortungsvolle Sache ist, dass die geliebte Frau einen Mann mit Glückseligkeit erfüllen, aber auch vor aller Welt mit Schande bedecken kann. Ehe er sich verliebte, hatte Assaturjan in der ganzen Stadt einen hervorragenden

Ruf gehabt, er war der Klügste, Belesenste, war mit einem Wort eine wandelnde Bibliothek. Er sprach im Stadtbezirk Sololaki armenisch, in Wake georgisch, auf dem Hof der Kirche altarmenisch, mit den Handwerkern vom Siratschchana (Weinhöhe) neuarmenisch, auf dem türkischen Maidan persisch, auf dem Kirpitschnaja-Platz deutsch, mit den Einwohnern von Awlabari – awlabarisch.

Hier mischte sich Jonny Laschkaraschwili ein und meinte: „Hör mal, ihr habt so viele Sprachen, mal Armenisch, mal Grabar, dann wieder Aschcharabar oder Awlabarisch, und in all diesen Sprachen heult ihr ohne Ende rum."

„Ich nicht, Jonny-dshan, ich bin ein fröhlicher Mensch, ich habe in der Einzelhaft Nodar Dumbadse auf Georgisch gelesen und mich halbtot gelacht."

„Was denn, und du hast das alles verstanden?", fragte Jonny ungläubig.

„Was gibt's da nicht zu verstehen? Dass Serapiona Ferkel geworfen oder dass Illiaron Murad erschossen hat?"

„Da du Nodar Dumbadse so liebst: Er hat mal was über unsere Verbrecher hier geschrieben, vielleicht kennst du das auch?", sagte ich. „Ein Georgier, der in Kriegsgefangenschaft gewesen war, wurde zum Verhör geführt. Dort machte er folgende Aussage: ‚Ich weiß nicht', sagte er, ‚wie ich in Gefangenschaft geraten bin. Zuerst hat mich unser Kriegskommissar in Sadschawacho in einen Waggon gesetzt, und dann hat mir ein Deutscher die Tür aufgemacht.'"

Genrich war gerade dabei, seinen Tee zu trinken, er verschluckte sich, bekam keine Luft mehr und drohte zu ersticken, wir mussten ihn wiederbeleben, fast hätte der Mann sich totgelacht. Später erzählte er diese Anekdote den Kriegsverbrechern.

Doch von denen fand das keiner so lustig wie er; offenbar konnten über das „In-Gefangenschaft-Geraten" nur die von ihrem Kriegskommissar abkommandierten oder zu Hause gebliebenen Gurier lachen, und natürlich der Spaßvogel Genrich.

Während seiner Jahre in Freiheit hatte er, wie sich zeigte, den Film „Mimino" gesehen und kannte die beliebtesten Dialoge natürlich auswendig. Genrich und ich benutzten diese „Kinosprache" des Öfteren.

„Lewan-dshan, ich sage dich ein kluges Ding", begann Genrich in „Frunsiks" Stil und fing an, irgendetwas Lehrreiches oder Sentimentales zum Besten zu geben. Er fragte sich, wie der Verfasser dieser Dialoge beim Schreiben überleben konnte, ohne vor Lachen zu sterben. Als ich ihm erzählte, dass das Drehbuch von Reso Gabriadse war, reagierte er erfreut: „Den kenne ich doch aus Moskau", aber er erzählte uns nicht, woher und wieso. So war Genrich, er hätte nie ein Wort zu viel gesagt, dabei kannte er Gabriadse tatsächlich gut.

Genrich hatte viele „Zonen" und „Etappengefängnisse" gesehen, unzählige Strafgefangene kennengelernt, wusste erstaunliche Dinge. Jankow wusste, was in welchem Buch stand, Jonny wusste, wie viele Männer, Frauen und Kinder in welchem Land lebten, Genrich aber konnte sagen, wovon die Menschen in welchem Dorf, welcher Stadt, Straße, Gegend oder in welchem Erdteil ihr Leben fristeten. Als wahrer Kaukasier hatte er in seinem Gedächtnis viele Geschichten gespeichert, um sie irgendwann in einen einzigartigen Trinkspruch einzubringen. In einem der Gefängnisse hatte er einmal den Oberstaatsanwalt von Kiew kennengelernt, auf dessen Antrag hin das Gericht ein Urteil gesprochen hatte, das selbst Genrich, der schon viel erlebt hatte, überraschte: Ein Mann war zu fünf Jahren Haft verurteilt worden, weil er „die Autorität der Kolchosordnung untergraben hatte, indem er, obwohl er neue Stiefel besaß, weiter in seinen alten herumlief". Genrich lachte, als er uns davon erzählte, denn der Staatsanwalt war letztlich selbst im Gefängnis gelandet. Und er zog einen erstaunlichen Schluss, der in einen Trinkspruch mündete: „Trinken wir, Freunde, auf Lewan Berdsenischwilis alte Stiefel und Filzstiefel!" (Ich sollte demnächst aus der Haft entlassen werden, und auf meine Filzstiefel fielen schon etliche begehrliche Käuferblicke).

Genrich war mit Sicherheit ein glänzender Pädagoge. Er konnte traumhaft erklären, stellte „den Stoff" stets sehr lebendig und bildhaft dar, ohne Sachverhalte zu komplizieren, und verabscheute nebelhaft formulierte „Weisheiten". Ich bin mir sicher, dass die Vorlesungen des Majors der Luftwaffe Altunjan, Dozent am Höheren Ingenieurtechnischen Institut für Luft- und Raumfahrt Charkow, von großer Spannbreite waren, er hatte umfassende Ansichten und war ein Mensch, der Dinge in ihrem Kontext sah und wertete. Einmal wollte er wissen, ob ich nicht auch glaube, dass Rustaweli und Richard Löwenherz Menschen derselben Epoche gewesen seien und sich womöglich sogar gekannt hätten, aber ganz gewiss doch gemeinsame Bekannte gehabt hätten, denn schließlich hätten der Akademiker Sacharow und ich ja auch gemeinsame Bekannte.

Er hatte viel gesehen und Schreckliches durchgemacht, aber nie seinen Humor verloren. So meinte er einmal: „Einen ganzen Monat hab ich im Tschistopoler Gefängniskarzer verbracht und dachte schon, Schlimmeres könnte mir im Leben nicht mehr passieren, aber als Zico den Strafstoß gegen Frankreich vergeben hat, hab ich die reinste Höllenpein erlitten, dagegen war der Karzer in Tschistopol ein Paradies!"

Formell waren im politischen Lager alle gleich, dennoch existierte eine interne, versteckte Hierarchie. Diese wurde bestimmt durch den geistigen Horizont und die Würde der Häftlinge, aber es gab auch andere Kriterien, von denen das wichtigste die Schwere des Urteils war. Ein Häftling, der zu der nach Artikel 70 möglichen Maximalstrafe, den berüchtigten „sieben plus fünf" verurteilt war, genoss natürlich besondere Achtung und Respekt. Wenn jemand einen Teil dieser sieben Jahre im Gefängnis verbracht hatte, stieg seine Autorität noch mehr. Nach all diesen Indikatoren hätte Genrich an der Spitze der Hierarchie stehen müssen, doch solche Höhen bedeuteten ihm nichts, er nutzte seine Position nie aus und hielt sich nicht für etwas Besseres, ihn zeichneten zu gleichen Teilen Würde und Bescheidenheit aus. Mit einem Wort, Genrich hatte das, worüber die Russen sagen: Das lässt sich nicht versaufen. Genrich Altunjan hatte Klasse.

Nach dem Zerfall der Sowjetunion, gleich bei den ersten Wahlen in die ukrainische Rada, wählte die Stadt Charkow den in Tbilissi geborenen Armenier über die Liste der Volksbewegung „Ruch" zu ihrem Vertreter. Seine Erinnerungen „Der Preis der Freiheit" gehören zu den besten Memoiren, die je von sowjetischen Dissidenten geschrieben worden sind. Es ist ein sehr gutherziges Buch. Einer seiner Freunde sagte sogar einmal: „Dieses Buch kann man nicht lesen, danach sind sie alle gut gewesen!" Genrich erinnerte sich nur an diejenigen, die er liebte; diejenigen, die er dessen nicht für würdig hielt, erwähnte er nicht einmal.

Der Abgeordnete Altunjan tat sehr viel für die Krimtataren. Mit ihnen verband ihn nichts, weder Blut noch Kultur, weder Glauben noch Territoriales. Er wusste einfach nur, dass das Recht auf der Seite jenes Volkes war, das man wie Vieh in Waggons getrieben und deportiert hatte. Für dieses Recht kämpfte er, deshalb erinnert man sich auf der Krim noch heute mit hoher Achtung an ihn.

In den Tagen der „Orangenen Revolution" in der Ukraine wandte sich Genrich Altunjan mit einer Rede an die auf dem Maidan Versammelten: „Solche Ereignisse, wie sie jetzt vor sich gehen, geschehen einmal im Leben. Und wenigstens einmal im Leben muss man Mensch sein!"

Das Volk nahm diese Worte begeistert auf. Als über die Hymne der Ukraine entschieden wurde, gab es eine Debatte über ihren Text; man diskutierte eine Version, in der die Volksgruppen, die neben den Ukrainern im Land leben, nicht gerade freundlich erwähnt wurden. Genrich vertrat die Meinung, dass ein Land, das von einer europäischen Demokratie träumt, keine solche Hymne haben dürfe – und da fragte ihn irgendeine „angestammte Ukrainerin", was ihn das anginge, er sei ja wohl Armenier? So verletzte man ihn immer wieder.

Im Frühjahr 2005 wurde Genrich Altunjan mit einem Mal schlecht, man flog ihn schnellstmöglich nach Israel; vermutlich hatte dies sein Freund und Mithäftling in der Permer „Zone", der spätere Minister der israelischen Regierung Natan Scharansky veranlasst. Die Operation selbst verlief erfolgreich, doch überwand sein Organismus, der von den Jahren in den Lagern in Perm und Baraschewo sowie vom Aufenthalt im Gefängniskarzer von Tschistopol geschwächt war, die Erkrankung nicht mehr, und der Mensch, der in Tbilissi, Charkow und anderen ehemals sowjetischen Städten zu Hause war, ging in einem fremden Land von uns.

MISCHA

Mischa, Michail Wassiljewitsch Poljakow, Cousin von Marina Vlady (Marina Wladimirowna Poljakowa-Baidarowa), war ein waschechter Petersburger. Er hatte ein „nordisches" Aussehen, strenge Gesichtszüge und sah Warlam Schalamow, dem genialen Autor der „Erzählungen aus Kolyma", ähnlich, sein Teint war allerdings außergewöhnlich dunkel.

In jeder politischen „Zone" stellten die „Leningrader", also die Petersburger, Petrograder oder auch Piteraner (welche Bezeichnung die Häftlinge für Peters Stadt verwendeten, hing jeweils von den politischen Umständen ab, in der Umgangssprache heißt die Stadt Piter) eine beträchtliche Fraktion. In unserer „Zone" bildeten Michail Poljakow, Gelij Donskoi, Boris Manilowitsch, Nikolai Tolstych, Jewgeni (Judshin) Solontschuk und Michail Kasatschkow den Petersburger Flügel. Außer dem ewig zu Scherzen aufgelegten Asphaltbauer Judshin hatten sie alle einen Hochschulabschluss, Donskoi und Manilowitsch außerdem einen höheren akademischen Grad.

Donskoi und Poljakow waren nicht nur Vertreter der russischen Intelligenz, sondern auch Nachkommen alten russischen Adels. Gelij Donskoi, direkter Nachkomme Dmitri Donskois, des Siegers über Mamai und Helden der Schlacht auf dem Kulikowo Polje, hatte einen sehr eigentümlichen Humor, besonders in puncto Sex. So zum Beispiel sagte Gelij Donskoi in unserer Anwesenheit einmal zu Mischa Poljakow: „Mischa, du kommst doch vor mir hier raus, probier doch mal meine Frau aus, es wird dir gefallen, sie ist ganz gut!"

Dieses „Angebot" ließ den sonst so unerschütterlichen und ruhigen Poljakow aus der Haut fahren.

„Genug, Gelij, was soll das? Begreif doch, die Kaukasier verstehen deinen dämlichen russischen Humor nicht!"

Jonny Laschkaraschwili war seinerseits erbost: Was denn daran lustig sei, bitte schön?!

Borja Manilowitsch begann, ausführlich Freud zu zitieren, während Donskoi sich vor Lachen bog. Da fing auch Mischa endlich an zu lachen, er erklärte Jonny, dass Donskoi schon die dritte Frau habe, dass er sie sehr liebe, aber er säße ja nun in Haft, vergehe vor Sehnsucht und Eifersucht und bekunde mit solchen dummen Scherzen seine Liebe. „Du hast halt keine Frau, deshalb kannst du ihn wohl nicht verstehen!"

Als ich sah, wie die Russen sich halbtot lachten, musste auch ich lachen, und jetzt fiel Jonny über mich her.

„Und du, was lachst du so? Du hast doch eine Frau!"

Manchmal war es nicht einfach, sich im Labyrinth der Verbote und Bewilligungen der Sowjetunion zurechtzufinden. Verboten waren in der politischen „Zone" zum Beispiel Kugelschreiber mit roter Mine und Füllfederhalter mit farbiger Tinte, Zahnpasta (erlaubt war nur Zahnpulver, nach dem sich die Verwandten die Hacken abrannten), Deodorant, Eau de Cologne, Fingerhandschuhe und vieles andere. Von den Spielen waren Spielkarten und Fußball verboten, Volleyball, Tischtennis, Dame, Schach und Nardi (eine Art Backgammon) hingegen erlaubt. Nicht verboten hatte der KGB allerdings den Spielwürfel – oder, wie der allwissende Wadim Anatoljewitsch Jankow zu sagen pflegte, den „Zahlenzufallsgenerator". Die Logik der KGB-Leute kann ich auch heute noch nicht bis ins Letzte nachvollziehen.

Mischa Poljakow und Gelij Donskoi spielten Nardi. Dabei erschien ihr Spiel uns Georgiern irgendwie seltsam. Seltsam war vor allem, dass beim Würfeln nicht das traditionelle „du-beš", „šaši-beš" und „sebay-du" zu hören war, sondern auf Russisch „fünf und fünf, sechs und fünf, drei und zwei". Gelij zählte beim Setzen der Steine mit: „Fünf und vier", also „penji-jhar", oder „beš-vier"; „Zwei und eins", sagte Mischa und zog „du-yak". Die zweite Seltsamkeit war, dass sie die Steine lautlos weiterschoben, ohne den fürs Nardi-Spiel typischen Krach. Die dritte, hauptsächlichste Eigentümlichkeit aber war, dass das Ganze völlig emotionslos ablief, es gab keine Anrufe an das Schicksal, kein Beschimpfen der Würfel als „Hundeknochen", kein Lustigmachen über die Achtung gebietende Entscheidung des Gegners, kein öffentliches Anzweifeln seiner intellektuellen Fähigkeiten und vor allem keinen Gebrauch des in der russischen Umgangssprache so geläufigen vulgären „Mat"*. Die Piteraner passten sich dann aber der neuen Situation schnell an; sie erfassten, als Jonny und ich spielten, die „Musik" des Spiels. Wir spielten das „kurze" Nardi, und ich bemühte mich, meinen „Vorbildern" nachzueifern: meinem Vater und den Schwiegereltern. Es war ein richtiggehender Wettbewerb: „Šaši-du, soll dein Hundeknochen doch verrecken …!" – „Se-yak, Se-schwili Yak-schwili, und bist du nicht wili, dann brauch ich Gewalt", sagte ich, „da hast du'n du-yak, du alter Sack!"

„Da hast du penji-jhar, wisch dir deinen A… Und hier noch nen se-yak aufn Teller gekackt!", konterte Jonny.

---

* Obszöne Vulgärsprache, die stark durch sexuelle Ausdrücke geprägt ist – Anm. d. Übers.

Dann endlich fingen auch Mischa und Gelij an, das Nardi-Spiel zu „singen": „Sechs und fünf in Butter, f... doch deine Mutter, drei und vier, Schwänzchen im Quartier", und so weiter. Und sie knallten den Würfelbecher mit einer Lautstärke auf den Tisch, dass sie uns Georgier klar übertrafen und kein persischer Schah oder arabischer Kalif sie mehr übertrumpft hätte. Zufrieden mit seinen überschüssigen Emotionen lobte Mischa Poljakow uns: „Man merkt, ihr Georgier seid gut für den Kulturaustausch."

Am Ende nannten die Russen ihre Würfelergebnisse ebenfalls auf Persisch: „du-šeš", „du-bar", „ya-ghan" und so weiter. Rafael Papajan erkannte die „kurzen" Nardi nicht an, da er selbst ein Meister der „langen" war, er versuchte die Piteraner zu überreden, diese zu spielen, doch umsonst: Sie blieben ihrer Vorliebe treu.

Michail Poljakow hatte die technische Abteilung der Petersburger Saltykow-Schtschedrin-Bibliothek geleitet und im Laufe vieler Jahre an den Kopierern seiner Abteilung antisowjetische Literatur vervielfältigt. Dabei hatte er sich selbst eine Norm von fünfhundert Seiten pro Tag gesetzt und übererfüllte diese Norm mit Stachanow'scher Begeisterung. In einer Zeit, in der ein einziges derartiges Blatt ausreichte, um wegen antisowjetischer Agitation und Propaganda im Gefängnis zu landen, erstellte er Kopien von ungefähr zweitausend Büchern und verbreitete diese Flut an Literatur in der ganzen Sowjetunion. Letztendlich entdeckte das Komitee für Staatssicherheit nur sechs Bücher. Zum Vergleich muss ich anführen, dass meine Frau und ich nur dreizehn Exemplare der ersten Ausgabe des Organs unserer Republikanischen Partei „Samreklo" („Glockenturm") erstellt hatten.

Ein Jahr und neun Monate versteckte er sich dann vor den weltberühmten sowjetischen Sicherheitsorganen, die pro Kopf der Bevölkerung den ersten Platz in der Anzahl der Mitarbeiter, geheimer und nicht geheimer Agenten innehatte und jede andere Institution politischer Verfolgung bei weitem in den Schatten stellte. Von den einundzwanzig Monaten, die man ihn suchte, stand er elf auf der unionsweiten Fahndungsliste. Mit solchen Daten konnte sich kein anderer politischer Dissident in der Sowjetunion brüsten, Mischa aber brüstete sich nie, diese Informationen musste ich ihm im Laufe von Jahren stückweise aus der Nase ziehen. Während man ihn verzweifelt suchte, hatte er die gesamte Sowjetunion durchreist, war unter anderem auch in Georgien, in Tbilissi gewesen und auf seinem Weg Richtung Westen nach Samtredia gelangt, also fast bis nach Batumi. Die Leute, mit denen er zu jener Zeit in Kontakt gestanden hatte, hielt er nicht nur in der „Zone", sondern auch noch Jahre nach unserer Befreiung geheim, und erst, als Georgien unabhängig geworden war, kam er zu uns, um uns zu beglückwünschen, und machte mich mit den Leuten bekannt, die ihn bis zu seiner Verhaftung versteckt hatten.

Man verurteilte Poljakow zu „penji-se" (fünf Jahren) verschärfter Lagerhaft und drei Jahren Verbannung, doch wurde seine Akte nicht geschlossen, und einmal im Jahr suchte ihn eine Delegation von Tschekisten aus Piter auf, in der illusorischen Hoffnung, Mischas Schweigen zu „knacken" und etwas über die Verbreitungswege der antisowjetischen Literatur herauszufinden. Einmal kam in dieser Sache ein Tschekist der neuen Generation, ein gewisser Koscheljow. Wenn ich von neuer Generation spreche, so meine ich, dass dieser junge Mann ein Großmachtverfechter und Zyniker war, er hielt nicht mehr viel von den Kommunisten und spöttelte sogar über die Partei. Nachdem er bei Mischa nichts erreicht hatte, unterhielt er sich mit uns, den anderen, und legte seine Sicht der künftigen Sowjetunion dar: ein Imperium ohne die führende Rolle der Kommunistischen Partei. An dieser Stelle unterbrach Georgi Chomisuri ihn lebhaft: Ohne die führende Rolle der Kommunistischen Partei würde sein Imperium ganz schnell zusammenbrechen und der KGB würde unter den Trümmern liegen. (Leider bewahrheitete sich, wie das bei Prognosen so ist, Shoras Vorhersage nur zum Teil.) Nachdem Koscheljow sich noch eine Weile über die Allmacht dieses Imperiums ausgelassen hatte, erklärte Poljakow, dass wir, wenn wir unser Land liebten, darüber nachdenken sollten, wie man Russland aus der Sowjetunion herausführen könne. Der verärgerte Koscheljow winkte ab und fuhr zurück nach Leningrad. Einmal wurde Mischa zu der uns sattsam bekannten Ganitschenko gerufen, der Zensorin, die ihm ein Telegramm seiner Frau aushändigte, in dem der klassische Text stand: „Mein Lieber, verzeih, ich habe einen anderen kennengelernt." Nach sowjetischer Gesetzgebung wurde eine Ehe in derselben Minute, in der sich jemand von seinem inhaftierten Ehegatten lossagte, annulliert. Poljakow ging also als verheirateter Mann zur Zensorin hinein und kam als Junggeselle (um ein Wort des Spötters Manilowitsch zu verwenden: als „Playboy") wieder heraus. Doch ging, um bei der Wahrheit zu bleiben, der sonst so solide und seriöse Poljakow nicht einfach aus dem Gebäude der Lagerverwaltung heraus; er flog geradezu und erklärte dem spontan versammelten Piter-Tbilissi-Moskauer Freundeskreis, dass die unglückseligen KGB-Leute selbst nicht wüssten, welche Freude sie ihm gemacht hätten. Es verging keine Woche, da forderte er, die geliebte Frau, Nadeshda, heiraten zu dürfen. Die Lagerleitung wollte nichts davon wissen, vor allem wünschte das Leningrader Komitee für Staatssicherheit dies nicht, doch schon bald erhoben sämtliche Dissidenten der Sowjetunion, und auch der Westen, ihre Stimme, und Poljakow erreichte, was er wollte. Den auf zwei Tage verkürzten Honigmond verbrachten Michail und Nadeshda Poljakow im Besucherraum von SH-CH 385/3-5. Zur Trauung war Poljakow mit einem Strauß im Lager gezogener roter Rosen erschienen.

Tischtennis spielten wir auf einem selbstgebauten Tisch, der mit professionellen Tischtennisplatten nicht vergleichbar war, doch hatten wir richtige Schläger und Bälle. Aus irgendeinem Grund hatte Pingpong allerdings nur wenige Liebhaber. Überhaupt gab es nur wenige Leute, die spielten: vier Schachspieler, deren Anführer Manilowitsch war, die Nardi-Spieler, bei denen die Georgier die Nase vorn hatten, zwei Volleyballmannschaften – die „Demokraten", also die für antisowjetische Agitation und Propaganda Verurteilten, die allerdings noch ein paar Spione und einen Kriegsverbrecher in ihre Mannschaft aufnahmen, und die „Akademiker" (Professoren, Dozenten, Doktoren und habilitierte Doktoren). In meiner Anklageschrift, die in der politischen Zone ein de facto öffentliches Dokument darstellte, da man sie auf die erste Forderung hin vorweisen musste, stand: „Brachte bei der Festnahme gerade seine Dissertation zu einer Schreibkraft", so dass man im Lager eine „Prüfung" zu meiner nicht verteidigten Dissertation veranstaltete und mir einen „wissenschaftlichen Titel" zusprach, damit ich die Mannschaft der „Akademiker" verstärken konnte.

Tischtennis hatte also die wenigsten Liebhaber, und so waren es überwiegend Poljakow und ich, die ihre Kräfte miteinander maßen. Es kam öfter vor, dass der Spielstand zehn zu null betrug, was in der Pingpong-Sprache zu Null-Sieben wurde, Null-Sieben aber nannte man standardmäßig auch die gängigen sowjetischen Schnapsflaschen, was Poljakow, der gerne mal einen pichelte, wiederum sehr erheiterte. Sobald der Stand Null-Sieben war, gossen wir uns also einen Tee aus der Thermoskanne ein, Poljakow formulierte spontan einen Trinkspruch und verbesserte so jedes Mal seine Meisterschaft in dieser georgischen Tradition. Als nach unserer Entlassung mein Bruder Dato mit seiner Frau nach Leningrad fuhr, lud Michail Poljakow sie zu sich ein, bestimmte Dato zum Tamada, löste ihn dann aber selbst ab und tat es wie Pasternak, präsentierte ihm eine bemerkenswerte Lektion bester georgischer Tischkultur.

Das Pingpong-Spiel in Baraschewo hatte einen unverwechselbaren Reiz: Den beiden Spielern schloss sich stets ein energiegeladener dritter Spieler und Fan an. Dieses vortreffliche Geschöpf männlichen Geschlechts hieß „Zigeuner", da er pechschwarz war. In der „Zone" gab es insgesamt drei Katzen: den sehr alten Kater Wassjka, den jugendlichen Helden „Zigeuner" und ein zärtliches Wesen namens Adotschka (mit vollem Namen Adelaida Grigorjewna Masur-Donskaja, da Grischa Feldman, Dmitro Masur und Gelij Donskoi ihre Gönner und Beschützer waren). „Zigeuner" beteiligte sich an dem Pingpong-Spiel, indem er versuchte, den Ball zu fangen und zu diesem Zweck über das Netz hin und her sprang. Wirklichen Erfolg hatte er aber nur beim Stand Null-Sieben – da nahm er den Ball endgültig in Besitz und lauschte, wenn auch nur ansatzweise, Poljakows ausgeschmückten Trinksprüchen.

Als Rationalist, der Mischa bis ins Mark war, hasste er auf unerschütterliche Weise Verschwörungstheorien jeder Art.

Vor allem glaubte er nicht an den Mythos von der alles umfassenden Allmacht und Unbesiegbarkeit der sowjetischen Staatssicherheit. Wenn wir auf unseren geheimen Abenden von den abgefeimten Intrigen und den höchst komplizierten Spielweisen des KGB sprachen, unterbrach uns der gutgelaunte Poljakow freundlich und meinte: „Unsinn, Jungs, da herrscht Chaos." Und wenn wir über maßgebliche Operationen des KGB im Ausland diskutierten, zum Beispiel über den Autounfall in Spanien, in dem Andrej Amalrik, der Autor des Buchs „Erlebt die Sowjetunion das Jahr 1984?" ums Leben gekommen war, begann Mischa ein Juwel der Dissidentenfolklore zu zitieren:

> „Ein Auto hinter mir – ein Wolga,
> ich aber weiß – es ist die CIA!"

Er glaubte nicht, dass der KGB in der Lage sei, in Spanien eine umfangreiche Spezialoperation durchzuführen, und behauptete, dass diese Mythen in einer Abteilung des KGB selbst erdichtet und durch dessen umfangreiche Agentur im Volk verbreitet würden. Raffinierte Methoden seien dem KGB fremd, die Waffe des russischen Menschen war, ist und würde immer die Axt sein. Und eine mit der Axt durchgeführte Operation würde irgendwann von der ganzen Welt durchschaut werden. (Viele Jahre später, als russische Nachrichtendienste, die Nachfolger des sowjetischen KGB, ihren früheren Geheimagenten Alexander Litwinenko vernichteten, legten die Engländer eine solche „Axt" in Form von Polonium-210 offen.)

In Mischas Anklageschrift stand, dass er die antisowjetischen Bücher von Alexander Solschenizyn, Andrej Platonow, Warlam Schalamow und anderen sowie Andrej Sacharows

Artikel und offene Briefe an die Machthaber vervielfältigt, gelagert und verbreitet habe. Irgendwann zu Beginn der Perestroika und Glasnost war es dann so weit und die sogenannten „dicken" Zeitschriften (Literaturzeitschriften) begannen, diese verbotene Literatur zu publizieren. Mischa sagte, ehe sie nicht Bulgakows „Hundeherz" und Platonows „Baugrube" abdruckten, glaube er nicht an „deren Perestroika" und die Umwälzungen. Wir hatten fast alle mehr oder weniger bedeutenden gesamtsowjetischen Zeitschriften und Zeitungen, auch die der Republiken, abonniert. (Außer dem Larjok war dies die einzige Möglichkeit, das durch unsere Arbeit verdiente Geld auszugeben.) 1986 dann ging es los: Die Zeitschrift „Snamja" veröffentlichte Bulgakows Meisterwerk „Hundeherz", „Novy Mir" druckte Platonows „Baugrube" ab und die Zeitschrift „Newa" Anna Achmatowas „Requiem". Mischa Poljakow bewaffnete sich mit diesen Publikationen, ging damit zum Leiter der „Zone" Major Schalin und stellte ihm die Frage. „Für die uneigennützige Vervielfältigung und Verbreitung dieser Werke hat man mich zu fünf Jahren Lager mit verschärften Haftbedingungen und drei Jahren Verbannung verurteilt, und jetzt gibt die sowjetische Regierung diese Bücher in Millionenauflagen heraus und verdient viel Geld damit. Wofür sitzen wir hier eigentlich?"

Er bekam von Schalin zur Antwort: „Verschwinde, Poljakow, mir zerreißt es auch ohne dich das Herz, ich habe schon Angst, die ‚Prawda' und die ‚Iswestija' in die Hand zu nehmen, nicht dass auch in denen antisowjetische Inhalte stehen! Was deinen Lageraufenthalt angeht, so kann ich dir absolut nicht helfen, wenn du willst, gebe ich dir die neue ‚Ogonjok' mit, da ist ein Artikel von Polikarpow über Fjodor Raskolnikow drin, und ein offener Brief von Raskolnikow an Stalin, schlägt ein wie eine Bombe. Letztes Jahr hätt's dafür noch sieben plus fünf gegeben, und heute drucken es die ganzen großen Zeitschriften ab!"

Poljakow ging raus, schwenkte die „Ogonjok" und zitierte laut populäre Zeilen aus der Dissidentenfolklore:

> „Was klopft da wieder an die Tür?
> Sieben plus fünf, sieben plus vier!"

Mischa kannte die Texte der Lieder von Alexander Galitsch, Wladimir Wyssozki, Bulat Okudschawa und Jewgeni Kljatschkin auswendig, und wenn Gelij Donskoi sie sang, fing Mischa an, ihn zu berichtigen. Gelij nahm die einzige im Lager vorhandene Gitarre und sang den bekannten Hit des Barden Kljatschkin:

> „Male Kreise mit der Zigarette,
> Punkte mit dem Streichholz in den Schnee.
> Etwas muss man, muss man sich bewahren,
> Irgendwas, doch das wird nicht geschehen.
> Und es dreht sich wie ein goldnes Fischlein.
> Nur zum Spaß fang ich's mit meiner Schapka ...
> Munter tanzt es, doch ich schau genau hin,
> und ich seh: Es zuckt nur noch und zappelt."

Mischa aber berichtigte ihn immer wieder: „Es heißt nicht *muss man, muss man sich*, sondern etwas *sollte man sich doch bewahren*, mein lieber Gelij!" Gelij aber bestand darauf: „Kljatschkin hat's bei mir zu Hause gesungen, und ich weiß noch sehr gut, was er gesungen hat!" Mit verschmitztem Blick fragte Mischa so ganz nebenbei, wie viele Flaschen Kljatschkin denn so wegbechern konnte ... Meistens drei, erwiderte Gelij.

„Nach drei Flaschen kann man ihm ja wohl nicht mehr vertrauen, und dir schon gar nicht!"

Bei einer Feier, bei der Tee die Rolle des Weins übernahm, entstand unter den Mitgliedern der Südkaukasischen Christlichen Föderation eine kurze, profane, aber amüsante Diskussion zu der Frage, welcher Nationalität Bulat Okudschawa angehörte.

„Georgier ist er, der Sohn von Schalwa Okudschawa", erklärte ich.

„Seine Mutter war Armenierin, und er ist auch Armenier", beharrte Rafik.

Wadim Jankow lieferte unverzüglich enzyklopädische Daten: Der Vater, Schalwa Stepanowitsch Okudschawa, sei natürlich Georgier gewesen, und die Mutter, Aschchen Stepanowna, Nalbandjan war Armenierin aus Tbilissi; es sei eine Kommunistenfamilie gewesen, die nach Moskau gekommen war, um an der Parteihochschule zu studieren, und da, in Moskau, sei Bulat Schalwowitsch auch geboren, am Arbat aufgewachsen, im Haus Nummer 43, in einer kommunalen Wohnung im vierten Stock, und egal, ob Georgier oder Armenier, er sei jedenfalls Moskauer. Der Vater sei am 4. August 1937 erschossen worden, die Mutter verhaftet und nach Karaganda verschickt und erst 1955 aus der Haft zurückgekehrt.

Mischa Poljakow war ein lockerer Tamada und schlug einen Kompromiss vor: „Aus einem georgischen Vater und einer armenischen Mutter ist also ein russischer Dichter entstanden, der aus Liebe zum Vater Stalin hasst und aus Liebe zur

Mutter Kirow liebt.* Als Dichter braucht ihr Georgier Okudschawa nicht, ihr habt genügend eigene Poeten, und um die Armenier unter euch zu besänftigen, schlage ich vor: Überlasst Okudschawa uns Piteranern, und dafür erkennen wir die armenische Herkunft und die Langarmigkeit von Moskaus Gründer Juri Dolgoruki** an."

Wir hatten Glück, dass bei dieser Diskussion kein weiterer Moskauer anwesend war.

Michail Poljakow war ein großer Cineast und kannte sich in der Kinowelt hervorragend aus, doch besaß er in diesem Ozean ein auserwähltes Schiff, über dessen Schaffen er mit besonderer Hingabe sprach: den großen georgischen Regisseur Otar Iosseliani. Dessen Filme, beginnend mit dem ersten, „Das Aquarell", den der Student Iosseliani im dritten Studienjahr, also 1957, gedreht hatte, bis hin zu Iosselianis Meisterwerken – „Es war einmal eine Singdrossel" von 1970 und dem 1975 fertiggestellten Streifen „Pastorali" –, kannte er bis ins kleinste Detail.

Der Film „Das Aquarell" war nach einer Erzählung von Alexander Grin entstanden: Es geht um einen Säufer und dessen Ehefrau, eine Wäscherin (eine Charakterrolle, gespielt von Sopiko Tschiaureli). Der Säufer stiehlt seiner Frau die letzten schwer erarbeiteten Kopeken, flüchtet durch das Fenster, seine Frau rennt ihm hinterher. Bei dieser Verfolgungsjagd landen sie zufällig in einer Galerie und stoßen auf eine Aquarellzeichnung ihres alten Hauses. Das Haus auf dem Bild wirkt warm und

---

* Okudschawas Mutter war bei Kirow beschäftigt gewesen – *Anm. d. Übers.*

** „Dolgoruki" bedeutet „der mit dem langen Arm" – *Anm. d. Übers.*

gemütlich, anders als sie es immer empfunden haben. Wehmut überkommt sie. Die letzten Bilder des Films zeigen die ganze Familie: Mann, Frau und vier Kinder. Sie sitzen vor ihrem Haus, und der Künstler porträtiert sie.

Poljakow mochte diesen Film sehr, vor allem, wie Iosseliani im Film selbst in der Rolle eines Kunstwissenschaftlers auftaucht und mit merklichem georgischem Akzent erklärt: „Seht euch dieses schöne Bild an, aus dieser Zeichnung kommt euch Wärme entgegen; hier leben wunderbare, ehrliche, reine und gütige Menschen."

Ich selbst sah „Das Aquarell" erst viele Jahre später und war verblüfft, dass Poljakow nicht ein Detail, nicht eine Nuance dieser alten Arbeit übersehen hatte, in der man tatsächlich den künftigen großen Meister erkennen konnte.

Als Mischa Poljakow zum ersten Mal über Otar Iosseliani sprach, bemerkte der Chefpsychologe unserer „Zone", der Psychiater und Dichter Boris Manilowitsch, dass der romantische Realismus Alexander Grins einen wunderbaren Stoff für ein georgisches Gemüt darstelle. Er fügte hinzu, dass Grin in Wirklichkeit Grinewski hieß, von polnischem Adel war, und dass er in Bezug auf Nationalität und Klassenzugehörigkeit ein Verwandter Poljakows gewesen sei; Mischa aber lehnte diese „Klassentheorie" ab und entgegnete, Grin habe damit nichts zu tun, er habe Otar den Stoff geliefert, und Iosseliani würde nicht nur aus Grin, sondern auch aus Eisen einen Film drehen. Hiermit spielte er auf einen von Otar Iosseliani 1964 im Metallwerk von Rustawi gedrehten Dokumentarfilm an, in dem der Hochofen und der Mensch gemeinsam Eisen kochen. Iosseliani zeigt hier, wie schön und plastisch der Mensch ist, wenn er seine Arbeit mit Kenntnis und Liebe vollbringt.

Viele Jahre später, die Jahrhundert- und Jahrtausendwende wird bereits Vergangenheit sein, wird Michail Poljakow mir die auf neunzehn DVDs gebrannten gesammelten Werke Otar Iosselianis verehren, von der berühmten „Pastorali" bis hin zum 2006 gedrehten Film „Gärten im Herbst".

Mischa unterstützte ehrlichen Herzens den Kampf der baltischen Länder und Georgiens um ihre Unabhängigkeit. Im April 1989 kam er mit seiner Frau nach Tbilissi, um der am 9. April Umgekommenen zu gedenken und in seinem persönlichen Namen das georgische Volk um Verzeihung zu bitten. Er fuhr auch nach Vilnius, um den Litauern sein Mitgefühl kundzutun und um Verzeihung für die Ereignisse am Vilniusser Blutsonntag zu bitten.

Schließlich erklärte Mischa, dass er in diesem Land nicht mehr leben könne. „Mein Russland ist gestorben", sagte er und reiste in die USA aus. Mischas Frau Nadeshda kam auf tragische Weise um, und er zog seine Kinder in der Fremde allein groß. Die Petersburger haben ihm die Ehrenbürgerschaft verliehen und ihn in die Enzyklopädie der Stadt aufgenommen. Oft, wenn in meiner Gegenwart von Eroberern und ihrer Kultur die Rede ist, und vor lauter Hass auf Putin und den russischen Staat zugleich auch noch Dostojewski niedergemacht wird (einer unserer Kulturminister nannte ihn sogar einen schlechten Schriftsteller), denke ich an einen jener großartigen Menschen, denen ich das Glück hatte zu begegnen: Er heißt Michail Poljakow und wurde im selben Haus geboren, in dem auch Dostojewski gewohnt hatte.

BORJA

Wie eine Szene Michelangelo Antonionis oder eines anderen hervorragenden Filmregisseurs erscheint mir aus dem Dorf Baraschewo im mordwinischen Kreis Tenguschewo, aus dem politischen Lager SH-CH 385/3-5, immer wieder ein Bild: Wir stehen zu zweit am Sperrstreifen, in gestreiften Häftlingsjacken, fast berühren wir den Stacheldrahtzaun, vom Kontrollturm aus, der sich auf der anderen Seite erhebt, beobachtet uns ein wachsamer Soldat der Inneren Truppen, auf uns ist der Lauf einer Kalaschnikow gerichtet. Es ist kalt und dunkel, und es schneit, der Dichter aber, der mir gerade sein neuestes Gedicht vorgetragen hat, fragt mit vor Aufregung zitternder Stimme: „Konntest du es nachempfinden?"

Ich kann mich nicht mehr an Reim und Rhythmus erinnern, nicht an die Länge und auch nicht an das Gedicht selbst, aber ich weiß noch, dass es mich berührte. Ich entsinne mich, wie aufgeregt mein Lagerkamerad, ein Petersburger Dichter, war, und was für ein bedeutsamer Jemand ich selbst war, denn mir fiel die Ehre zu, das Gedicht als Erster zu hören.

Der Dichter hieß Borja – Boris Isaakowitsch Manilowitsch, Jahrgang 1940; er war Psychologe und hatte, wie jeder richtige sowjetische Dissident und Intelligenzler, noch einen zweiten, „praktischeren" Beruf: den des Elektroinstallateurs. Man hatte ihn am 11. November 1982 in Leningrad verhaftet, und das Leningrader Bezirksgericht hatte ihn des Verbrechens laut Teil 1 Artikel 70 des Strafgesetzbuches der RSFSR schuldig gesprochen. Er wurde zu vier Jahren Haft in einem Arbeits-

und Besserungslager mit verschärften Haftbedingungen verurteilt, und nach dem Absitzen dieser Strafe erwartete ihn eine zweijährige Verbannung. Es war ein aufsehenerregender Fall, man hatte vor Manilowitsch bereits die anderen Köpfe der Gruppe verhaftet: zuerst Wjatscheslaw Dolinin, danach Rostislaw Jewdokimow. Vom Schicksal dieser Gruppe hatten auch wir erfahren, es stand in einer der illegalen Ausgaben der „Chronik aktueller Ereignisse", einer wahren Bibel des Samisdat (übrigens wurde in derselben Ausgabe auch die Verhaftung Wadim Jankows erwähnt).

Boris Manilowitsch war ein Mann der Kalauer. So sehr liebte er die Sprachspielereien, dass er sich manchmal selbst im Netz seines Wortwitzes verhedderte und, einmal im Dickicht der Sprache verfangen, nur schwer wieder herausfand. Da er bis zu seiner Verhaftung als Psychiater gearbeitet hatte, hieß es in der „Zone", er sei selbst „nicht ganz richtig im Kopf".

Borja war sein Leben lang Opfer von Antisemitismus; sogar in der politischen „Zone", die voller Demokraten und Liberaler war, konnte er dem nicht entrinnen. So gab es bei uns einen recht betagten Häftling namens Pavelsons, der nur mit „Landsleuten" – Litauern, Letten und Georgiern – kommunizierte. Alle anderen hielt er eines Gesprächs nicht für würdig. Pavelsons war Militär, Offizier der litauischen Armee, gewesen und hatte gegen die Deutschen gekämpft, solange Litauen gegen die Deutschen kämpfte, dann mit den Deutschen gegen die Russen, dann ohne die Deutschen gegen die Russen, als Litauen erneut gegen Russland kämpfte. Der Offizier Pavelsons erfüllte den Auftrag seines Landes und kämpfte gegen alle, die sein Land bekämpften. In der Sowjetunion würdigte man seinen Patriotismus nicht; nachdem Litauen eingegliedert war, erklärte man die Patrioten zu Verrätern. Pavelsons litt darunter, dass er, der die Heimat stets geliebt hatte, jetzt als Verräter verurteilt worden war. Dieser alte Mann nun beschuldigte Manilowitsch ständig, er habe ihm etwas gestohlen.

Wir Häftlinge mussten Fausthandschuhe nähen, legten dann die Tagesnorm – zweiundneunzig Paar – übereinander, banden sie zusammen und gaben die Päckchen ab. (Die von links genähten Handschuhe krempelten wir nicht um, das wurde später auf einer speziellen Vorrichtung getan, wo sie ihre endgültige Form erhielten.) Pavelsons hatte einmal sein Päckchen verlegt und bedrängte daraufhin, ohne nachzudenken, Borja: Er solle ihm die gestohlenen Handschuhe zurückgeben. Obwohl Manilowitsch ihm erklärte, dass er zwar in seiner Kindheit Tante Mussja einmal eine Pirogge gemopst, seitdem aber nie wieder etwas gestohlen habe, setzte Pavelsons seinen Angriff mit größter militärischer Sachkenntnis fort. Als wir ihn dann befragten, warum er Manilowitsch nicht in Ruhe ließ und wie er darauf komme, dass gerade dieser der Dieb sei, erklärte Pavelsons mit unverhohlenem Erstaunen, der sei doch Jude! Er ließ sich nicht davon abbringen: In der Werkstatt gäbe es nur einen Juden, wer sonst solle die Handschuhe gestohlen haben?

Pavelsons' Päckchen fand sich bald wieder an; wie sich herausstellte, hatte der Ukrainer Strilziw sie zum Umkrempeln mitgenommen, dennoch dachte der einstige Offizier der litauischen Armee überhaupt nicht daran, sich zu entschuldigen; vermutlich hatte er für sich beschlossen, dass der Jude und der Ukrainer unter einer Decke steckten, einen Schreck bekommen und das Diebesgut zurückgegeben hätten.

Borja Manilowitschs Sinn für Humor trug völlig unerwartete Blüten. Unter den Vertretern der Lagerverwaltung gab es einen Aufseher mit Namen Kisseljow. „Aufseher" wurden sie von uns genannt, sie selbst nannten sich „Kontrolleure". Kurz, der Aufseher-Kontrolleur Kisseljow zeichnete sich nicht gerade durch ein hohes intellektuelles Niveau aus. Er war ein einfacher Mann, der die Arbeit in der „Zone" mit einer Landwirtschaft verband.

Im Lager war Kisseljow ein mäßig grausamer Aufseher, zu Hause ein mäßig fauler Bauer, alles geschah maßvoll, bis auf eines: Er soff unmäßig. So unmäßig, dass ihn in all den Jahren niemand nüchtern oder annähernd nüchtern erlebt hatte. Vielleicht hing sein Verstand von der Flasche ab, vielleicht war es auch umgekehrt, und der Verstand sagte ihm, er solle so viel trinken. Sein Gesicht war immer puterrot, und manchmal kam es vor, dass seine Hand zu zittern begann. Dies war das sichere Zeichen, dass es an der Zeit war, und schon bald kehrte er zufrieden zurück, die Hände hatten aufgehört zu zittern, und in ihm erwachte der Wunsch zu reden.

Und so kam Kisseljow einmal im Frühjahr mäßig-festen Schrittes auf Boris Manilowitsch und mich zu und begann zu klagen, dass es Zeit für die Heumahd sei und er es aber nicht schaffen könne, es wäre kein Hilfe ranzukriegen, keiner könne mit einer Sense umgehen, und die es können, würden es selbst kaum schaffen, ihre Wiesen abzumähen. Und heute müsse er nach dem Dienst wieder die ganze Nacht mähen, und dann noch allein – wie das wohl zu schaffen sei?

Manilowitsch kniff listig die Augen zusammen und legte los: „Weißt du eigentlich, Kisseljow, woher das Wort ‚Grusinien'* kommt?"

---

* Georgien

„Na klar, das weiß doch jeder! Die waren den Russen schon immer ein Graus, deswegen der Name: Graus – Grus."

„Du erstaunst mich, Kisseljow! Es heißt so, weil es ein Land der Bauern ist, die Georgier sind Landmenschen. Sieh nur, dieser Häftling hier, der Badsadsaschwili (so wurde mein schwieriger Name vom gesamten Baraschewer Aufseher-Kontrolleure-Verein ausgesprochen), der grade vor deiner Nase steht, ist ein echter Bauer, der ist mit der Sense in der Hand geboren, hat sein Lebtag nichts andres getan als gemäht. Was mich betrifft, meine ganze Sippe hat im Kibbuz gearbeitet, also in der Landwirtschaft. Ich kann spielend eine Zweimetersense handhaben. Nimm uns mit zu dir nach Hause, wir mähen dir Heu für drei Schober!"

„Das ist gut, sechs Schober sind schon was." In seiner Stimme klang leichte Begeisterung an. „Aber wie soll ich euch hier rauskriegen?", offenbarte er eindeutiges Geschäftsinteresse.

„Nichts leichter als das! Trimaskin hat uns doch letztes Jahr auch rausgekriegt, geh und frag ihn, ihr seid doch Kollegen!" (Alle wussten, dass Trimaskin und Kisseljow einander spinnefeind waren und nicht miteinander sprachen.)

„Von wegen Kollege!", schimpfte Kisseljow. „Wir müssen uns etwas Schlaueres überlegen."

„Das ist nicht so einfach", gab Manilowitsch zu.

„Mir fällt auch nichts ein", teilte ich die allgemeine Besorgnis.

„Jetzt weiß ich's!", rief Borja schließlich erfreut aus. „Ich weiß, was du machen musst! Du gehst einfach zu eurem Chef Schalin und sagst: ‚Ich brauche zwei Mann für die Heumahd, gib mir Manilowitsch und Berdsenischwili, die können mähen, zwei zusätzliche Sensen hab ich, und morgen früh gebe ich die beiden gegen Quittung wieder ab.' Und vor allem musst du sagen, dass du uns keinen Wodka gibst, du weißt ja, Häftlinge und Wodka ... ein heikles Thema."

„Genau das sag ich ihm, ihr kriegt aber trotzdem was zu trinken, Hauptsache, ihr schafft sechs ... na oder wenigstens fünf Schober", meinte der gute Kisseljow und machte sich auf den Weg zum Verwaltungsgebäude.

Borja stürmte in unsere Baracke und gab Bescheid, dass draußen ein Gaudi zu erwarten sei.

Keine fünf Minuten waren vergangen, da flog Kisseljow aus dem Gebäude der Lagerleitung und brüllte mit tragischer Stimme: „Jud' missgeburtiger, was redest du Kackbatzen mir denn so unreale Dinge ein!"

„Schade, dass Aischylos gestorben ist!", bedauerte Borja fünfundzwanzig Jahrhunderte nach Aischylos' Tod. „Sieht Kisseljow, wenn er wütend ist, nicht aus wie Agamemnon, der, als Klytaimestra und Aegisthos ihn umbringen, sterbend ausruft: ‚Weh, bin verwundet! Todeswunde, die mich traf!?'"

An dem Tag betrank sich Kisseljow stärker als sonst und näherte sich in den darauffolgenden Wochen Manilowitsch und mir nicht mehr. Zwei Wochen später aber war entweder die Kränkung vergessen oder die Heumahd zu Ende – von da an nahm Kisseljow die intellektuellen Gespräche mit seinem Peiniger Borja wieder auf.

Die Geschichte mit Kisseljow war nicht die einzige. Überhaupt hatte Borja Manilowitsch eine Brücken- und Vermittlungsfunktion zwischen uns und der Verwaltung. Die meisten Häftlinge vermieden den Kontakt zur Administration, hielten ihn für inakzeptabel. Borja mit seiner Hafterfahrung sah das anders. Er hatte so eine Art Immunität erworben und seine Autorität litt keineswegs unter dem Umgang mit der Lagerleitung. Deshalb war, wenn der Kontakt zur Leitung der „Zone" einmal nicht zu vermeiden war, Borja auch bereit, diesen mit einer langen Rede einzuleiten. Die Rede begann stets mit den Worten „Bürger Lagerleiter", einer Anrede, die außer Manilowitsch keiner der für antisowjetische Agitation und Propaganda Verurteilten in den Mund nahm.

Einmal fiel dem Autor des Buches „Der geistige Genozid in Litauen", Vitautas Skuodis, die mühsam vom virtuellen Geld ersparte Flasche Pflanzenöl zu Boden, und das auslaufende Öl beschädigte den wichtigsten Wertgegenstand: eine ganze Packung schwarzen Tees. Borja ging zum Leiter der „Zone", wandte sich mit den Worten „Bürger Lagerleiter" an ihn und entlockte ihm, angeblich um Schreibutensilien für den bekannten litauischen Intellektuellen zu kaufen, zusätzliche zwei Rubel (davor waren bestenfalls Spione und Kriegsverbrecher einer solchen Ehre für würdig befunden worden).

Borja liebte das Schachspiel, und war darauf besonders stolz. Die Mannschaften vieler Länder der Welt wurden zu jener Zeit mit jüdischen Großmeistern komplettiert, und eine sowjetische Anekdote jener Zeit lautete: „Ein Jude – ein Händler, zwei Juden – die Schachweltmeisterschaft, viele Juden – die Akademie der Wissenschaften der UdSSR." Er liebte das Schachspiel und spielte ausgezeichnet, doch aus irgendeinem Grund waren die Demokraten unseres politischen Lagers der Göttin Caissa nicht wohlgesonnen, und Manilowitsch musste sich seine Partner unter den Verrätern und Spionen suchen. Einen aus schachspielerischer Sicht würdigen Gegner fand er in Achper Mechtijewitsch Radschabow, der für die

USA spioniert und den Amerikanern in Jugoslawien für Geld die Zeichnungen der SS-20-Rakete verkauft hatte. Borja und Radschabow spielten immer wieder zusammen Schach, doch brachte dieses gemeinsame Spiel sie einander nicht nur nicht näher, sondern ließ die ideologischen, nationalen und religiösen Unterschiede zwischen den beiden in noch schärferer Weise sichtbar werden. Wie der weitsichtige Michail Poljakow richtig vorhersagte: Eines Tages bahnte sich ein Konflikt an. Die Situation wurde zusätzlich dadurch verschärft, dass sich gegen Ende der Partie das Gleichgewicht verschob und Fortuna sich in Borjas Richtung neigte. Radschabow konnte die Scherze des gewinnenden Manilowitsch immer weniger ertragen, und nach Schach, Matt und Streit geschah etwas Unvorhersehbares: Radschabow holte von der Toilette einen mit Fäkalien beschmierten Stock und schlug Borja damit ins Gesicht. Zutiefst bekümmert kam Borja zu uns und erklärte, dass er auf diese Beleidigung nicht reagieren werde, da es ganz offenbar eine Provokation seitens der Lagerverwaltung sei, und er verbot uns, irgendetwas zu unternehmen. Ich weiß nicht mehr, wie es ihm gelang, Dato und mich zu stoppen, denn wir waren fest davon überzeugt, dass man auf manche Provokationen reagieren muss, wenn die Ehre nicht anders zu retten ist. Die Nachkonflikt-Verhandlungen wurden von den Piteranern geführt, und letztendlich gelang es, die beiden Seiten zu versöhnen. Unsere Position aber änderte sich damals nicht und ist bis heute dieselbe: Radschabow hätte eine angemessene Antwort verdient, denn Borjas Ehre war mit Füßen getreten worden.

Ich sah schließlich ein, dass Gott Borja weitaus mehr Geduld geschenkt hatte als uns. Auf antisemitische „Scherze" reagierte Borja kaum. Und als der Filmvorführer unserer „Zone" Lismanis aus „Begeisterung" für Gogols „Tote Seelen" Manilowitsch „Sobakewitsch" nannte (die Gutsbesitzer Manilow und Sobakewitsch gehören zu den Haupttoten in diesem Meisterwerk Gogols), war Borja nicht beleidigt, oder er tat so, als ob er nicht beleidigt wäre, obwohl es für einen Häftling schlimmer ist, „Sobaka" („Hund") genannt zu werden, als die Haft an sich.

Borja Manilowitsch kannte sich als echter Petersburger und „windiger Intelligenzler semitischer Abstammung" (wie er sich selbst oft betitelte) ausgezeichnet in der russischen Literatur aus, und natürlich in der, um wiederum den von ihm geprägten Begriff zu verwenden, „semito-hamitischen Ausrichtung" der russischen Literatur. (Der Begriff „hamitisch" war in diesem Fall wohl eher ein Tribut an die klassische Sprachwissenschaft; Borja hatte natürlich den Beitrag seiner Landsleute zur russischen Literatur und Kultur im Sinn.)

Ich sagte einmal zu Borja, dass der Begriff „semito-hamitisch" nicht mehr verwendet würde und seit den siebziger Jahren das von dem amerikanischen Wissenschaftler Greenberg eingeführte „afro-asiatisch" gebräuchlicher sei. Borja war ganz aufgeregt.

„Wie heißt dieser Greenberg mit Vornamen? Doch wohl nicht Joska? Ist er aus New York?"

„Das ist er tatsächlich, Joseph Greenberg, 1915 in Brooklin geboren, arbeitet auf zwei Gebieten der Sprachwissenschaft: dem der linguistischen Topologie und der Genealogie der Sprachen, und ist der Entdecker von Sprachuniversalien."

„Joska ist ein Verwandter von mir! Wir sind doch alle miteinander verwandt, ihr Georgier seid das ja auch, allerdings so ... wie sagtest du mal: Die Krähe ist Elsters Tante?"

„Ja, genau, die Tante, aber nur väterlicherseits, also die Schwester vom Vater der Elster."

„Genau dieselbe Redewendung haben wir im Jiddischen auch."

Mit Vorliebe zählte er in Anwesenheit russischer Freunde Größen der russischen Literatur auf, in der Regel in alphabetischer Reihenfolge: Babel, Isaak Emmanuilowitsch, eigentlich Bobel; Bagritzki (Dsjubin), Eduard Georgijewitsch; Ilf (Akronym von: Iechiel Leib Fainsilberg), Ilja Arnoldowitsch; Mandelstam, Ossip (Iosif) Emiljewitsch; Pasternak, Boris Leonidowitsch (bis 1920 Boris Isaakowitsch); Swetlow (Scheinkman), Michail Arkadjewitsch; Tschukowski, Kornej Iwanowitsch (unehelicher Sohn von Emmanuel Solomonowitsch Lewenson).

Wenn Borja dann anfing, auch noch Maler, Ärzte, Schachspieler, Kosmonauten (bei denen nannte er „des Artenreichtums wegen", wie er uns erklärte, auch die amerikanischen Astronauten) und Wissenschaftler (in alphabetisch geordneten Listen) anzuführen, steigerte er sich ins Endlose.

Innerhalb der „sechsten Kolonne" der russischen Sowjetliteratur (auch das ein von Borja geprägter Begriff; seiner Darlegung zufolge ist das eigentlich auch eine „fünfte Kolonne", allerdings eine, deren Mitglieder ihr Land ebenso lieben, wie die anderen vier, und die nur von ihrem Land selbst als fremd, feindlich und potenziell verräterisch wahrgenommen wird) hatte Borja Manilowitsch seinen Auserwählten, seine literarische Liebe – den Autor der „Geschichten aus Odessa" und der „Reiterarmee", den wunderbaren Schriftsteller und glänzenden Stilisten Isaak Babel, der im Januar 1940 aufgrund eines von Stalin persönlich unterschriebenen Befehls erschossen worden war. Babels „Geschichten aus Odessa" sind eine romantische Beschreibung der Stadt Odessa Anfang des 20. Jahrhunderts, des Lebens jüdischer Krimineller und einfacher Leute; Babel setzte den exotischen, starken Charakteren der Handwerker, Diebe, Banditen und kleinen Händler in den Geschichten ein literarisches Denkmal. Ein Held dieser Geschichten bleibt dem Leser besonders im Gedächtnis: der bekannte Bandit Benja Krik, dessen Prototyp der Schrecken Odessas war: Mischka Japontschik, der legendäre, 1919 umgekommene Moissej Wolfowitsch Winnizky, ein äußerst charismatischer, „edelmütiger" Bandit, der Schauspieler und Künstler im Allgemeinen förderte. Wegen der Form seiner Augen wurde er „Japontschik" genannt. Mit dem kürzlich verstorbenen Gangsterboss Japontschik (Wjatscheslaw Iwankow) verband ihn, neben der kriminellen Tätigkeit, ausschließlich die ähnliche Form der Augen und die Liebe zur Bühne. Es heißt, Babel habe in der Gestalt des Benja Krik seinen alten Traum vom Juden versinnbildlicht, der fähig ist, sich selbst zu verteidigen. (Der im Odessaer Viertel Moldawanka geborene und aufgewachsene Isaak hatte sich als Elfjähriger 1905 wie durch ein Wunder vor dem schrecklichen Pogrom gegen die Juden retten können, da ihn eine christliche Familie beherbergte, sein Großvater Schoil Bobel aber gehörte zu den dreihundert Juden, die damals umkamen.)

Just in den Jahren, in denen wir im politischen Lager saßen, schrieb und sang Alexander Rosenbaum seine Ganovenlieder, sogenannte „Blatnye"-Lieder, in denen es um die Aktivitäten im vorrevolutionären Odessa ging und in denen als Hauptperson Babels Benja Krik agierte.

Borjas Begeisterung wurde nicht von allen geteilt. Besonders Shora Chomisuri führte nichtliterarische Argumente ins

Feld: Babel habe im Dezember 1917 für die Tscheka gearbeitet, sei als Korrespondent unter dem Namen Kirill Wassiljewitsch Ljutow der Ersten Reiterarmee zugeteilt worden und habe sich dort zum „Politarbeiter" hochgedient. Solchen Angriffen entgegnete Borja mit beneidenswerter Geduld: Budjonny sei es gewesen, der „Die Reiterarmee" am stärksten angegriffen und Babel vorgeworfen habe, die Erste Reiterarmee zu verunglimpfen, und Klimentij Woroschilow habe 1924 eine Beschwerde bei dem ZK-Mitglied und künftigen Vorsitzenden der Komintern Dmitri Manuilski eingereicht, der Stil des vorliegenden Buches über die Reiterarmee sei „inakzeptabel"; Stalin aber, Vater und Führer der Völker, sei der Meinung gewesen, Babel schreibe „über Dinge, von denen er überhaupt nichts verstehe".

„Shora, sag bloß, du möchtest in dieser illustren roten Gesellschaft verbleiben, gemeinsam mit Budjonny, Woroschilow und Stalin?", fragte Manilowitsch listig und kniff die Augen zusammen wie Mischka Japontschik.

„Und was hatte er in der Gesellschaft von Dserschinski, Menschinski und Filipp Medwed zu suchen, wenn er so ein guter Mensch war?", ließ Chomisuri nicht locker. „Und außerdem, was ist er schon für ein Schriftsteller, ein schöner Dostojewski ist mir das!"

„Was haben Dostojewski und Puschkin damit zu tun? Meine Landsleute lasst bitte aus dem Spiel!", mischte sich da Mischa Poljakow ein. „Marc Sacharowitsch Chagall hat auch als roter Kommissar gedient, wenn auch für die schönen Künste, aber immerhin war er im Witebsker Gouvernement Kommissar!"

Poljakow wusste wie immer sehr genau Bescheid. Shora vergötterte Chagall mindestens ebenso wie Borja Babel, vielleicht sogar noch mehr, und viele von uns, darunter ich, teilten diese Liebe. (Viele Jahre später sollte der Besuch einer Ausstellung des fast vollständigen Schaffens von Marc Chagall im Pariser Grand Palais, zu dem unser bester Freund meine Frau und mich eingeladen hatte, zu einem der schwindelerregendsten, eindrucksvollsten und unvergesslichsten Momenten meines Leben werden.)

Nach dieser Argumentation sagte Chomisuri kein schlechtes Wort mehr über Babel, und Borja propagierte den Schriftsteller ungehindert und erfolgreich.

Mir hatte Babel auch vorher schon gefallen, obwohl ich nur seine „Reiterarmee" in georgischer Übersetzung kannte. Nachdem ich Borja kennengelernt hatte, verwandelte sich diese Wertschätzung in Liebe, und Manilowitschs endlose Vorträge verstärkten diese Liebe noch hundertfach. Borja zitierte seinen Lieblingsschriftsteller häufig und aus jedem möglichen Anlass. Ich konnte sogar ein bestimmtes System erkennen: Wenn Borja beim Zitieren den Autor nicht nannte, war es in jedem Fall Babel. Manchmal war es schwierig, ein Zitat als solches zu erkennen, wenn man mit dem Schaffen Babels nicht genug vertraut war, vor allem mit den „Geschichten aus Odessa". So zum Beispiel, wenn er irgendeine wissenschaftliche Theorie, sagen wir eine komplizierte These aus der Psychoanalyse, erklärte, fragte Borja ganz plötzlich: „Muginstein, hast du mich verstanden?" Hier musste man wissen, dass er sich auf eine Episode aus den „Geschichten aus Odessa" bezog, konkret aus der Erzählung „Wie es in Odessa gemacht wurde", als der „König der Verbrecherwelt" Benja Krik, der den Verwalter des Millionärs Tarkowski gemeinsam mit drei anderen Banditen überfallen hatte, dem armen Muginstein wenige Minuten vor dessen tragischem

Tod philosophisch den „Inhalt ihrer Begegnung" erklärt: „Ein Schwein trifft sich nicht mit einem Schwein, aber ein Mensch trifft sich mit einem Menschen, Muginstein, hast du mich verstanden?" Gespräche über Babel beendete Boris meist mit dem von Walentin Katajew bewahrten Epigramm eines unbekannten Autors:

> „Den Lärm von Säbeln und Haubitzen in den Ohren,
> hat Soschtschenko den Babel schnell geboren."

Boris Manilowitsch war Psychoanalytiker und in der Fachliteratur sehr beschlagen, von Freud, Jung, Adler, Fromm bis hin zu Lacan, Melman, Le Gaufey. Ich habe selten einen Menschen erlebt, der gleichzeitig in so hohem Maße unterschiedliche, einander zuweilen ausschließende wissenschaftliche Standpunkte respektierte: Borja konnte sich stundenlang über die feinen oder auch fundamentalen Unterschiede zwischen der Psychoanalyse Freuds und der analytischen Psychologie Jungs unterhalten. Wenn das Gespräch irgendwann zu sehr mit wissenschaftlichen Begriffen durchsetzt war, wechselte Borja, um die Lage zu entspannen, in eine saloppere, „volkstümliche" Umgangssprache.

„Freud", sagte Borja, „lässt sich mit unserem Shora Chomisuri vergleichen, also, freundschaftlich gesehen, mit Siegmund Pawlowitsch Chomisuri, oder Chomisiegmund. Er dachte auch streng und kompromisslos für alle, und für ihn galt, wie übrigens auch für Stalin, nicht ‚Jedem seins', sondern ‚Jedem meins'. Für ihn war jeder Mensch gleichermaßen ein Ödipus, und er glaubte, dass auf jeden Doktor, und sei er sogar Doktor der Philosophie, nicht mehr als drei Arschin Land entfallen."

(Hier zitierte er natürlich Babel). "Und Jung ist mehr wie Grischa Feldman (das klingt doch toll – Grigori Jung!). Grischa Jung ist sehr religiös und sorgt sich mehr als alle um die Rettung seiner Seele, naja, und die Seele liegt bei ihm", und hier grinste Borja gutmütig, "im allerheiligsten Körperteil, im Magen."

"Und Adler?", fragte ich ihn.

"Adler ähnelt dir. Er ist ein hingebungsvoller Schüler, ein universeller Lehrer und Individualist: Lewan Adler, klingt auch gut. Wenn in der Welt wirklich Ordnung herrschen würde, dann wäre Siegmund Freud nicht als österreichischer Jude geboren worden, sondern als deutscher Adliger, der Zwinglianer Karl Gustav Jung wäre kein deutschsprachiger Schweizer, sondern der französische Calvinist Charles Gustave Jeune, und der Österreicher Alfred Adler wäre der Georgier Fridon Adleraschwili."

Nach diesem Gespräch nannte Boris mich, vor allem wenn er eine Bitte an mich hatte, "Lewan Adlerianowitsch" statt Walerianowitsch.

Borja besaß ein geradezu unerschöpfliches Reservoir an Anekdoten. Die meisten davon waren entweder über Juden oder sie trugen politischen Charakter. Am besten hat sich mir eine eingeprägt, die Manilowitsch nicht einfach nur erzählte, sondern wie ein Komiker vorspielte.

"Mordechai und Sarah hatten drei unverheiratete Töchter: Anna, Deborah und Lea. Kam Mosche und nahm Anna zur Frau. Zeit vergeht, kommt Mosche zu Mordechai und Sarah und sagt: ‚Ein Unglück ist geschehen, Anna ist gestorben.' Beweinten die Eltern Anna und gaben Mosche Deborah zur Frau, ihre Schwester. Zeit vergeht, kommt Mosche wieder und sagt: ‚Ihr werdet es nicht fassen, aber auch Deborah ist gestorben.'

Beweinten die Eltern Deborah und gaben Mosche Lea zur Frau. Einige Zeit später kommt Mosche wieder zu Mordechai und Sarah und sagt: ‚Ihr werdet euch krummlachen, aber Lea ist auch gestorben.'"

Borja scherzte: „Ich hatte zwei Frauen, beide leben, beide sind Jüdinnen, beide sind Intellektuelle, mal besucht mich die eine in der ‚Zone', mal die andere; ich habe beide geliebt und liebe sie noch, aber keine hat mich überreden können, nach Israel auszuwandern. Meine zweite, hochintellektuelle Gattin hat mich mit besonderer Grausamkeit gepeinigt, zum Beispiel hat sie beim Sex ein Buch gelesen. Jetzt habe ich mir eine russische Frau ausgeguckt und mache mir Sorgen, dass sie mich zwingen könnte, in die historische Heimat zu gehen. Ihr kennt doch die moderne russische Folklore:

,Von Rjasan bis Kasan
Wetzen wir die Messerchen
Für den lieben Ehemann:
Liebster, komm, mach einen Schnitt,
Nimm nach Israel mich mit.'"

Boris hatte es vorausgesehen: Die russische Gattin nötigte ihn tatsächlich, mit ihr nach Israel auszureisen. Und so verschwand Borja Manilowitsch aus unserem Leben. Wo haben wir ihn nicht überall gesucht: sowohl ich als auch Poljakow als auch Chomisuri! Wir wussten nicht einmal, ob er noch lebte, bis ich einmal im Internet auf ein Interview stieß – mit dem Leiter des psychologischen Dienstes im israelischen Ministerium für Gesundheitswesen Boris Manilowitsch, in dem der ergraute Professor, der als einer der führenden Spezialisten für

Suchtpsychologie vorgestellt wurde, über Alkohol- und Drogenabhängigkeit argumentierte. (Seht nur, wie beständig und verlässlich dieser Mensch ist!) Er führte vor allem den Unterschied zwischen einem Alkoholiker und einem Drogenabhängigen aus. Diesem Unterschied war das gesamte Interview gewidmet: Der Alkoholiker leide an Anosognosie, er leugne die eigene Erkrankung und sei nicht in der Lage, seinen Zustand kritisch einzuschätzen, während der Drogensüchtige ziemlich bald begreife, dass er krank ist.

Doch auch nachdem ich dieses Material entdeckt hatte, gelang es mir nicht, mittels elektronischer Kommunikationsdienste mit Borja Kontakt aufzunehmen; dennoch war ich froh, dass er lebte und sich treu geblieben war.

Borja erwähnte einmal, dass er vor seiner Verhaftung Solschenizyn gelesen habe, und der große Schriftsteller dem Schicksal dafür gedankt habe, dass es ihm beschieden war, Häftling zu sein. Das hatten auch Dostojewski und Mahatma Gandhi geschrieben. Manilowitsch fügte hinzu, dass er ihnen nicht geglaubt habe, bis sie ihn selbst verhafteten.

WADIM

Wadim, genauer Wadim Anatoljewitsch Jankow, studierter Mathematiker, im realen Leben Topologe, Philologe, Philosoph, Sprachgenie, Mathematikus, Physikus, Chemikus (georgisch: mathematikos, physikos, chemikos) und Schlaumeier in einer Person, oder, einfach und liebevoll abgekürzt, -loge und -kus (beziehungsweise -kos) war einer der talentiertesten und gelehrtesten Menschen, denen ich in meinem Leben begegnen durfte. Mein Bruder Dato taufte ihn „Kos", aber nur wir Georgier nannten ihn so. Dato liebte ihn heiß und innig, während ich ihn für einen postnietzscheanischen Übermenschen hielt, Shora ständig mit ihm stritt und Jonny sich insgeheim über ihn lustig machte.

Man hatte Wadim Jankow 1982 verhaftet und zu vier Jahren Straflager mit verschärftem Vollzug sowie drei Jahren Verbannung verurteilt. Die Lagerhaft saß er vollständig ab, anschließend wurde er nach Burjatien verbannt.

Der in Taganrog geborene Wadim Jankow war, wie auch andere Intellektuelle – Sascha Tschernow, Shora Chomisuri, Mischa Rywkin, Jascha Nefedjew – ein wahrer Star der Moskauer Abteilung, einer der Hauptgruppen unseres politischen Lagers (doch hatte er keine Führungsrolle inne, da die Moskauer politischen Häftlinge, wie übrigens auch die georgischen, in keinem der Lager eine Führung besaßen).

Wadim konnte Englisch, Französisch, Deutsch, Spanisch, Italienisch, Altgriechisch, Latein und Sanskrit.

Er kannte sich hervorragend in Fragen der allgemeinen

und indoeuropäischen Linguistik, unter anderem der romanischen Sprachen, aus, wusste in der alten und neueren georgischen Sprachwissenschaft Bescheid, ging oft auf die Werke der georgischen Sprachforscher Tamas Gamkrelidse, Giwi Matschwarian, Bakar Gigineischwili ein und konnte stundenlang über Ablaute und das Vokalsystem des Altgeorgischen referieren. Das Altgriechische beherrschte er in einem solch hohen Maße, dass er in den gemeinsamen Seminaren, die wir für Interessierte durchführten, Homer-Zitate in tadellosem Hexameter vorlas, ohne dass ich mich an einen einzigen Fehler seinerseits erinnern kann. (Spezialisten für klassische Philologie werden verstehen, von welch hohem Niveau der Sprachbeherrschung hier die Rede ist.)

Wadim war mit Merab Mamardaschwili befreundet und „Sokratiker" im besten Sinne des Wortes. Wie Sokrates stellte er die mündliche Rede über das geschriebene Wort und meinte im Scherz, das lateinische geflügelte Wort „Nulla dies sine linea" („Kein Tag ohne Linie", also Zeile) klänge für ihn anders, nämlich „Nulla dies cum linea" („Kein Tag mit Zeile", man solle nie etwas schreiben). Unter diesem Prinzip litt vor allem seine Frau, auf deren umfangreiche Briefe Wadim extrem knappe Antworten voller Paradoxa verfasste, wobei ihm für die Erfindung dieser lakonisch formulierten Paradoxa die Zeit nicht zu schade war.

Nach vielfacher Prüfung kam ich letztlich zu der Überzeugung, dass Wadim praktisch alles wusste, was für uns irgendwie wichtig sein konnte. Wann immer es Streitfragen gab, kamen alle aus der „Zone" zu ihm angerannt. Der Schöpfer der sowjetischen Multivitamine Arnold Anderson konsultierte ihn zum Thema Vitamine und Nahrungsergänzungsmittel, der Führer der ukrainischen Sozialdemokratie Juri Badzjo klärte mit ihm die Sinnhaftigkeit der Geschichte, unser Chefgeologe Georgi Chomisuri stritt selbstvergessen mit ihm über Geosynklinalen, einer der Theoretiker des ukrainischen Nationalismus, Dmitro Masur, unterhielt sich mit ihm über den für ihn selbst völlig inakzeptablen Positivismus; der Psychologe und Psychiater, Dichter und heimliche Zionist Borja Manilowitsch bat ihn um vertrauliche Informationen über die Bewaffnung der israelischen Armee, der japanische Spion und koreanische Kommunist Kang Chan-Ho tauschte sich mit ihm über eine unübertreffliche Speise, den Gelben Hund, aus, der Balkare Ruslan Ketentschijew bat ihn um eine futurologische Analyse der Probleme des Nordkaukasus. Ich kann mit Fug und Recht behaupten, dass der allwissende und stets hilfsbereite Wadim Jankow für unser Lager der Prä-Internet-Epoche die zusammengefasste Funktion von Google, Yahoo und Wikipedia ausübte.

Seine Frau war Armenierin, und er achtete die Armenier; die Georgier aber liebte er, wie er selbst sagte, inbrünstig, er hatte sowohl in Moskau als auch in Tbilissi viele georgische Freunde. Ich fragte ihn einmal, warum er nicht, aus Achtung vor seiner Frau, Armenisch gelernt habe, da er doch so viele andere Sprachen beherrsche, und er erwiderte: „Wenn ich Armenisch lernte, müsste ich auch noch Georgisch, Mingrelisch, Swanisch, Abchasisch, Ossetisch und die nordkaukasischen Sprachen lernen, und wie soll ich das alles bewältigen?" Ich weiß nicht, ob er das so auch seiner Frau erklärt hatte, Fakt aber ist, dass er im Lager durchaus Interesse am armenischen und georgischen Alphabet zeigte und bei Rafael Papajan und mir in die Schule ging. Wadim beherrschte sehr bald alle drei georgischen Alphabete und las besser als Shora Chomisuri.

Es gab eine spezielle Kommission, die unser Kultur- und Bildungsprogramm plante (das Wort „Sowjet", also „Rat", wollte hier keiner hören) und zu der schließlich auch ich als ihr jüngstes Mitglied gehörte; diese Kommission wurde von Wadim geleitet. Ich erhielt den Auftrag, eine Vortragsreihe über Wascha-Pschawela vorzubereiten und freute mich, dass die anderen Wascha-Pschawela kannten, worauf Kos tadelnd meinte: „Was denkst du von uns, natürlich kennen wir Wascha-Pschawela, schließlich war er ein Dichter von kosmischer Größe und ein Theoretiker des Skeptizismus, und Aluda Ketelauri* war der erste Dissident! Wie könnte jemand, der sich nur ein bisschen in der russischen Literatur auskennt, nicht über Waschas Schaffen Bescheid wissen, wo er doch von Pasternak, Sabolozki und Spasski übersetzt worden ist!"

Wie allen hochtalentierten Menschen waren auch Wadim Jankow eine Reihe von Absonderlichkeiten eigen. Eine davon betraf sein Verhältnis zur eigenen Nationalität. Als Sohn eines russischen Vaters und einer jüdischen Mutter betrachtete Kos sich mal als Russen, mal als Juden. Dabei war in seinem Verhalten keine Logik zu erkennen, niemand konnte vorhersagen, wann er sich Russe nennen würde und wann Jude. Böse Zungen witzelten sarkastisch, wenn es gegen die Juden ginge, sei er Russe, und würden hingegen die Juden gelobt, leugne er seine russische Herkunft. Die ihm Wohlgesonnenen dagegen lobten, dass Jankow gerade dann sein Judentum herausstelle, wenn jemand die Juden bedrängte. In der Lagerleitung gab es einige militante Antisemiten, unter den Strafgefangenen Nationalisten

---

* Held des gleichnamigen Epos (1888) von Wascha-Pschawela – *Anm. d. Übers.*

waren die Antisemiten ebenfalls in der Mehrheit (hier führten die ukrainischen Bandera-Traditionalisten und die baltischen Kriegsverbrecher die Liste an), so dass das Bekenntnis zum Judentum, selbst ein zeitweiliges, einem gewissen Heldenmut gleichkam.

Ich bat Kos gern einmal an meinen spärlich gedeckten Tisch, doch traten Schwierigkeiten auf: Mal lehnte er seufzend ein halbes Stückchen des mühsam ergatterten russischen, ukrainischen oder litauischen Specks ab, mal schwärmte er davon, ebenso seufzend. Schließlich kam in der „Zone" im Ergebnis der Aktivitäten seines Namensvetters, des Flugzeugentführers und offenen Zionisten (tatsächlich aber KGB- und Verwaltungsspitzels) Wadim Arenberg die jüdische Kopfbedeckung, die sogenannte Jermolka (Kippah) auf, und Wadims Nationalität war nun leichter erkennbar. Wenn er Jude war, setzte er die Jermolka nicht einmal im Gebäude ab, als Russe wiederum versteckte er sie irgendwo. Zu der Zeit, als Arenberg das Sagen hatte, saßen Wadim Jankow (die Jermolka auf dem Kopf), Wadim Arenberg, Jascha Nefedjew und Grischa Feldman beim Essen an einem Tisch.

Einmal stürmten während des Mittagessens Vertreter der Lagerleitung in den Saal, angeführt vom Kontrolleur Trifonow. Trifonow brüllte: „Kopfbedeckungen ab!" Unter uns waren zwei Muslime, auch sie entblößten ihre Köpfe. Jankow, Jascha und Grischa nahmen ebenfalls die Jermolkas ab, Arenberg und Rywkin aber trotz mehrfacher Aufforderung nicht. Der Häftling Mischa Rywkin wurde wegen Ungehorsams verhaftet, zu zusätzlichen acht Jahren Haft verurteilt und von unserer „Zone" fort in den „Kryt" gebracht. Der professionelle Provokateur Arenberg hingegen durfte in der „Zone" bleiben, bis der allgemeine Hass auf ihn letztlich dazu führte, dass er selbst um die Verlegung in das Permer politische Lager bat. Vom jenem Tag an aber setzte Wadim seine Jermolka nicht mehr auf, doch ich bot ihm keinen Speck mehr an, bis er mich nicht selbst auf ein Stück Schwarzbrot, ein Stückchen litauischen Räucherspecks und einer Viertelzehe Knoblauch einlud.

Insbesondere in einer Frage gab es Meinungsverschiedenheiten zwischen den Georgiern und Wadim Jankow. Er wunderte sich, warum wir es so eilig hätten, die Sowjetunion zu verlassen, ob es nicht besser sei, den Kommunismus mit vereinten Kräften zu besiegen, eine liberale Demokratie zu errichten und dann erst schmerzfrei auseinanderzugehen. Wir widersprachen ihm: Gebt uns unser Land, um unsere Roten kümmern wir uns selbst!

Mischa Poljakow schlug eine eigene Lösung vor – Russland aus der Sowjetunion zu führen, doch in Jankows Augen änderte das nichts: „Wenn ihr aus der Sowjetunion rausgeht, verliert Russland die Chance einer demokratischen Entwicklung, dann kommen Verfechter imperialer Gedanken an die Macht und werden als einzigen Ausweg für Russland sehen, einen Krieg gegen euch anzuzetteln, ohne Atomwaffen natürlich, nur mit Panzern und Flugzeugen", warnte er uns.

Ich entgegnete, dass bis dahin Georgien bereits Mitglied der UNO und der NATO sein würde, und dass sie es nicht wagen würden, mit denen Krieg anzufangen. „Ihr habt aber selbst ein großes Problem" – ließ er nicht locker – „und das ist Abchasien!" Wir aber blieben selbstverständlich bei unserer Linie.

Trotz unserer unterschiedlichen Ansichten in Bezug auf die Zukunft bemühte Jankow sich immer wieder um einen positiven, friedlichen Kompromiss und griff dabei zuweilen zu experimentellen Mitteln. Im Lager beliebt waren die von Wadim initiierten sokratischen Dialoge, in denen der Gesprächsführer die Rolle des Sokrates übernahm und das Publikum entweder die seiner Opponenten oder aber die seiner Schüler. Die Initiative für einen dieser Dialoge in der „Hungerzone" ergriff ich: Es ging um die Krönung der georgischen Küche, um Saziwi – Hähnchen in Nusssauce. Bis zum heutigen Tag höre ich von ehemaligen Häftlingen, dass sie ein solches Schauspiel, wie das von Wadim und mir veranstaltete, noch nicht wieder erlebt hätten.

In diesem Dialog stellte ich dem erfahrenen Sophistiker und Experten der internationalen Küche Wadim Jankow naive Fragen, bis dieser letztlich zugeben musste, dass es nichts Besseres gäbe als Saziwi. Den vollständigen Dialog kann ich nicht rekonstruieren, aber er verlief ungefähr so:

Sokrates (ich): „Was meinst du, Anaxagoras, wie viele Nationen gibt es auf der Welt?"

Anaxagoras (Wadim Jankow): „Was soll ich darauf antworten, mein Sokrates; falls du Staatsnationen meinst, so sind es weniger als zweihundert, aber sprichst du von einer Sprachnation, so kommt man wohl auf fünftausend."

Sokrates: „Bleiben wir bei den Staatsnationen – zweihundert, sagst du?"

Anaxagoras: „Derzeit sind es weniger, wenn sich aber ein paar Separatisten durchsetzen, könnten es sogar noch mehr werden."

Sokrates: „Durch welche Merkmale unterscheiden sich die Staatsnationen voneinander?"

Anaxagoras: „Laut einem stämmigen Sadisten mit Schnauzbart unterscheiden sie sich nach Sprache, Religion, Glaubensbekenntnis, Territorium, Kultur."

Sokrates: „Ich hätte nicht erwartet, dass du diesen Sadisten zitierst, Anaxagoras."

Anaxagoras: „Er entstammt eurer Phratrie, und ihr macht mir Vorwürfe?"

Sokrates: „Was verstehst du unter Kultur?"

Anaxagoras: „Das, was durch des Menschen Hand erschaffen wurde: colo, colui, cultum, colere – das ist Latein: bearbeiten.

Sokrates: „Ist Kochkunst auch Kultur?"

Anaxagoras: „Ich denke nicht, Kultur beinhaltet höhere Materien."

Sokrates: „Speisen werden von Menschen zubereitet?"

Anaxagoras: „Gewiss, Sokrates."

Sokrates: „Und sie tun das mit ihren Händen?"

Anaxagoras: „Im Wesentlichen ja, mein Sokrates."

Sokrates: „Wieso im Wesentlichen?"

Anaxagoras: „Den Wein pressen sie mit den Füßen, und manche Stämme trampeln sogar Fleisch mit den Füßen zart."

Sokrates: „Überwiegend aber mit den Händen?"

Anaxagoras: „So ist es, mein Sokrates."

Sokrates: „Also werden Speisen durch des Menschen Hand erschaffen?"

Anaxagoras: „Genau."

Sokrates: „So aber erklärst du den Begriff Kultur."

Anaxagoras: „Gut, dann ist Kochkunst also Kultur, mein Sokrates."

Sokrates: „Wie viele Nationen, sagtest du, gibt es, mein allwissender Anaxagoras?"

Anaxagoras: „Weniger als zweihundert."

Sokrates: „Wie viele nationale Küchen sind bekannt?"

Anaxagoras: „Unter zwanzig."

Sokrates: „Du zählst die thailändische und die chinesische Küche doch wohl nicht als eine?"

Anaxagoras: „In keinster Weise."

Sokrates: „Hast du die iberische* Küche mit eingerechnet?"

Anaxagoras: „Zweimal, mein Sokrates. Die ost- und die westiberische."

Sokrates: „Wie viele spanische Restaurants gibt es bei euch in Moskau?"

Anaxagoras: „Nicht eines, mein Sokrates."

Sokrates: „Und argentinische?"

Anaxagoras: „Nicht eines."

Sokrates: „Und mexikanische?"

Anaxagoras: „Auch keines."

Sokrates: „Und ostiberische?"

Anaxagoras: „Unzählige, Herr Sokrates! Allein das ‚Aragwi' ist nicht mit Gold aufzuwiegen!"

Papajan: „Der Chefkoch vom ‚Aragwi' ist Armenier!"

Sokrates: „Umso besser! Gehört die georgische Küche zu den zehn Weltküchen?"

Anaxagoras: „Unbedingt, mein Sokrates!"

Sokrates: „Sag mal, Anaxagoras, kannst du diese zehn einmal

---

* Iberia war ein antiker georgischer Staat im Kaukasus – *Anm. d. Übers.*

aufzählen, nur damit uns niemand der Ungenauigkeit bezichtigt, am besten in alphabetischer Reihenfolge?"

Anaxagoras: „Nichts einfacher als das! Die afghanische, chinesische, französische, georgische, indische, italienische, japanische, mexikanische, spanische, thailändische."

Sokrates: „Die Georgier behaupten, dass ihr bestes Gericht wahlweise entweder Chatschapuri oder Saziwi sei. Gehen wir von Saziwi aus. Was kannst du uns über die Stars der anderen Küchen sagen, Anaxagoras?"

Anaxagoras: „Für die Afghanen ist dies Kabab Kubideh, für die Spanier Paella, für die Inder Curry, die Japaner Sushi, die Italiener Pizza, die Thailänder Tom-Yam-Gung-Suppe mit Shrimps, für die Mexikaner sind es Tacos, für die Franzosen Schnecken, und für die Chinesen ist es ‚Der Kampf des Tigers mit dem Drachen'."

Sokrates: „Dann beginnen wir mit Letzterem. Kann es sein, dass die Schlange gemeint ist, wenn es ‚Der Kampf des Tigers mit dem Drachen' heißt?"

Anaxagoras: „Richtig, mein Sokrates."

Sokrates: „Kennst du viele Völker der Welt, die Schlangen essen?"

Kang Chan-Ho: „Wir Koreaner essen alles, was unter dem Menschen steht – sowohl Schlangen als auch Affen."

Anaxagoras: „Nein, keine außer im Fernen Osten und bei den mythischen Waldgeistern."

Sokrates: „Folglich hat das Gericht weltweit keine Chance."

Anaxagoras: „Wie es aussieht, ist das so, mein Sokrates."

Kang Chan-Ho: „Weil ihr es nicht probiert."

Sokrates: „Und werden Schnecken von allen gegessen?"

Anaxagoras: „Auch dieses Gericht wird nicht weltweit gegessen werden."

Sokrates: „Was sagst du über die Liebhaber rohen Fleisches?"

Anaxagoras: „Sie sind in der Minderheit."

Sokrates: „Welche Chancen hat Sushi?"

Der japanische Spion Orlow: „Sushi ist kein rohes, jedenfalls kein völlig rohes Gericht."

Anaxagoras: „Die Chancen für Sushi sind sehr gering, mein Sokrates."

Sokrates: „Werden in der Wolga Shrimps gefangen?"

Anaxagoras: „Die Hälfte der Welt weiß nicht einmal, was Shrimps sind."

Sokrates: „Kannst du dir Tom Yam Gung ohne Shrimps und ohne Kokosmilch vorstellen?"

Anaxagoras: „Nein, mein Sokrates."

Sokrates: „Denke gut nach, mein Anaxagoras, und dann antworte! Was ist besser: spanische Paella oder ein guter usbekischer Plow?"

Anaxagoras: „Ich kann in Rachimows Anwesenheit ja nicht lügen: Auf jeden Fall der usbekische Plow."

Sokrates: „Also taugt auch die Paella nicht zum weltweiten Siegergericht. Was haben wir denn noch?"

Anaxagoras: „Die vorzüglichen fünf: das afghanische Kabab Kubideh, das indische Curry, die italienische Pizza, die mexikanischen Tacos und das georgische Saziwi."

Sokrates: „Sind nicht die italienische Pizza, das georgische Chatschapuri und die russische Watruschka im Grunde sehr ähnliche Gerichte?"

Anaxagoras: „Dir ist bekannt, mein Sokrates, wie ich zum

Chatschapuri stehe; schließen wir also die Pizza aus, ich mag sie sowieso nicht besonders."

Sokrates: „Und was die mexikanischen Tacos angeht, ist nicht eine bunte Soljanka besser, ist sie doch fast dasselbe, nur mit mehr Zutaten?"

Donskoi: „Die Soljanka ist besser, schon allein wegen der Salzgurken!"

Sokrates: „Kommen wir zum afghanischen Kabab Kubideh und zum georgischen Schaschlik, armenischen Chorovats und dem gesamtsowjetischen Schaschlik. Hast du je Schaschlik gegrillt, mein Anaxagoras?"

Anaxagoras: „Was für eine Frage, haben wir in Peredelkino nicht ständig gegrillt?"

Sokrates: „Dann ist Kabab Kubideh ja dasselbe, was wir Georgier Kebab nennen, und der afghanische ist bestimmt nicht besser als das, was die Aserbaidschaner haben."

Anaxagoras: „Recht hast du, mein Sokrates, das, was mir gut gelingt, kann nicht das beste Gericht der Welt sein. Wobei das armenische Chorovats besser ist als alle Schaschliks."

Sokrates: „Kommen wir zum Wettstreit der Gerichte, die mit Nüssen zubereitet werden. Curry oder Saziwi?"

Anaxagoras: „Dies ist schwer zu entscheiden, sie sind sehr ähnlich."

Sokrates: „Sag mal, Anaxagoras, was für Fleisch kommt ans Curry?"

Anaxagoras: „Hühnchen."

Sokrates: „Und ans Saziwi?"

Anaxagoras: „Truthahn."

Sokrates: „Welcher Vogel ist größer?"

Anaxagoras: „Mein Sokrates, das ist doch kein Argument!"
Sokrates: „Was ist gehaltvoller, Saziwi oder Curry?"
Anaxagoras: „Saziwi."
Sokrates: „Worin sind mehr Nüsse?"
Anaxagoras: „Im Saziwi."
Sokrates: „Was sättigt mehr, eine Schale Saziwi oder eine Schale Curry?"
Anaxagoras: „Saziwi, mein Sokrates. Ich gebe zu, Saziwi ist das beste Gericht der Welt, und nun erzähl uns gleich noch, wie es gekocht wird."

Es folgten das Rezept für Saziwi und eine Beschreibung der Zubereitung. Das hungrige Volk weinte und gratulierte uns zum Erfolg des Dialogs. Die emotionale Anspannung ließ nach, die Künstler waren erschöpft, und so tranken Jankow und ich zwei Thermoskannen kräftigen Tees und schworen uns, dass wir nach unserer Entlassung bei den besten georgischen und indischen Köchen Curry und Saziwi bestellen und den Sieger der kulinarischen Schlacht ermitteln würden. (Diesen schlichten gastrozentrischen Traum haben wir uns bis heute nicht erfüllt.)

Wie schon erwähnt, war Wadim ein beachtlicher Kenner des Altgriechischen, doch war dieses Wissen eher hobbymäßig als professionell. Theoretisch verstand er zum Beispiel den *accusativus cum infinitivo*, doch in der Praxis kam es vor, dass er ihn nicht erkannte. Er besaß das Lehrbuch der griechischen Sprache von Sobolewski, dessen Texte er schon hundertmal durchgekaut hatte, deshalb beschloss ich, ihm zum Geburtstag ein gewichtiges Geschenk zu machen. Zu den Büchern, die man über das Versandsystem „Bücher per Post" bestellen konnte, gehörte auch die berühmte DDR-Reihe „Teubneriana", deren rote Bände die altgriechische und deren blaue Bände die lateinische Literatur umfassten. Das Leningrader Haus des Buches nahm die Bestellung trotz meiner zweifelhaften Adresse an und schickte mir einen roten Euripides-Band zu, und zwar die altgriechische Akademieausgabe eines der Meisterwerke dieses Autors: „Alcestis". Die Ergriffenheit, mit der Jankow das Geschenk annahm, lässt sich kaum in Worte fassen: Im Besitz eines nichtadaptierten griechischen Originaltexts zu sein, und zusätzlich zu dem kleinen, im Sobolewski enthaltenen Wörterbuch auch noch einen diplomierten Spezialisten (und Anwärter auf einen höheren akademischen Grad) zur Seite zu haben!

Bis zu jenem Zeitpunkt hatte Wadim mich immer wieder einer Prüfung nach seinem eigenen, wie er es nannte, „Lebensparadigma" unterzogen. „Stell dir vor", sagte er, „Gott habe dir genau so viel Wasser gegeben, wie du brauchst, um eine Wüste zu durchqueren – keinen Tropfen mehr und keinen weniger. Du gehst also durch die Wüste. Und triffst einen durstigen Menschen, der dich um Wasser bittet. Was tust du?" Ich erwiderte, dass ich dem Menschen Wasser geben würde und wir den Weg gemeinsam fortsetzen würden. „In dem Fall kommt ihr beide um, das Wasser reicht nicht, ihr werdet nicht aus der Wüste herauskommen", erklärte Wadim. „Gott hat dir das Leben in Form des Wassers gegeben, und du musst es bewahren, du darfst es keinen anderen trinken lassen!" Ich entgegnete, dass ich das Wasser trotzdem teilen würde, und damit endete die Diskussion.

Er setzte sich an das Buch, das ich ihm geschenkt hatte. Die Grundidee der „Alcestis", sein Leben für einen geliebten Menschen zu geben und anstelle eines anderen zu sterben, fesselte ihn, gleichzeitig empfand er Zorn gegenüber Euripides, der nicht mit seinem „Lebensparadigma" übereinstimmte. „Alcestis", die literarische Mutter der Antigone, verzauberte ihn mit seltsamer Kraft und verdross ihn zur selben Zeit fürchterlich. Er fand, Admetos' greise Mutter habe richtig gehandelt, nicht anstelle des Sohnes zu sterben, und der greise Vater habe es auch richtig gemacht, als er, das Paradigma befolgend, nicht für seinen Sohn starb, doch wie konnte seine Gattin Alcestis, die doch so jung war, nicht ihr von Gott geschenktes Leben bewahren! Wadim konnte, wollte das nicht begreifen! Vermutlich habe Aristoteles deshalb auch Euripides als den tragischsten aller Dichter bezeichnet. Wie konnte er nur so etwas schreiben, wie konnte er nur? Nun, und selbst wenn man so etwas schreiben kann, sei es dennoch nicht mit Antigone vergleichbar: Antigone sei für eine Idee gestorben! Hier zitierte Wadim die erste Zeile des wunderbaren französischen Chansons „Mourir pour des idées" von Georges Brassens:

„Mourir pour des idées – l'idée est excellente.
Sterben für die Ideen – welch wunderbare Idee!"

Einmal initiierte Boris Manilowitsch einen Poesieabend: Jeder Häftling hatte fünf Minuten Zeit, um seinen Lieblingsdichter vorzustellen: Er musste ein Gedicht oder einen Ausschnitt aus einem längeren Gedicht vortragen und in wenigen Worten das Schaffen des Dichters oder aber sein persönliches Verhältnis zu diesem darstellen. Um die Zeit zu messen, benutzten wir eine von den geschickten Händen des Lager-„Chefmeisters" Rafael Papajan auf die Schnelle gefertigte Sanduhr. Shora und Mischa hatten ein Ehepaar gewählt: Chomisuri stellte Nikolai Gumilow vor (und zwar dessen Meisterwerk über den Arbeiter, der jene Kugel gegossen hat, welche den Dichter töten wird), und Poljakow – Anna Achmatowas „Requiem" („Ich habe heute viel zu tun ..."); der Initiator des Abends Manilowitsch hatte seinen Lieblingsdichter Ossip Mandelstam gewählt („Dem einen ist der Winter Arrak oder Seelenpunsch ..."), ich – Galaktion („Ich sah das Beben deiner Wimpern"), Rafik – Paroujr Sewak („Dreistimmige Liturgie"), Gelij Donskoi – Alexander Blok („Das Mädchen sang im Kirchenchor"), Sascha Tschernow – Boris Pasternak („In meinem Schicksal warst du alles") und Wadim – Marina Zwetajewa. An jenem Tag überraschte Wadim uns alle: sonst so kaltblütig und ironisch, trug er mit spürbarer Erregung einige Fragmente aus Zwetajewas „Poem vom Ende" vor und schloss seinen Auftritt mit einer Reminiszenz an die tragischen Ereignisse im letzten Lebensjahr der großen Dichterin: Als mitfühlende Menschen für die verzweifelte, hungernde Zwetajewa einen Job als Reinigungskraft im Haus des Schriftstellers gefunden hatten, wurde ihr selbst diese Möglichkeit des Überlebens verwehrt; wie sich herausstellte, hatte Ilja Ehrenburg erklärt, für diese Arbeit gäbe es würdigere Bewerberinnen, und somit war Marina Zwetajewas Schicksal besiegelt. Wadim erwähnte Zwetajewas letzten Wohnort, das tragische Jelabuga, jene damals namenlose und noch heute gottverlassene Gegend, die Zwetajewa unsterblich machte, so wie Waterloo dank Napoleon unsterblich geworden war – nicht durch einen seiner vielen Siege, sondern aufgrund seiner einzigen Niederlage. Das Fest des Lebens in Moskau, Koktebel, Berlin, Prag und Paris fand sein Ende in einem Selbstmord in Jelabuga, allen Lebenden zum Vorwurf.

„This is the way the world ends,
This is the way the world ends,
This is the way the world ends,
Not with a bang but a whimper."

Am Ende seines Auftritts blieben ihm noch zehn Sekunden, so dass Wadim gerade noch mitteilen konnte, dass diese abschließenden Worte aus T. S. Eliots Gedicht „The Hollow Men" mit den letzten Zeilen des „Poems vom Ende" korrespondierten:

> „Verschlungen von dunkler
> Flut – aufrecht und schief –
> Kein Laut – keine Funken –
> Gesunkenes Schiff."*

In dem Augenblick fiel das letzte Körnchen durch Papajans Sanduhr.

Zuvor hatte der wissenschaftsintensive (den Begriff „wissenschaftsintensiv", der in den Technologie- und Produktionsbereich gehörte und in der Zeit der Perestroika aktiviert worden war, gebrauchte der Dichter und Psychologe Manilowitsch hier) Jankow nie seine Liebe zu Zwetajewa und zur Poesie im Allgemeinen kundgetan; von da an änderte sich unsere Haltung zu ihm diametral, vor allem Shora verbarg seine Gefühle nicht. Unser Chefpiteraner Mischa Poljakow zollte Jankow trotz der ewigen Konkurrenz zwischen den Hauptstädten Russlands seine Anerkennung:

„Da hat uns Wadim aber doch überrascht."

Der einzige Mensch, der von der Träne in Wadim Jankows Auge während seines Vortrags unbeeindruckt blieb, war Jonny Laschkaraschwili. „Der schauspielert", redete Jonny auf mich ein. „Was ist da so überraschend? Euch kann man aber

---

* Vgl. „Gruß vom Meer", Carl Hanser 1994, übersetzt von Felix Philipp Ingold – *Anm. d. Übers.*

auch leicht imponieren, kaum erblickt ihr ein Tränchen, schon verzeiht ihr einem Menschen alles! Denk lieber dran, dass er dir wegen dieses dämlichen ‚Lebensparadigmas' in der Wüste kein Wasser geben will und dich dem sicheren Tod ausliefert. Dabei war es doch ihr eigener Solschenizyn, der gesagt hat, dass die größte Heldentat in der ‚Zone' nicht darin bestehe, eine Suppe zu ergattern, sondern darin, die Suppe mit jemandem zu teilen!" Wie aber sollte ich dem ungläubigen Jonny erklären, dass Wadim, als er den Schluss des „Poems vom Ende" zitierte, uns einen Teil seiner Seele überlassen hatte?

Wadim Jankow wurde 1986 aus der „Zone" entlassen und per „Etappe" in die Verbannung transportiert. Der Lagertradition entsprechend verteilte er zuvor alle seine Habseligkeiten. Ich erhielt seine gesamte Bibliothek – etwa hundert Bücher, darunter Sobolewskis Lehrbuch der altgriechischen Sprache und „Alcestis" von Euripides, dessen Seiten von Eintragungen, Bemerkungen und einer in Altgriechisch gehaltenen, heftigen Polemik gegen Euripides nur so strotzten.

Heute liest der vierundsiebzigjährige Wadim Jankow an der Russischen Staatlichen Geisteswissenschaftlichen Universität über die Geschichte der Philosophie und Mathematik. Seinen früheren Leitsatz „Nulla dies cum linea" hat er vergessen, doch ist auch nicht zum klassischen „sine linea" zurückgekehrt, sondern hat nur wenige Artikel verfasst und veröffentlicht, von denen in Fachkreisen am meisten „Der Aufbau der Materie bei Anaxagoras" Erwähnung findet. Während der Jelzin-Ära versuchte Wadim am politischen Leben mitzuwirken, doch ohne Erfolg: Sowohl ein kommunistischer Kandidat Sjuganows als auch ein Liberaldemokrat Schirinowskis erhielten bei den Duma-Wahlen mehr Stimmen als er. Ich fürchte, Russlands Duma hat eine solche Koryphäe nicht nötig: Wie im Fall von Marina Zwetajewa findet sich in Russland (und ebenso in den benachbarten Ländern) immer ein „würdigerer Bewerber".

ANADENKO

In einem populären Lied sang Wyssozki: „Aber denk dran, Fischer ist einmalig!" Genauso einmalig und unvergesslich war Anadenko – absonderlich und nervös wie der markanteste aller Schachweltmeister, Bobby Fischer. Anadenko war der unschlagbare Schachmeister des politischen Lagers SH-CH 385/3-5, und die ständigen Anwärter auf den Titel des Lagerchampions, darunter Arnold Andersen aus Moskau, Achper Radschabow aus Baku und Borja Manilowitsch aus Petersburg (bitte zur Kenntnis nehmen: alles Hochburgen des Schachs!), hatten keine Chance, ihn vom Sockel zu stoßen.

Als wir uns kennenlernten, war Friedrich, also Fred Filippowitsch Anadenko, etwa fünfzig Jahre alt. Geboren war er im Fernen Osten, in der Bucht De-Kastri, Oblast Amur, Region Chabarowsk, wo Freds Vater seinen Militärdienst absolvierte. Dem Pass nach war er Russe, obwohl seiner eigenen Aussage zufolge auch ukrainisches, belorussisches und ein wenig Zigeunerblut in ihm floss. Man kann sich leicht denken, warum seine Eltern einem sowjetischen Menschen den Namen Friedrich gaben – natürlich aus Verehrung für Friedrich Engels. (Anadenkos älterer Bruder hieß übrigens Karl, und hätte Fred jüngere Brüder gehabt, wären ihre Namen wahrscheinlich Wladimir und Iosif gewesen.) Unser Anadenko war, wenn man so sagen darf, von Geburt Marxist, und zwar mit Engels'scher Akzentuierung, also ein klassischer Zentrist mit leichtem Hang zum Liberalismus.

1960 beendete er die Sewastopoler Marinehochschule, ein von vielen erträumtes und für die meisten unerreichbares

Ziel. Der junge Ingenieur für Raketentruppen wurde an jenem Kosmodrom eingesetzt, von dem ein Jahr später Juri Gagarin in den Weltraum fliegen sollte. So nahm der junge Anadenko an Raketentests teil und geriet auf diese Weise direkt und unmittelbar in den Lauf der Weltgeschichte.

Er war erst neunzehn, als er begann, sich für das Wesen des Kommunismus zu interessieren, und anfing, selbstständig und gewissenhaft die Klassiker des Marxismus-Leninismus zu studieren. Der Gerechtigkeit halber muss gesagt werden, dass er dabei tatsächlich unabhängig vorging, denn außer den offiziell erlaubten Schriften von Marx, Engels, Lenin und Stalin machte er sich auch gründlich mit dem Schaffen der gänzlich verbotenen Kautsky, Trotzki und Mao Tse-tung bekannt. Fred glaubte aufrichtig an den von ihm gewählten Weg, trat der Kommunistischen Partei bei, wurde sehr bald zum Major befördert, und ihm eröffnete sich die Perspektive einer auf den ersten Blick glänzenden Offizierslaufbahn. Das alles änderte sich 1968 nach den Ereignissen in Prag, als die Panzer der „Verbündeten" (an der Operation waren neben der UdSSR auch die Armeen der anderen Staaten des Warschauer Vertrags, außer Rumänien, beteiligt) die Blumen des berühmten Prager Frühlings – Pražské jaro – mit dem Blut von Frauen und Kindern benetzten. Im Oktober desselben Jahres fasste Anadenko einen Entschluss: Zum Zeichen des Protestes verließ er ohne Zaudern die Reihen der Kommunisten und quittierte aus eigenem Entschluss den prestigeträchtigen Dienst bei den elitären Raketentruppen.

Für Fred begann ein neues Leben. Der einstige Major und Raketen-Testingenieur arbeitete zwölf Jahre bei der U-Bahn, dann als Arbeiter in einer Kiewer Papierfabrik. Doch er vergeudete nach seinen eigenen Worten die Zeit nicht. Rastlos arbeitete er an seinem ersten politischen Buch „Normalgang", das ihn am 2. April 1982 letztendlich auf die Anklagebank brachte. Das Kiewer Stadtgericht verurteilte Fred auf Verlangen des damaligen Leiters der ukrainischen Staatssicherheit, des Blutsaugers Stepan Mucha, am 29. Oktober 1982 zur Maximalstrafe, den berüchtigten „sieben plus fünf".

Typisch war, dass in der Urteilsbegründung, die Fred uns Neuankömmlingen auf unsere Bitte hin vorwies, der Untertitel seines Buchs, „Von Lenin bis Breschnew", mit geheimdienstlichem Taktgefühl so angegeben wurde: „Von [Name des Führers] bis [Name des Führers]". Wahrscheinlich geriet dieses Meisterstück geheimdienstlicher Kreativität in die „heilige Schrift", wie wir die Urteilsbegründungen in der „Zone" scherzhaft nannten, weil es für den ukrainischen KGB unvorstellbar war, die makelfreien Namen Lenins und Breschnews unnütz zu strapazieren.

Als wir Neulinge im Lager ankamen, wurde uns von den „Einheimischen" ein herzlicher Empfang bereitet; zur „Kommission der Ureinwohner" gehörten neben den Georgiern Jonny Laschkaraschwili, Shora Chomisuri und ihrem Landsmann, dem „Mitkaukasier" Rafael Papajan auch die beiden Russen Wadim Jankow und Friedrich Anadenko. Fred fragte uns ausführlich über die von uns gegründete Republikanische Partei aus und stellte erfreut fest, dass unsere wirtschaftliche Programmatik (die wir natürlich hatten) mit seinen Theorien übereinstimmte. (Ehrlicherweise muss ich zugeben, dass unser damaliges „Wirtschaftsprogramm" von Fachleuten heutzutage nur müde belächelt werden und bei Erstsemestern nur höhnisches Gelächter ernten würde.)

Anadenko war, wie er selbst sagte, Sozialdemokrat und „obdachloser" Marxist. Er war entschieden gegen die Praktiken Lenins, Stalins und Maos, doch durfte man in seiner Gegenwart kein böses Wort über Antonio Gramsci, Palmiro Togliatti, Maurice Thorez, Georges Marchais, Alexander Dubček und vor allem nicht über den gerade erst verstorbenen Generalsekretär der Kommunistischen Partei Italiens Enrico Berlinguer verlieren. Das größte Verdienst des Letzteren bestand nach Freds Meinung darin, dass er Italiens traditionell starke und einflussreiche Kommunistische Partei von marxistisch-leninistischen Positionen auf eine eurokommunistische Plattform geführt und begonnen hatte, sich Politikern anderer Weltanschauungen anzunähern, und dass er im Zusammenhang mit dem Einmarsch der sowjetischen Truppen in Afghanistan 1980 scharfen Protest geäußert hatte. Aus diesem Grund war es zu einem Bruch zwischen den Kommunistischen Parteien der Sowjetunion und Italiens gekommen, aus den „Intourist"-Kiosken verschwand die Zeitung der italienischen Kommunisten „L'Unità", deren Kolumnen auf der letzten Seite eine wahre illustrierte Bibel für Fußballfans darstellten. Berlinguers Popularität war nach der Kritik gegenüber der Sowjetunion gewaltig gestiegen, dennoch gelang es der italienischen Kommunistischen Partei nicht – weder allein noch in einer Koalition –, in den zentralen Machtorganen des Landes Fuß zu fassen, obwohl es in den regionalen Vertretungen viele Kommunisten gab.

Fast jeder Morgen begann mit einer kurzen, aber immer wiederkehrenden Diskussion zwischen Chomisuri und Anadenko über die Möglichkeit oder Unmöglichkeit eines „menschlichen" Kommunismus. Kurz allerdings waren diese Diskussionen nur deshalb, weil sie während des Zählappells auf dem Lagerplatz begannen, im Essensaal fortgesetzt wurden und vor dem Betreten des Werkshalle abgebrochen werden mussten, denn dort verursachten die elektrischen Nähmaschinen einen solchen Lärm, dass an einen wissenschaftlichen oder politischen Disput nicht zu denken war; man konnte höchstens ein paar Worte wechseln. Bei diesen morgendlichen Duellen „sang" Anadenko das endlose, altbekannte Lied vom Sozialismus „mit menschlichem Antlitz", während Shora darauf beharrte, dass der Sozialismus nicht nur kein menschliches, sondern überhaupt kein Antlitz besitzen könne, da er seit jeher eine zähnefletschende Wolfsfratze habe und immer haben würde. Anadenko verkündete fortgesetzt, der Kommunismus habe weder etwas mit Lenins aberwitzigen Ideen gemein (wie der, dass jede Köchin den Staat regieren könne) noch mit Trotzkis Idee einer permanenten Revolution noch mit Stalins Grausamkeit und Gulags und ebenso wenig mit der von vielen kommunistischen Parteien propagierten Diktatur des Proletariats (zumal dem Marxisten Anadenko das Proletariat auch nicht so sehr behagte).

Manchmal schloss sich dem Disput auch der Stalinist Razlatski an, und dann musste der arme Anadenko an zwei Fronten kämpfen, gegen links und gegen rechts; ungeachtet dessen beendete er jede Diskussion als anständiger Mensch, ohne jemanden zu beleidigen, und bemerkte zu jeder unbeantworteten Frage, er werde auf jeden Fall darüber nachdenken. Fred ließ sich tatsächlich alles noch einmal durch den Kopf gehen, und dann begann die Diskussion wieder von vorn: über Enrico Berlinguer, Antonio Gramsci, Pablo Picasso oder Paul Éluard.

Abends nach der Arbeit änderte sich die Art der Diskussionen und nahm statt des politischen einen eher akademischen

Charakter an. Nunmehr waren es Anadenko und Jankow, die über Marx, Engels, Trotzki, Freud, Lacan und Popper stritten. Thema besonders scharfer Auseinandersetzung war ausgerechnet das Schaffen Karl Raimund Poppers, der für Jankow eine ebenso unbestreitbare Autorität darstellte wie Marx für Anadenko. Ich selbst hörte übrigens durch diese Gespräche zum ersten Mal etwas über Popper und vernahm auch erstmals den für das künftige Georgien so schicksalhaften Begriff „offene Gesellschaft".

Der Disput zwischen unseren Lagerkoryphäen Anadenko und Jankow entwickelte sich so manches Mal zum öffentlichen sokratischen Dialog, dem in der Regel das „athenische Volk" beiwohnte, also unsere dortige Elite.

„Volk von Athen!", wandte sich Wadim (Sokrates) an uns, „mit mir wünscht Karl Marx, Demokrit von Abdera, Begründer der Atomistik, Disput zu führen."

„Warum nicht, bin ich halt Demokrit", stimmte Fred Anadenko zu und bekannte sich somit als Abderit. „Wie bekannt, war das Thema von Marx' Dissertation ‚Differenz der demokritischen und epikureischen Naturphilosophie', so dass Demokrit zur Gänze einer von uns ist."

„Ich grüße dich, mein Demokrit! Da du im Jahr 460 vor unserer Zeitrechnung geboren und im Jahr 370 gestorben bist, ich aber neun Jahre älter bin als du und nicht ohne die Beihilfe meiner athenischen Mitbürger im Jahr 399 gestorben, hätten wir uns tatsächlich durchaus begegnen können. Obwohl ich nicht weiß, ob es dazu kam. Wie war es, sag du es uns, Lewan, Bürger von Athen!"

„Ihr seid euch mehr als einmal begegnet, mein Sokrates. Um dir und dem Sophisten Philolaos zu lauschen, kam Demokrit extra nach Athen", schloss ich mich mit großer Begeisterung dem Gespräch an.

„Schau dich um, mein Demokrit", hub Sokrates an. „Achte auf die Stacheldra... verzeiht, die Olivenbäume, die hohen Türme, verzeiht, Tempel, von wo unsere geliebten Wachmänner des Ministeriums für Inn... verzeiht, die Opferpriester der Antike die vom zweifachen Helden der sozialistischen Arbeit Michail Timofejewitsch Kalaschnikow geschaffene, allseits bekannte automatische Waffe auf uns richten, ich wollte sagen, uns mit Olivenzweigen segnen, so wie die seuchengeplagten Bewohner Thebens, ‚Cadmu tu palai nea trophe,* ihren König im Prolog des unsterblichen ‚Königs Ödipus' unseres genialen Sophokles segnen."

„Aber sicher doch, mein Sokrates, natürlich sehe ich sowohl die Olivenbäume als auch die Priester, die Stacheldrahtzäune, die besten MPis der Welt – nur eines kann ich nicht begreifen: Was soll das alles, was haben die Olivenbäume und die heidnischen Priester mit unserem heutigen Disput zu tun?"

„Nun, so viel, mein Demokrit, dass ich, wie mein geliebter Lehrer Pythagoras es mich gelehrt, im Jahre 1945, wenn meine Seele nach den Regeln der Metempsychose in den Körper des Karl Popper transmigriert sein wird, entgegen der heutigen Gewohnheit das unter Soziologen anerkannte Meisterwerk ‚Die offene Gesellschaft und ihre Feinde' verfassen werde, in dem ich als der unerbittlichste Gegner des Totalitarismus in Erscheinung treten und für den Schutz der Demokratie und der offenen Gesellschaft eintreten werde, die es erlaubt, die vorherige politische Elite ohne Blutvergießen und Revolution abzusetzen. Ich werde

---
* „Der neue Volksstamm des antiken Kadmos"

beweisen, dass, da der Prozess der Akkumulation menschlichen Wissens nicht vorhersagbar ist, es auch keine ideale Theorie der Lenkung eines Staates geben kann. Ein politisches System muss flexibel sein, so dass die Regierung allmählich ihre Politik ändern kann. Die Gesellschaft muss offen sein für alle Standpunkte und Subkulturen; das, meine lieben Athener, nennt sich Pluralismus und kulturelle Vielfalt. Du aber, mein Demokrit, hast nach deiner Reinkarnation als Karl Marx konstatiert, dass es nur einen einzigen Entwicklungsmechanismus gebe, den Klassenkampf um den Besitz der Produktionsmittel, und dass Menschenmord und Revolution das höchste Gut der Menschheit seien. Und so ist es dir zu verdanken, dass wir hier diese Stacheldraht-Olivenzäune und Kalaschnikow-Priester sehen."

„Gestatte, dass ich das anders sehe, mein Sokrates. Mein geistiger Sohn Karl Marx hat nirgendwo verlangt, dass der Genosse Stalin die Hälfte der Bevölkerung in einen Schweinestall namens Gulag sperren, den Perimeter mit Oliven bepflanzen und Priester mit MPis einsetzen soll. Wie alle Genies hatte auch Karl Marx gute und schlechte Schüler: Kautsky war ein guter Schüler, Lenin ein schlechter. Die Schüler der guten Schüler sind Antonio Gramsci und Enrico Berlinguer, die Schüler der schlechten Schüler Lew Dawidowitsch Bronstein (der Verräter Trotzki) und Iosif Wissarionowitsch Stalin (Onkel Joe). Der schlechteste Schüler des schlechten Schülers aber ist Mao Tse-tung."

„Mich, mein Demokrit, priesen meine Lieblingsschüler Platon und Xenophon, und deinem Marx haben ebengerade seine allerbesten Schüler Lenin und Stalin zu zweifelhaftem Weltruhm verholfen, und nicht die als ‚Revisionisten' beschimpften Bronstein und Kautsky."

„Mein Sokrates, auch dein allerbester Schüler Platon war ein Urmarxist, da er am Recht auf Privateigentum Zweifel hegte."

„Ich weiß, ich kenne jene haltlosen Anschuldigungen, Platon sei Kommunist gewesen und Heraklit der Begründer des dialektischen Materialismus, also Marxist. Ihr habt die letzten Aufsätze Platons, aufgrund derer solche Schlüsse gezogen werden, nicht gründlich genug gelesen, zudem berücksichtigt ihr nicht, dass ich nach meinem Tod keinen großen Einfluss mehr auf ihn hatte, dennoch gelang es mir nach meiner Reinkarnation als Karl Popper, der Menschheit meine wichtigste Erkenntnis zu übermitteln: Pluralistische Ideen lenken die Geschichte, nicht starre Marx'sche Pläne und nicht der Klassenkampf um die Hegemonie."

„Unser Gespräch führt ins Leere, mein lieber Sokrates. Du glaubst nicht an meinen unerbittlichen Klassenkampf, ich nicht an deinen märchenhaften Pluralismus. Soll die Geschichte uns richten! Ich gebe dir mein Wort: Sollte ich irgendwann einmal die Freiheit erlangen, mache ich mich an deinen Karl Popper und widme ihm eine gute Abhandlung aus marxistischer Sicht."

Die zweitgrößte Gruppe nach den „Demokraten", also den nach Artikel 70 des Strafgesetzbuches der Russischen Föderation wegen antisowjetischer Agitation und Propaganda Verurteilten, bildeten in unserm politischen Lager betagte Kriegsverbrecher. Dennoch waren wir „Demokraten" in der Minderheit, da die Heimatverräter, die Spione, Terroristen und Kriegsverbrecher zum Stolz der Lagerleitung zusammengenommen die zahlenmäßige Mehrheit bildeten. Einer der Kriegsverbrecher unserer „Zone", der Ukrainer Mikola

Werchowenski, war während des Krieges Hilfspolizist, änderte nach dem Krieg seinen Namen in „Werchowin" um, arbeitete in einem Bergwerk des Donbass und förderte so viel Kohle, dass er den Titel eines „Helden der sozialistischen Arbeit" ergatterte. Der Generalsekretär der KPdSU, Genosse Leonid Iljitsch Breschnew, selbst die Brust voller Orden und Medaillen, überreichte Werchowin die Medaille, die sowjetische Wochenschau hielt diesen Moment fest, und dieser Dokumentarstreifen lief dann als Filmvorschau in den Kinos. Als in Werchowenski-Werchowins Heimatdorf ein neuer Film gezeigt wurde, erkannten die alten Nachbarn den ehemaligen Hilfspolizisten, und er wurde fünfundzwanzig Jahre nach dem Krieg verhaftet. Das Oberste Gericht der Ukraine sprach ihm den Titel des Helden ab und verurteilte ihn zum Tod durch Erschießen, doch nach sechs Monaten Einzelhaft in Erwartung der Urteilsvollstreckung begnadigte ihn der Oberste Sowjet der UdSSR (wahrscheinlich nützte ihm der Titel des „Helden der sozialistischen Arbeit" hier doch noch) und wandelte die Strafe in die zu jener Zeit höchstmögliche Haftstrafe um: fünfzehn Jahre. Genau diese Haftzeit saß Werchowin in unserem Lager ab, wo er die ehrenvolle Tätigkeit eines Kochs ausübte.

Kaum war Werchowin aus dem Lager entlassen worden, wandte sich Fred Filippowitsch Anadenko mit einer seltsamen Bitte an mich. Dem Kiewer Russen Anadenko waren ukrainische Umgangsweisen eigen, von denen eine darin bestand, dass er alle Leute, auch seine Freunde, mit Vor- und Vatersnamen ansprach. Er nannte mich nicht, wie meine anderen russischen Freunde es taten, Lewan, sondern Lewan Walerianowitsch, mit deutlicher Betonung auf der ersten Silbe des Vornamens. Wir standen in der Kurilka und blickten Werchowin, der gerade das Lager verließ, neidisch hinterher. Ich rauchte eine in einen Fetzen der „Iswestija" gewickelte riesige Selbstgedrehte, die Jonny Laschkaraschwili im Geiste künftiger Puristen der georgischen Sprache „Twistchweuli" nannte.

Es war kalt, die Temperatur unter dreißig Grad gefallen. Anadenko schlug einen Spaziergang vor, um etwas Wichtiges zu besprechen. Ein Spaziergang bedeutete einen schnellen Marsch vom Schiso zum Eingangstor und zurück. Wenn zwei Mann diesen Gang gemeinsam machten, hieß das, dass sie eine ernsthafte Frage diskutierten.

Wir gingen die erste Hälfte des Weges schweigend, drehten am Tor um und machten uns auf den Rückweg, als Fred Filippowitsch fragte: „Lewan Walerianowitsch, nach Werchowins Entlassung ist in der Küche eine Stelle frei, möchtest du sie nicht übernehmen, wenn dich alle nach Artikel siebzig verurteilten ‚Demokraten' unterstützen?"

Der Vorschlag kam unerwartet und verletzte, ehrlich gesagt, in gewisser Weise meine Ehre, denn die Küche war nicht „unser Bereich", dort arbeiteten, das heißt schlugen sich nur der Lagerleitung nahestehende Spione, Heimatverräter, Terroristen und Kriegsverbrecher die Mägen voll. Andererseits war mir klar, dass Anadenko mich nicht beleidigen oder testen wollte, sondern etwas bezweckte.

„Sie wissen doch, Fred Filippowitsch", griff ich seinen Ton auf, „die Küche ist kein Ort für uns. In Tbilissi haben es nicht einmal Oberst Tariel Dilibasaschwili, der das Untersuchungsgefängnis leitet (verzeihen Sie, ich weiß seinen Vatersnamen nicht), und seine Leute gewagt, mir Arbeit im Service vorzuschlagen, und jetzt soll ich den weiten Weg zurückgelegt haben, um im mordwinischen Baraschewo meine Reputation zugunsten meines Magens zu ruinieren?"

„Ist ja gut, Lewan Walerianowitsch, kein Mensch zwingt Sie, sich zu kompromittieren. Interessant eigentlich, warum sollte man nicht eine jahrelange Tradition durchbrechen und dafür sorgen, dass ehrliche Menschen in die Küche kommen, die uns nicht beklauen, und warum nicht aufpassen, dass auch andere das nicht tun?"

„Nun, wenn Sie so einen wohltätigen Koch brauchen, warum versuchen Sie es nicht selbst? Niemand zweifelt an Ihrer Ehrlichkeit, und wer mit kosmischen Raketen klarkommt, der kriegt es auch in der Küche hin."

„Das beweist, wie jung und unerfahren Sie sind, Lewan Walerianowitsch. Ich habe doch gesagt, dass Ihre Person von allen laut Artikel 70 Verurteilten unterstützt würde! Mich würde kaum einer unterstützen, zumal ich über jeden zweiten Häftling eine Beschwerde an Generalstaatsanwalt Rekunkow geschickt habe, wovon jeder Betroffene eine Kopie erhält!"

„Ich wusste bislang nur, dass Sie sich wegen Feldman beschwert haben – er solle Maßnahmen ergreifen, weil der ein Friedenssymbol verputzt hat", zitierte ich irritiert.

„Ich hab auch geschrieben, dass der japanische Spion Kang Chan-Ho einen gelben Hund zu Nahrungszwecken verwendet hat, der sich ins Lager verirrt hatte."

„Was symbolisieren denn gelbe Hunde?"

„Man kann doch keinen Hund essen, der ist doch ein Freund des Menschen!", erregte sich der sonst so ruhige Anadenko.

„Ich bestreite das nicht, Fred Filippowitsch, ich glaube auch, dass der Hund ein Freund des Menschen ist, und man sollte seine Freunde nicht verspeisen. Aber erstens ist Kang Koreaner, also mit Hundefleisch groß geworden, und zweitens glaube ich zwar an die Freundschaft zwischen Hunden und Menschen, aber nicht an die Freundschaft zu solchen Hunden wie Rekunkow!"

„Sie wissen genau, Lewan Walerianowitsch, dass Rekunkow nicht mein Freund ist; hätte ich solche Freunde, wäre ich nicht zu sieben plus fünf verurteilt worden, aber der Generalstaatsanwalt sorgt nun einmal für die Einhaltung des Gesetzes", erklärte Anadenko betont kühl und streng.

„Verbietet das Gesetz denn, Hundefleisch zu essen?", verteidigte ich die mir im Grunde selbst suspekten kulinarischen Neigungen des koreanischen Häftlings.

„Es ist unsittlich, Hunde zu essen. Nebenbei gesagt, ist es auch unsittlich, dass Ihr Bruder David Walerianowitsch sein Brot in den Borschtsch krümelt!"

„Oh, das wussten wir Georgier nicht. Bei uns isst man selten Borschtsch, und Dato ist sicher nicht auf die Idee gekommen, dass er Ihre nationalen Gefühle verletzt, wenn er sein Brot in die Suppe krümelt. Ganz nebenbei, haben Sie das dem Genossen Alexander Michailowitsch Rekunkow noch nicht gemeldet?", explodierte der wahre Georgier in mir, und ich fuhr in höherer Tonlage fort: „Im Übrigen, Anadenko Friedrich Filippowitsch, kann ich Ihnen über einen Bekannten die Adresse des derzeitigen UNO-Generalsekretärs Javier Pérez de Cuéllar besorgen. Dieser Mann war von 1969 bis 1971 der Botschafter Perus in der UdSSR und in Polen, möglicherweise ist er ja mit dem Borschtsch und dem komplizierten technologischen Prozess seiner Einnahme vertraut!"

„Genug, Lewan Walerianowitsch, ich habe ja nur

theoretisch angefragt, ob Sie die Stelle als Koch übernehmen würden. Im Land gehen Veränderungen vor sich, und ich dachte, Sie seien der richtige Mann", gab der ewig verbindliche Anadenko nach.

„Ehe Sie künftig einem empfindlichen Georgier vorschlagen, Koch zu werden, denken Sie lieber erst nach: Juden mögen nun mal Geflügel, Koreaner gelbe Hunde, Russen Generalstaatsanwälte, und bei Georgiern reicht der Schwanz bis zur Decke, das heißt, sie sind stolz – sehr sogar!"

„Stolz, Lewan Walerianowitsch, kennt man übrigens auch bei uns!" Anadenko lächelte hinterhältig. „Was euren nationalen Charakter anbelangt, so hatten wir bereits die historische Gelegenheit, ein anderes Exemplar größeren Kalibers zu studieren. Zank und Missverständnisse können wir nicht gebrauchen, mein Vorschlag war Quatsch, das hat mir jetzt schon der vierte klargemacht, das muss ich also wohl oder übel glauben."

„Wenn's kein Geheimnis ist – wer hat denn noch abgelehnt?"

„Wadim Anatoljewitsch Jankow, Michail Wassiljewitsch Poljakow und Pjotr Alexejewitsch Butow", zählte Anadenko kurzerhand die nicht zustande gekommenen Kandidaturen auf.

„Warum haben Sie sich nicht an Manilowitsch gewandt?", fragte ich nach, obwohl mir völlig klar war, dass Fred niemals Borja für eine solche Stelle vorschlagen würde.

„Ich hatte meinen Grund", erklärte Anadenko würdevoll.

„Ich kann mir denken, was für ein Grund das ist, und ich finde es falsch!" Mir missfiel Anadenkos leichter Antisemitismus. „Und was jetzt, Ihrer Meinung nach?"

„Jetzt, lieber Lewan Walerianowitsch, wird die korrupte Verwaltung entsprechend der langjährigen Tradition einen würdigen Kandidaten aus den Reihen der Spione und Verräter auswählen und zum Koch machen, vielleicht den altbekannten Achper Mechtijewitsch Radschabow. Der wird die Hälfte unserer Portionen schamlos klauen beziehungsweise dem Lagerleiter darbringen, und ich werde einen neuen Brief an den Generalstaatsanwalt verfassen", beendete Fred unseren Dialog mit traurigem Lächeln.

Wir Häftlinge mussten Handschuhe nähen. Richtige Handschuhe waren das eigentlich nicht: Sie hatten nur einen Finger (den Daumen), aber dafür einen Gummibesatz auf der Handfläche. Ich konnte diese „Produkte" sowohl vor als auch nach unserer Haft auf verschiedenen Baustellen sehen. In großen Mengen wurden diese Gulag-Meisterwerke auch beim Bau der U-Bahn verschlissen. Die Tagesnorm betrug zweiundneunzig Paar, in der Regel nähten alle dreiundneunzig Paar, aber eines schönen Tages begann Anadenko, zweihundert Paar am Tag zu nähen.

Zuerst achtete keiner darauf, aber als Anadenko plötzlich dreihundert Paar abgab, begann ein Raunen in der Nähwerkstatt, und das Problem wurde „freigesetzt". Das illegale Widerstandskomitee, dem auch ich zu jener Zeit angehörte und das ausgerechnet Anadenko leitete, legte für drei Uhr nachts ein Treffen in der Kurilka fest. Mitglieder waren: Altunjan, Anadenko, Berdsenischwili, Butow, Donskoi, Manilowitsch, Poljakow, Chomisuri und Jankow. Die Sitzung dauerte fünfzehn Minuten; wie Anadenko uns erklärte, hatte der Lagerleiter ihm den Besuch seiner Frau untersagt, deshalb wollte Fred den „Bürger Lagerleiter" abstrafen. Er hatte vor, Major Schalin auf eine falsche Fährte zu locken; damit dieser die Tagesnorm verdoppelte, beschloss Anadenko, seine eigene Produktion zu vervielfachen. Als dauerhafte Norm wäre das von niemandem zu schaffen, und es würde schon bald zu einem unbefristeten Streik kommen. Man würde Schalin absetzen, und wir bekämen unsere alte Norm zurück. Das Komitee wies diesen äußerst riskanten und gefährlichen Plan zurück. Der Vorsitzende Anadenko gab uns schnell recht und meinte: „Gott gebe euch Gesundheit, ich hätte das auch nicht lange durchgehalten."

Nach seiner Entlassung und Rehabilitation schrieb Anadenko eine sehr umfangreiche Arbeit über Marx und Popper. Ein ukrainischer Journalist führte ein Interview mit ihm und beschrieb Fred mit folgenden Begriffen:

„tiefgründiges Denken und kritischer Geist",
„Autarkie und Verantwortungsgefühl",
„Entschlossenheit und Taktgefühl",
„Arbeitsliebe und Großzügigkeit",
„Bescheidenheit und Ritterlichkeit".

Donnerwetter auch, der Journalist hatte es fertiggebracht, den Dingen in nur einem Treffen auf den Grund zu gehen und all diese seine Charakterzüge zu erkennen, während ich, um Anadenko zu durchschauen, drei Jahre der Wachsamkeit in verschärfter Haft und dreiundzwanzig Jahre im Freiheitsrausch gebraucht hatte!

BADZJO

Vor nicht allzu langer Zeit, während einer langen Flugreise, kamen mir über dem Ozean allerlei Fragen in den Sinn: Wer war eigentlich der lustigste Mensch, der mir im Leben begegnet ist? Oder noch interessanter die Frage: Wer war der ernsthafteste? Das herauszufinden war nicht ganz einfach. Bei der Nominierung des lustigsten konnte ich den Sieger mühelos ermitteln. In der zweiten oder dritten Stunde des Fluges siegte ein unvergessener Pädagoge, der beste Lateinlehrer in der Geschichte unseres Landes, Irakli Schengelija, Urenkel des Literaten Iona Meunargija, ein Mensch, der Kindheit und Jugend in Kasachstan und im Gulag verbracht hatte. Er war ein Bonvivant, wie es sie nur in Georgien gibt, von einer ganz spezifischen Lebensfreude – einem ungewöhnlichen und eigentümlichen Phänomen, das Irakli Schengelijas Konkurrent in derselben Nominierung, der unvergessliche Philosoph Merab Mamardaschwili, so treffend beschrieben hat.

Die Nominierung des ernsthaftesten war schon schwieriger. Unter den „Bewerbern" befanden sich: erstens mein einziger griesgrämiger Lehrer, Erforscher des Schaffens von Grigol Chanzteli und gleichzeitig dessen geistiger Klon (ein für Dozenten, Studenten und Absolventen der Staatlichen Universität Tbilissi leicht zu erkennender Professor); zweitens mein wortloser Friseur, in dessen Familie wohl seit hundert Jahren nicht gelacht wird; der dritte Prätendent war mein mürrischer Nachbar, der wahrscheinlich vor zwanzig Jahren zum letzten Mal jemanden gegrüßt hat; und der vierte mein Mithäftling in der politischen „Zone" Juri Badzjo. In der zehnten Flugstunde gingen „Grammy" und „Oskar" in der Kategorie „Ernsthaftigkeit" völlig verdient an Juri Wassiljewitsch Badzjo, den standhaften Polithäftling, Spezialisten für Hungerstreiks, Prometheus im Kampf für die Rechte der Strafgefangenen, Gründer und ersten Vorsitzenden der Demokratischen Partei der Ukraine.

Juri Badzjo wurde am 25. April 1936 geboren, schloss 1958 ein Studium an der philologischen Fakultät der Uschgoroder Universität und 1964 die Aspirantur am Literaturinstitut der Akademie der Wissenschaften der Ukrainischen Sowjetrepublik ab. Er arbeitete als Lehrer an mehreren Schulen Transkarpatiens. Juri führte ein aktives gesellschaftliches Leben und war Mitglied im Klub der schöpferischen Jugend. Während des Chruschtschow'schen „Tauwetters" trat er der Kommunistischen Partei bei, wurde aber 1965 wegen Teilnahme an verschiedenen Dissidentenaktionen wieder ausgeschlossen, und entsprechend sprach man ihm das Recht ab, zu unterrichten.

Da er seinen Beruf nicht mehr ausüben durfte, arbeitete er in der Folge als Transportarbeiter in einer Großbäckerei. Zur selben Zeit begann er seine Arbeit im Untergrund, verbreitete zum Beispiel Werke des Samisdat und arbeitete ab 1972 an seinem Hauptwerk „Das Recht zu leben". 1977, als die Arbeit an diesem Buch praktisch abgeschlossen war, wurde es ihm gestohlen – von seiner geliebten Frau, die sich jedoch im Dienst der sowjetischen Staatssicherheit bei ihm eingeschleust hatte. Nach einer längeren Depression begann er, das Werk neu zu schreiben.

1979 verhaftete man ihn wegen seiner Tätigkeit als Dissident. Das Gericht verurteilte Badzjo zur Maximalstrafe: sieben plus fünf. Er verbrachte seine Haftzeit im DubrawLag, in unserem geliebten SH-CH 385/3-5.

Als Dato und ich im Baraschewer Lager ankamen, erblickten wir einen sehr ernsten Mann, der nicht einmal in unsere Richtung schaute. Vor ihm auf dem Tisch stand ein Wecker; der Unbekannte sah abwechselnd in eines von zwei geöffneten Büchern und schrieb hastig etwas nieder. Die Häftlinge, die uns empfangen hatten, begannen, die üblichen Fragen zu stellen. Im Gegenzug erkundigten mein Bruder und ich uns nach dem Mann, der ohne den Kopf zu heben arbeitete. Georgi Chomisuri erklärte uns, das sei Juri Badzjo, ein Sozialdemokrat und ein guter Mensch, allerdings solle man, wenn er beschäftigt sei, ihn nicht nur nicht ansprechen, sondern sich ihm überhaupt nicht nähern. Im Augenblick arbeite er an seinem Buch, in ein paar Minuten würde er ohne Atempause mit seiner Englischlektion beginnen und genau fünfundvierzig Minuten später, wiederum ohne Pause, auf die Deutschlektion umschalten. Die Zeit würde ihm der Wecker mit gedämpftem Klingelton ansagen.

„Wo hat er denn die Uhr her? Sind denn in der ‚Zone‘ Uhren erlaubt?", fragte ich und ärgerte mich schon, dass ich selbst keine hatte.

„Sind sie nicht. Für diese Uhr hat Badzjo 675 Stunden gehungert, also vier Wochen und drei Stunden. Und hat viel erreicht: Er besitzt einen Wecker, der ihn alle fünfundvierzig Minuten ehrlich wissen lässt, dass es Zeit ist, die Arbeitsfront zu wechseln: Politik – Philosophie – Englisch – Deutsch. Wenn du irgendwann mal wissen möchtest, wie spät es ist, gibt es drei Möglichkeiten: Entweder du guckst von weitem auf Badzjos Uhr, oder du gehst in die Baracke und hörst Radio, das Programm wirst du bald auswendig kennen. Oder du gehst zu Anderson in die Bibliothek, und der sagt dir anhand seiner originellen ‚Grasuhr‘, wie spät es ist. Im äußersten Notfall kannst du noch Arkadi Dudkin fragen – der weiß zwar nicht, welches Jahr wir haben, aber in der Uhrzeit irrt er sich meist nicht."

So lernten wir Juri Badzjo gleich am Tag unserer Ankunft kennen. Ich sehe ihn noch heute vor mir, mager und blass, und immer wenn ich keine Lust habe, an eine Arbeit zu gehen, die aber dennoch unbedingt zu erledigen ist, muss ich an diesen unermüdlichen Arbeiter denken.

Nach den Russen waren die Ukrainer im politischen Lager am stärksten vertreten: der Uschgoroder Sozialdemokrat Juri Wassiljewitsch Badzjo, der Lehrer und Reformer des Bildungswesens aus Iwanowo-Frankowsk, Wassili Stepanowitsch Strilziw, der Kiewer Kandidat (Doktor) der Technischen Wissenschaften Wladimir Petrowitsch Delediwka, der Dnepropetrowsker Ingenieur Grigori Fokitsch Nitschiporenko, der Lehrer Dmitri Dmitrijewitsch Masur aus Schytomyr, der Major Grigori Petrowitsch Kuzenko aus dem Dorf Iwanowka in der Kiewer Oblast und viele andere.

Die Staatssicherheit der Ukraine stand zu jener Zeit unter der Leitung des wegen seiner Grausamkeit und seines seltsamen Namens bekannten Stepan Nesterowitsch Mucha (deutsch „Fliege"), der für die Dissidenten unter seinen Landsleuten kein Mitleid hatte und dem keine Strafe zu hart war: Fast alle soeben von mir aufgezählten Häftlinge waren zu der laut Artikel 70 (nach dem ukrainischen Gesetzbuch Artikel 62) möglichen Maximalstrafe verurteilt worden.

Fast hundert Prozent der ukrainischen Häftlinge waren Nationalisten oder kämpften für die Unabhängigkeit der Ukraine; eine Ausnahme bildeten die ukrainischen Russen: der Kiewer Friedrich, also Fred Filippowitsch Anadenko und der Odessaer Pjotr Alexandrowitsch Butow. Die Ukrainer standen sich besonders nahe, sorgten und kümmerten sich umeinander und teilten miteinander ihr letztes Brot. Im Unterschied zu den Russen hatten die Ukrainer klar und zweifelsfrei einen führenden Kopf: Jeder von ihnen erkannte Juri Badzjos Autorität an, die er in seinem heldenhaften Kampf in den kleinen und großen „Zonen", also in der Freiheit und in der Haft errungen hatte.

Seit er im Lager war, schrieb Badzjo seine Briefe auf Ukrainisch. Die Zensorin Ganitschenko, deren Mann ja Ukrainer war, hatte einen Großteil ihres Lebens in der Westukraine gelebt und verstand die ukrainische Sprache hervorragend, dennoch gab sie Badzjo alle seine Briefe zurück – mit dem zynischen Vermerk versehen: „Unverständliche Sprache." Badzjo gab nicht auf und schrieb ukrainisch. Es war Ganitschenko egal, dass Badzjos Familie die Briefe nicht erhielt. Sie las seine umfangreichen Briefe, machte ihren üblichen Vermerk darauf und gab ihn zurück. Das ging so lange, bis, jetzt schon zur Zeit der Perestroika, die Initiative der Georgier, die Briefe in ihrer Muttersprache zu schreiben, von Erfolg gekrönt wurde und der Siegesmarsch ukrainischer, litauischer, lettischer, estnischer und armenischer Briefe aus dem Lager Baraschewo begann.

Sobald das Recht verkündet war, alle Briefe in der Muttersprache zu schreiben, kam Juri Badzjo mit zwei Stückchen ukrainischen Specks und einer ziemlich großen Scheibe echten ukrainischen Schwarzbrotes zu uns, das ihm aus Kiew geschickt worden war, und brachte auf Ukrainisch zum kräftigen Tee einen Toast auf den nationalen Kampf aus, bat uns um einen Antwort-Toast auf Georgisch, den zu hören die gesamte ukrainische Mannschaft erschienen war. Auch die Georgier waren augenblicklich zur Stelle. Ich war als Kind an einer georgischen Tafel groß geworden; seit ich zehn war, bestimmte, wenn die Familie unter sich war, mein Onkel mich zum Tamada und ich hielt ausufernde Trinksprüche. Viele waren natürlich banal, ausdrucksschwach, wenig originell, einige auch recht gut, doch nie war einer so sprachgewaltig und gelungen wie der, den ich in Baraschewo vor den Ukrainern hielt. Der Toast war so lang, dass der Tee kalt wurde, Strilziw vor Aufregung übel wurde und Nitschiporenko sich die Tränen wischte. Seitdem wussten wir, dass Badzjo unser Freund war, obwohl sich seine Planung weiterhin nicht änderte: Politik – Philosophie – Englisch – Deutsch folgten aufeinander nach dem Klingeln des Tischweckers. Für seine Freunde blieb ihm wenig Zeit.

Wir griffen die Initiative des Leiters unseres wissenschaftlichen Zirkels Wadim Jankow auf, und in einer wöchentlichen Vortragsreihe ging es mal um nationale Kulturen, mal um politische Theorien. Badzjo hielt einen Vortrag über den Aufbau politischer Parteien, in dem er in groben Zügen die von ihm geschaffene Demokratische Partei der Ukraine beschrieb.

Es ist sehr schade, dass unsere ach so klugen Theoretiker, insbesondere die jüngeren, keine Möglichkeit haben, diesen mündlichen Vortrag zu studieren. Ich spreche von „Vortrag", tatsächlich aber war es wieder der typische Dialog, in dem Badzjo die Rolle des Sokrates übernahm, und ich die des naiven und selbstgerechten Ion.

„Guten Abend, geliebtes Volk von Athen, guten Abend, Ion, guten Abend, Wächter unseres Schlafes, meine Herren Büttel, also Aufseher, Pardon, Kontrolleure", begann Badzjo in aller Ruhe.

„Gut, dass unsere Aufseher dich nicht hören, mein Sokrates", warf ich, Ion-Lewan, verstohlen ein, mich an Badzjo mit seinem dichten, starren Haar wendend: von sokratischer Kahlhäuptigkeit keine Spur; in späteren Jahren würde sich zeigen, dass er diesen Zustand nie erreichte (sein Haarwuchs konnte nur mit dem eines Rafik Papajan nicht mithalten.)

„Mich nicht hören oder mich nicht erhören?", fragte Sokrates listig zurück.

„Weder hören noch erhören." Ion stand dem Lehrer in puncto Ironie nicht nach.

„Hauptsache, du kannst hören, mein Ion. Du sagst also, du habest, jung wie du bist, mit deinen Freunden eine politische Partei gegründet?"

„So ist es, mein Sokrates, das Volk und die Heilige Schrift, also die Urteilsbegründung, können bezeugen, dass wir zu viert die Republikanische Partei Georgiens gegründet haben, und dass das Durchschnittsalter der Gründer zweiundzwanzig Komma fünf Jahre betrug", errechnete ich schnell im Kopf, wie alt die vier Gründungsmitglieder am 21. Mai 1978 waren.

„Ein schönes Alter zum Fußballspielen", setzte der auf den ersten Blick treuherzige Sokrates einen ersten Hieb.

„Ich protestiere, im fünften Jahrhundert vor unserer Zeitrechnung gab es noch keinen Fußball!", begehrte einer der „Athener" auf, namentlich Shora Chomisuri, dessen Fußballkenntnisse sich wahrscheinlich in ebendieser Tatsache und dem Wissen darum erschöpften, dass der Tbilisser „Dinamo" den Jerewaner „Ararat" einmal bei einem Auswärtsspiel im Stadion „Hrasdan" mit nur zehn Spielern 4:1 besiegt hatte.

„Ruhe auf der Agora!" – rief Sokrates die anwesende Gesellschaft zur Ordnung. „Ich präzisiere: ein wunderbares Alter für die Teilnahme an den Olympischen Spielen, aber nicht für die Schaffung einer ernstzunehmenden politischen Partei."

„Wie auch immer, wir haben diese Partei gegründet, und staatliche Amtspersonen haben uns wahrgenommen und deshalb auch mit uns abgerechnet", erklärte Ion nicht ganz unprätentiös.

„Welches Ziel verfolgt eure Partei?", fragte Sokrates nach.

„Der kommunistischen Ordnung ein Ende zu bereiten, die Unabhängigkeit Georgiens zu erlangen und eine Demokratie zu errichten", legte Ion mutig das Programm seiner jungen Partei dar.

„Was strampelst du Grieche dich überhaupt wegen Georgien so ab?", fragte der finstere Sokrates. (Der georgische Name Berdsenischwili bedeutet „Sohn eines Griechen".)

„Wenn schon der große Sokrates die große Ukraine unter seine Fittiche nimmt, was haben sich dann der kleine Ion und das kleine Georgien zuschulden kommen lassen?", hielt Ion dagegen.

„Alle drei Konditionen also: Beseitigung der kommunistischen Grundlagen, Unabhängigkeit, Demokratie?", zählte Sokrates noch einmal ungerührt auf.

„Genau, aller guten Dinge sind drei, und Gott liebt die Drei." Ion wurde mutiger.

„Wir Griechen haben nicht drei, sondern dreitausend Götter, allein zwölf olympische, gar nicht zu reden von all den anderen", bemerkte der Patriarch des Pluralismus Sokrates streng. „Der Wesenseine, Dreifaltige ist noch nicht geboren, genauer, es hat uns noch niemand mitgeteilt, dass er schon geboren ist."

„Ziehen wir uns nicht an Nichtigkeiten hoch, mein Sokrates!"

„Sobald ihr diese hehren Ziele erreicht habt, die kommunistische Ordnung beseitigt, Georgien unabhängig und demokratisch ist – werdet ihr die Partei auflösen?", erkundigte sich Sokrates.

„Wie bitte, mein Sokrates?"

„Du hast meine Frage sehr gut verstanden."

„Wie sollte ich sie nicht verstehen, doch sind die goldenen Worte von der Freiheit ein Labsal für das Ohr."

„Keine Kommunisten mehr, Georgien ist UNO-Mitglied, regelmäßig werden wirkliche Wahlen durchgeführt", versuchte Sokrates einen Blick in die Zukunft zu werfen. „Was aber wird die Republikanische Partei Georgiens dann tun? Verkündet sie die Selbstauflösung oder wird sie ihre Ziele ändern? Antworte geradeheraus, mein Ion, ohne Ausflüchte!"

„Sie wird die Ziele ändern!" Der wenig erfahrene Ion erklärte sich leichthin mit dem ersprießlichen Gedanken einverstanden, Freiheit und Demokratie könnten vom Himmel fallen.

„Und sie wird neue Ziele verfolgen?", fragte Sokrates treuherzig.

„Genau, neue Umstände erfordern neue Ziele." Ion behielt die Fassung.

„Wäre es nicht sinnvoll, diese neuen Ziele als Fernziele von vornherein ins Auge zu fassen, Ion?", fragte Sokrates mit einnehmender Stimme.

„Erwischt, erwischt!!", konnte einer der „Athener", Wadim Jankow nämlich, seine Begeisterung nicht bremsen, dem die Idee der Unabhängigkeit der ehemaligen Sowjetrepubliken gar nicht gefiel. Er predigte den gemeinsamen Kampf gegen die Kommunisten und eine einheitliche Demokratisierung der Sowjetunion, da er keinen anderen Weg sah, der Aggressivität eines übriggebliebenen Russlands vorzubeugen.

„Eine politische Partei ist doch eine gesellschaftliche Organisation, die sich das Ziel setzt, die staatliche Macht zu ergreifen, sie zu erhalten und den Staatsapparat im Interesse der einen oder anderen sozialen Schicht zu nutzen. Sie nimmt an Wahlkampagnen teil, führt Bildungs- und Aufklärungsarbeit durch und äußert politischen Protest. Ist das nicht so, mein Ion?"

„Es ist wohl eine erschöpfende Darstellung, mein Sokrates, die Redakteure der berühmten „Britannica" würden dich beneiden, nur scheint mir, dass deine Definition nicht auf alle politischen Systeme zutrifft", wagte Ion eine kritische Äußerung.

„Ich verstehe, mein Ion, gleich sagst du, dass es in einem Einparteiensystem keine Opponenten gibt. Ist es das, was du sagen möchtest?" Sokrates blickte mich aus den Augenwinkeln an.

„Du sprichst mir aus dem Herzen, lieber Sokrates!" Ion konnte seine Begeisterung nicht verhehlen.

„Wir sind uns also einig, lieber Ion und Männer von Athen, dass ein Einparteiensystem kein Parteiensystem ist, sondern ein politisches Gefängnis, in welchem andere politische Parteien verboten sind, verhaftet oder zu kulturellen Vereinen beziehungsweise Sportvereinigungen umgefärbt werden. Ein primitives politisches System beginnt wie ein historisches Drama mit dem Erscheinen einer zweiten, gleichberechtigten politischen Partei und endet mit der Herausbildung eines entwickelten politischen Systems – also eines pluralistischen Mehrparteiensystems mit vielfarbigem politischem Spektrum."

„Wie gut, dass die Aufseher dich nicht hören und verstehen, lieber Sokrates. Deine staatsrechtliche Theorie ‚riecht' nach mindestens acht zusätzlichen Jahren", geizte Ion nicht mit einem neuen Urteil für Sokrates.

„Es gibt fünf Typen der idealen Partei", – ließ der auf den Geschmack der traditionellen griechischen Beredsamkeit gekommene Sokrates sich nicht ablenken, „die Partei der Elite, die große Volkspartei, die Partei mit ethnischer Ausrichtung, die Wählervereinigung und Parteien der einen oder anderen Bewegung. Jede von ihnen gliedert sich in strukturelle Abteilungen, zum Beispiel teilen sich Wählervereinigungen in Interessensverbände und eine Volkspartei – englisch *catch-all* – oder eine Programmpartei. Die Demokratische Partei der Vereinigten Staaten ist zum Beispiel eine Volkspartei, und die Republikanische Partei in Amerika eine Programmpartei. Nun sag mir, mein Ion, euer Kind, die Republikanische Partei Georgiens, ist eine Partei welchen Typs?"

„Darüber habe ich nie nachgedacht, mein Sokrates, doch wie ich es sehe, ist es keine Allerweltspartei, aber auch keine Partei enger nationaler Ausrichtung, sie stellt auch keine Wählervereinigung dar, denn bis zu Wahlen ist es in Georgien noch ein weiter Weg. Wenn es keine Parteien anderen Typs gibt, muss es ja wohl eine Elitepartei sein."

„Du verstehst also, dass ihr einen schweren Weg vor euch habt, ehe ihr mit Unterstützung aus eurem Volk rechnen könnt. Positiv ist, dass ihr einen zutiefst pluralistischen Verband geschaffen habt. Den ersten wirklichen Erfolg werdet ihr in vielleicht vierzig Jahren verbuchen."

„Gott bewahre, Sokrates, lass etwas ab, das ist viel zu lange!" Von dieser Perspektive verschlug es Ion den Atem.

„Wenn du dich nicht gut benimmst, lasse ich nichts ab, im Gegenteil, dann schlage ich noch ein paar Jahre drauf. Mehr oder weniger demokratische Verhältnisse sehe ich zum hundertsten Jahrestag der Oktoberrevolte, also 2017. Wie alt wirst du zu jener Zeit sein, Ion?"

„Vierundsechzig, mein Sokrates. Ich mag diese Zahl nicht, großer Mann, John Lennon hat seinerzeit gesungen, dass er so alt werden wird, und dann haben sie ihn mit vierzig umgebracht."

„Ich sehe schon, an Ambitionen fehlt dir es nicht, mein Ion", stellte der selbsternannte „Zonen-Beatlemane Nr. 1" Sokrates fest. „Trotzdem muss ich der Gerechtigkeit halber erwähnen, dass, erstens, Paul dieses Lied geschrieben hat, und nicht John, es ist eines von Pauls ersten fünf Liedern. Und was Paul McCartney anbelangt, so ist er Gott sei Dank am Leben, und wird nicht nur vierundsechzig werden, sondern hundertvier. Und dir werden deine Fans, falls du welche hast, vielleicht zu schaffen machen, aber sie werden dich nicht umbringen. Du wirst als Rentner noch genug Zeit haben, die Schönheiten, Freiheiten und Demokratie in deinem Land zu genießen."

„Bis dahin fließt noch viel Wasser den Bach hinunter, mein Sokrates."

„Ich möchte mit dir noch über die Parteifinanzen sprechen, lieber Ion. Sicherlich habt ihr über diese Frage bereits nachgedacht, als ihr eine solche Partei gegründet habt."

„Die Finanzierung der Partei erfolgt durch Mitgliedsbeiträge und Spenden von Sympathisanten", erklärte Ion und musste daran denken, wie schwierig es war, das Thema der Mitgliedsbeiträge in den eigenen Reihen anzuschneiden."

„Wie viele Mitglieder habt ihr in der Partei?" Hier forderte Sokrates, dass ich vertrauliche Informationen publik machte.

„Gehen wir mal von dreihundert aus."

„Welche Höhe der Mitgliedsbeiträge habt ihr festgelegt?"

„Sagen wir einen Rubel."

„Vertraue meiner bitteren Erfahrung, junger Ion: Du wirst dreihundert Jahre brauchen, bis du von dreihundert Mann je einen Rubel eingesammelt hast. Mit was für Spenden rechnest du?"

„Es gibt ein paar Geschäftsleute, die spenden wollen, mein Sokrates!"

„Nun, darauf solltest du dich nicht zu sehr verlassen, junger Mann!"

„Was sollen wir denn machen, sollen wir vielleicht wie Stalin eine Bank ausrauben?" Ion, der gerade seiner Parteifinanzen verlustig gegangen war, redete sich in Rage, wohl wissend, dass der Genosse Stalin sich, außer Banken auszurauben, während der politischen Verbannung im Kampf gegen politische Gegner auf kriminelle Elemente gestützt hatte, was ihm seine Parteifreunde mehrfach ankreideten.

„Und warum wollt ihr euren eigenen Staat von dieser Verantwortung entlasten, lieber Ion? Warum sollte nicht der Staat einer mehr oder weniger seriösen politischen Partei aus einem speziellen Topf des Staatshaushalts Geld zahlen, wenn diese Partei in Wahlen ein gutes Ergebnis erzielt und eine gewisse festgelegte Prozenthürde überwunden hat? Sollte der Staat nicht ein spezielles Budget für die Entwicklung des Pluralismus haben?" Mit dieser Frage rief Sokrates heftige Gemütswallungen unter den versammelten Männern Athens hervor.

„Pure Utopie!", rief Wadim Jankow wahrhaft erregt aus. „Ich glaube nicht, dass ich so etwas noch erlebe!"

„In Russland nicht, da hast du wohl recht, doch den Staatshaushaushalt der Ukraine, und erst recht den Georgiens, wird das wohl nicht so belasten. Die Stabilität ihrer Parteien und deren Unabhängigkeit vom Ausland, also zum Beispiel von Russland als einstiger Kolonialmacht, *müssen solche Staaten wie die Ukraine und Georgien mit eigenen Mitteln sichern.*"

Jener sokratische Dialog nahm eine dramatische Entwicklung: Woher auch immer, tauchten plötzlich wutschäumend die besoffenen Aufseher Trimaskin, Trifonow und Kisseljow auf, kündigten den unmittelbaren Akteuren des Dialogs Sokrates und Ion sowie den Schiedsrichtern Jankow und Chomisuri eine Strafe von je fünfzehn Tagen in der Strafzelle an (offenbar hatten die Provokateure des „Rats für innere Ordnung" ihre Aufgabe gut erfüllt), und so mussten die ruhmreichen „Griechen" ihren staats- beziehungsweise antistaatstheoretischen Dialog im Schiso beenden.

Vor nicht allzu langer Zeit, als es während eines der politischen Hungerstreiks, die in Tbilissi stattfanden, ihren Initiatoren schlecht ging, tauchte in meiner Erinnerung wieder Juri Badzjos bemerkenswerte Arbeit „Prinzipien des politischen Hungerstreiks" auf, die ich als Manuskript gelesen hatte (obwohl ich mit der ukrainischen Sprache meine liebe Not hatte und immer wieder mal zu Wolodja Delediwka, mal zu Grischa Netschiporenko rennen musste, um die Bedeutung einzelner Wörter zu erfragen). Die wichtigsten Thesen dieser (aus meiner Sicht unsterblichen) Arbeit, einer Anleitung zu einem der wirksamsten Mittel politischen Protestes, hatte der große Meister zahlreicher und vieltägiger „nasser" und „trockener" Hungerstreiks an sich selbst getestet.

Badzjo zufolge gibt es drei Arten des Hungerstreiks, oder, wie er ihn nannte, „der Königin der gewaltlosen Kampfmaßnahmen": den gewöhnlichen (das Ablehnen jeder Nahrung), den trockenen (den absoluten Verzicht auf Nahrung und Wasser) und den teilweisen (Verzicht auf fast alles, indem man zum Beispiel nur wenig Brot und Wasser zu sich nimmt oder bestimmtes Essen ablehnt, wie die „staatliche Provision", und sich nur auf die von der Verwandtschaft gesandten Päckchen beschränkt – eine Form des Hungerstreiks, zu der politische Häftlinge in georgischen Gefängnissen im Verlauf vieler Jahre griffen; Zwiad Dsidsiguri berichtete mir sogar, dass er nicht einmal den Geschmack der Knastnahrung kenne, weder er noch andere Zwiadisten hätten diese auch nur angerührt).

Badzjo nannte vier Gründe für Hungerstreiks: politische, soziale, wirtschaftliche und persönliche. Und schließlich können Hungerstreiks je nach Anzahl der Teilnehmer aufgrund einer anerkannten Klassifikation Massen- oder Individualstreiks sein.

Nach drei Tagen trockenen, also absoluten Hungerstreiks beginnt im Organismus eine Ketose. Verfechter der berühmten Atkins-Diät, also einer Low-Carb-Diät, wissen, dass der Organismus in diesem Fall nicht das in der Leber gespeicherte Glykogen, sondern körpereigenes Fett zur Energiegewinnung nutzt. Ein drei- bis viertägiger trockener Hungerstreik ist nicht gefährlich, da der Organismus auch ohne dem täglich, im Ergebnis des Fettabbaus, bis zu einem Liter Oxidationswasser bildet, doch nach fünf Tagen beginnen im Organismus irreversible Prozesse; in erster Linie werden Nieren, Leber und Herz in Mitleidenschaft gezogen.

Laut Badzjo sollten, um einen ausgedehnten und „fruchtbringenden" Hungerstreik durchzuführen, die ersten drei Tage „trocken" sein, und vom vierten Tag an sollte die Aufnahme von Trinkwasser beginnen.

Um einen zweiwöchigen Hungerstreik erfolgreich durchzuhalten, solle man probehalber vorher schon ein-, drei- und siebentägige bewältigt haben. Alle Häftlinge sollten einen Vorbereitungsmonat absolvieren, der mit einem eintägigen Hungerstreik beginnt, zum Beispiel an einem Montag. In der darauffolgenden Woche findet dann ein weiterer eintägiger Hungerstreik statt (wieder am Montag), eine Woche später der dreitägige (von Montag bis Mittwoch). Und am darauffolgenden Montag beginnt dann der siebentägige Hungerstreik. Erst nach einem solchen Probemonat kann der Häftling sicher sein, dass er den Versuch eines dreitägigen trockenen, also absoluten Hungerstreiks bewältigt, und wenn er einen siebentägigen und einen dreitägigen trockenen überstanden hat, ist er moralisch und physisch für einen zweiwöchigen Hungerstreik gewappnet, dessen erste drei Tage trocken sind. Nach einer solchen Prüfung dann, so Juri Badzjo, ist der Mensch sogar zu einem 47-tägigen Hungerstreik fähig.

Juris persönlicher Rekord waren dreiundsechzig Tage, und diesen zweimonatigen Hungerstreik führte er heimlich durch, ohne ihn anzukündigen, denn das sowjetische Strafvollzugssystem erkannte Hungerstreiks nicht an und führte den Hungernden eine Woche nach seiner Erklärung einer Zwangsernährung zu.

Genau während einer solchen „Ernährung" soll in den Fängen der KGB-Henker der unermüdliche Kämpfer für Menschenrechte Anatoli Martschenko gestorben sein, den man wegen antisowjetischer Agitation und Propaganda zu fünfzehn Jahren verurteilt hatte. Martschenko war der letzte der Millionen laut Artikel 58 und 70 des damaligen Strafgesetzbuches Verurteilten, der in der Haft umkam.

Am 23. September 1986 begann vor dem Weißen Haus in Washington der amerikanische Astrophysiker Charles Hyder zu hungern, um die Reagan-Regierung zur Abrüstung zu zwingen, und hungerte, wenn man dem sowjetischen Fernsehen glaubte, 218 Tage. Wie sich später herausstellte, war dies ein von Hyder selbst und dem sowjetischen KGB-Journalisten und Washington-Korrespondenten des „Gosteleradio"*, Wladimir Dunajew, geschaffener Mythos. Hyder zeigte sich selten vor dem Weißen Haus, doch um die Illusion eines permanenten Hungerstreiks zu erwecken, ließ sich Dunajew jedes Mal in einem anderen Anzug neben ihm aufnehmen. Später berichtete Dunajews Sohn von diesem propagandistischen Winkelzug. Diese PR-Aktion erregte in der Sowjetunion so viel Aufsehen, dass der Generalsekretär der Kommunistischen Partei der Sowjetunion Michail Gorbatschow sogar ein Schreiben zur Unterstützung des amerikanischen „Dissidenten" absandte (was diesen nicht daran hinderte, kurze Zeit später mit heftiger antisowjetischer Kritik aufzutreten). Tatsächlich aber hungerte Hyder nicht, obwohl ihm der Arzt wegen seines Übergewichts eine strenge Diät verschrieben hatte. Badzjo sah den amerikanischen „Dissidenten" Doktor Hyder in der Nachrichtensendung „Wremja" und erklärte sofort, dieser Mann hungere nicht, dem stünde im Gesicht geschrieben, dass er voll im Saft stehe.

Juri Badzjo wurde 1988 aus der Verbannung entlassen und zog nach Kiew, wo er begann, eine demokratische Oppositionspartei aufzubauen.

---

* Radio- und Fernsehkomitee beim sowjetischen Ministerrat – Anm. d. Übers.

Zum Frühjahr 1990 hatte Badzjo das „Manifest der Demokratischen Partei der Ukraine" ausgearbeitet, und am 14. Mai 1990 fand in Kiew die Gründungskonferenz statt, die Badzjos Manifest in überarbeiteter Form als Grundsatzdokument annahm. Am 15. bis 16. Dezember wurde Juri Badzjo auf dem Gründungsparteitag zu ihrem Vorsitzenden gewählt.

Als das Werk der Gründung der zweiten Partei in der Geschichte seines Landes vollbracht war, verließ Juri 1992 die politische Bühne. Nachdem die Ukraine die Unabhängigkeit erlangt hatte, erhielt Juri Badzjo sein Manuskript zurück und konnte endlich das Hauptwerk seines Lebens beenden: 1996 gab er sein Buch „Das Recht zu leben" heraus, das Werk vieler Jahre und eines der ernsthaftesten Bücher des 20. Jahrhunderts, das bereits in zwanzig Sprachen der Welt übersetzt worden ist. 2005 überreichte Präsident Juschtschenko Juri Badzjo die Verdienstsondermedaille (wenn auch nur die dritte Stufe).

Gegenwärtig arbeitet Juri Badzjo als wissenschaftlicher Mitarbeiter am Institut für Philosophie der Nationalen Akademie der Wissenschaften der Ukraine. Vielleicht ahnt die Mehrheit seiner Kollegen nicht einmal, mit was für einem besonderen Menschen sie die Ehre haben, zusammenzuarbeiten. Wir Normalsterblichen können nur ahnen, was ein Mensch leistet, der heimlich dreiundsechzig Tage hungert, ohne es an die große Glocke zu hängen.

RAZLATSKY

Der Leiter des Baraschewer politischen Lagers, „Bürger Lagerleiter" Major Alexej Schalin, kam in der Regel am frühen Morgen in die „Zone", noch ehe die Häftlinge geweckt wurden und noch ehe um sechs Uhr durchs Radio exaltiert-heroisch und erhaben die Hymne der Sowjetunion erschallte: „Soju-us njeruschímy ..." („Unione unverbrüchlich ..."), worauf die Häftlinge hektisch von ihren Pritschen sprangen. Diese Tradition wurde selten durchbrochen, doch wenn Schalin doch einmal bei Tage über den Hof gehen musste, der voller Häftlinge war, schritt er eilig und gesenkten Kopfes, um niemanden zu sehen, geradewegs in sein Büro. Alle Alteingesessenen wussten, warum. In einer Anweisung des Ministeriums für Inneres stand, dass das Haar eines Strafgefangenen nicht länger sein dürfe als zwei Millimeter, sei es das Kopfhaar, ein Voll- oder ein Schnurrbart. Für die Überschreitung des Zweimillimeterlimits regnete es Strafen und Verbote, vom Einkaufsverbot am Larjok bis zum Besuchsverbot für Angehörige oder bis zur Einweisung in den Schiso.

Trotz all dieser Androhungen trug ein Häftling unseres Lagers zu Ehren seines Führers, Vaters und Lehrers einen echten, viele Millimeter langen „Stalinbart", welchen Schalin aber mit großer Konsequenz nicht bemerkte. Hätte er ihn gesehen, so hätte er dies unverzüglich ahnden müssen, aber alle vergleichsweise leichten und weniger leichten Strafen waren längst ausgeschöpft, selbst der Schiso kam nicht mehr infrage. Klar war, dass jener Gott, dessen Schnauzbart der Häftling trug, auch für Schalin kein gewöhnlicher Sterblicher war.

Der schnurrbärtige Stalinist hieß Razlatsky. Alexej Borissowitsch Razlatsky, Einwohner der sechstgrößten Stadt Russlands Samara (von 1935 bis 1991 Kuibyschew), war innerhalb der Dissidentenbewegung der Nachkriegszeit ein außergewöhnliches Exemplar, denn nach dem zu jener Zeit schon legendären Artikel 70 des Strafkodex der UdSSR „Antisowjetische Agitation und Propaganda" hatte man ihn als Stalinisten und Gründer der Partei der Diktatur des Proletariats (PDP) verurteilt.

Dieser ausgesprochen gefährlichen Persönlichkeit, einem Bolschewiken, der von extrem linker Position aus die, wie er sagte, „feudale" Kommunistische Partei der Sowjetunion der Chruschtschow- und Breschnew-Ära kritisierte, hatten das Komitee für Staatssicherheit und dessen dienstbarer Geist, das sowjetische Gericht, für die maximal mögliche Zeit die Chance genommen, politisch aktiv zu sein: Razlatsky war zu den legendären „sieben plus fünf" verurteilt. In den siebziger Jahren hatte Razlatsky den Zusammenbruch des „entwickelten Sozialismus" und die bevorstehende Katastrophe in der Sowjetunion vorausgesagt.

Wie die meisten Sträflinge von kompromissloser Haltung war Razlatsky außerordentlich standhaft, unerschütterlich und unbeugsam; er war gleichermaßen Dichter, Dissident, Mathematiker und Philosoph.

Ich hatte immer die Meinung vertreten, dass von solchen Persönlichkeitsmerkmalen wie Ehrlichkeit, Intelligenz und Kommunismus nur zwei miteinander vereinbar sind: Ein ehrlicher und intelligenter Mensch konnte meiner Meinung nach kein Kommunist sein, ein intelligenter Kommunist nicht ehrlich und ein ehrlicher Kommunist nicht intelligent. Mir erschien das unbestreitbar, doch das Leben findet auf jede vergleichbare, aus dem Finger gesogene „Weisheit" (beziehungsweise intellektuellen Zeitvertreib) eine unerwartete Antwort. Eine solche Antwort stellte Alexej Razlatsky dar: An seiner Ehrlichkeit hegte niemand Zweifel, sein Intellekt wurde durch umfangreiche wissenschaftliche und politische Veröffentlichungen im Samisdat und Tamisdat objektiv bestätigt, und dass er ein überzeugter Kommunist war, bestätigten der KGB und das grausame Gerichtsurteil.

Razlatsky war in einem Maße von seinem Recht überzeugt, wie ein Mensch überhaupt von etwas überzeugt sein kann. Uns beschimpfte er als „unverbesserliche Liberale" und „Opportunisten" und meinte lächelnd, wenn er an die Macht käme, würde er uns alle vernichten. Er hatte einen Sohn, Alexej Alexejewitsch, den er liebte und von dem er uns ohne Ende erzählte. Razlatsky träumte davon, ihn zu sehen, schrieb ihm und schwebte, wenn er eine Antwort erhielt, im siebenten Himmel. Einmal fragten Dato und Shora ihn: „Wenn dein Sohn von der liberalen Ideologie angesteckt wird, immerhin haben wir ja das Ende des zwanzigsten Jahrhunderts, das einundzwanzigste steht vor der Tür, und nichts ist unmöglich; kurz: Wenn dein Sohn dir plötzlich erklärt, dass Stalin ein Tyrann war und der Menschheit, Russland und dir persönlich nichts Gutes gebracht hat – was würdest du mit ihm tun?"

Razlatsky fing an nachzudenken, er versank in so tiefes Nachdenken, dass sich um uns herum schon die Leute versammelten; Manilowitsch erklärte den Hinzugekommenen kurz, worum es ging. So versunken war Razlatsky, dass er weder Manilowitschs ironische Kommentare wahrnahm noch die von Shora abgeschlossene Wette noch die Bitte des humanen Poljakow: „Nun nehmt doch Rücksicht und lasst ihn in Ruhe, er ist zwar ein Stalinist, aber auch nur ein Mensch!" Nach einer Weile hatte Razlatsky endlich einen Entschluss getroffen, das Gesicht dieses guten Menschen wirkte mit einem Mal wie aus Stahl gegossen, und das Urteil wurde gesprochen:

„In dem Fall, dass mein Sohn Alexej Alexejewitsch Razlatsky sich nicht mit der Persönlichkeit Stalins auseinandersetzt und anfängt, revisionistische Lügen zu verbreiten, werde ich ihn zum Tod verurteilen und dieses Urteil eigenhändig vollstrecken, indem ich ihn als Verräter erschieße."

Der enttäuschte Poljakow winkte ab, der erfreute Chomisuri hatte die Wette gegen Donskoi gewonnen, Dato war fassungslos, Rafik Papajan stiegen Tränen in die Augen, Jonny aber fragte ein paar Minuten später naiv: „Was ist los?"

Eines Tages tauchte im Lager plötzlich eine Gitarre auf – kein Mensch wusste, wie und woher, aber sie war da. Es war eine klassische Gitarre mit sechs Saiten, allerdings wurde sie, je nachdem, wer sie in die Hand nahm, mal klassisch gestimmt (E-A-d-g-h-e), mal auf russische Weise (D-G-d-g-h-d). Die Gitarrenspieler gehörten entweder zu den „Spaniern" oder den „Russen". Manilowitsch und ich waren „Spanier", Donskoi und Papajan gehörten zu den „Russen". Wenn ein „Spanier" die Gitarre in die Hand bekam, die vorher von einem „Russen" gespielt worden war, so fasste er die zweite, dritte und vierte Saite nicht an, stimmte die erste Seite nach der zweiten, die sechste nach der ersten und die fünfte nach der sechsten. Das war nicht schwierig, falls einem nicht gerade ein Elefant aufs Ohr getreten war, allerdings war das Instrument dadurch ständig verstimmt, und selbst wenn die Terzen an sich im Einklang standen, war es schwer zu sagen, ob die erste und sechste Saite wirklich richtig auf E gestimmt oder ob sie auf D, vielleicht sogar auf C abgerutscht waren. Wir hätten eine Stimmgabel gebraucht, aber wo sollten wir im politischen Lager eine Stimmgabel hernehmen?

Einmal berieten Rafik Papajan und ich in der Kurilka diese Frage. „Ich habe eine Idee", meinte Papajan. „Wir merken uns den Grundton der Hymne der Sowjetunion, die wir jeden Morgen zu hören kriegen, besorgen uns irgendwie die Noten und stimmen danach die Gitarre!"

„Ihr seid zwar Dissidenten und ein verderbtes Volk", mischte sich unerwartet Razlatsky ein, der während unseres Gesprächs in die Kurilka gekommen war, „aber im Unterschied zu mir seid ihr legitime Häftlinge. Warum solltet ihr euch derart viel Mühe machen?"

„Hast du einen besseren Vorschlag?", fragte Rafik ihn betont höflich und zwinkerte mir unauffällig zu, als wolle er fragen, was dieser Stalinist und politische Dinosaurier uns Kaukasiern und ausgefuchsten Politgefangenen wohl Nützliches vorschlagen könne.

„Erstens braucht ihr die Noten der sowjetischen Hymne nicht, die stehen in meiner Person lebendig vor euch. Die Revisionisten und feudalen Pseudokommunisten haben den Text verschandelt, aber Melodie und Klang haben sie nicht verändert. Die erste Silbe des euch verhassten ‚Union', also ‚Un-, ist ein G, also die dritte Gitarrensaite leer angeschlagen in beiden Stimmungen, dann kommt:

‚Un-ion un-ver-brüch-lich ver-ei-nigt für im-mer ...
g - c - g - a - h - e - e - a - g - f - g - c ...'"

Und Razlatsky sang mit sichtbarem Vergnügen die gesamte Hymne der Sowjetunion in der Version von 1943; als er an die

Stelle kam, an der Stalin erwähnt wurde, begann seine Stimme zu zittern und seine Augen füllten sich mit Tränen, er musste ein Pause machen, doch dann folgte mit voller Lungenkraft:

„Von Stalin erzogen zur Treue zur Heimat,
zu Arbeit und Heldenmut für unser Volk."

„Aber das braucht ihr eigentlich gar nicht", fuhr der von dem majestätischen Lied beseelte Razlatsky fort. „Ihr müsst die Hymne der großen Sowjetunion nicht auf diese blödsinnige Gitarre verschwenden, ich bin eine lebendige Tongabel und wenn ihr wollt, gebe ich euch ein astreines A vor."

Auf meine Frage, woher er so ein absolutes Gehör habe, meinte Razlatsky, dass jeder politische Häftling einen Zweitberuf habe; während die Georgier söffen, die Leningrader Aristokraten als Hausmeister jobbten (er meinte Poljakow und Donskoi), die Kleinbürger vom jüdischen Arbeiterbund (Manilowitsch und Feldman) als Elektriker malochten, habe er, der Kuibyschewer Proletarier, viele Jahre lang als Klavierstimmer gearbeitet und bei Wettbewerben der singenden Dichter, der sogenannten Barden, die Jury geleitet.

Doch Razlatskys musikalische Aktivitäten blieben nicht darauf beschränkt. Als Ruslan Ketentschijew auf einem kaukasischen Musikabend, den wir auf Initiative der Christlichen Föderation südkaukasischer Völker organisiert hatten, ein anspruchsvolles balkarisches Lied sang, Rafael mit dem von Komitas bearbeiteten berühmten armenischen Lied „Zizernak" („Die Schwalbe") auftrat und ich das Lied „Suliko" vortrug, stimmte Razlatsky ab der Zeile „gulamoskwnili vtirodi" („weinte bitter") ein und sang mit wunderbarem georgischem

Klang die zweite Stimme, so dass am Ende das Publikum in der Kurilka in leidenschaftlichen Applaus ausbrach und ich den großartigen ersten Preis gewann (eine Streichholzschachtel mit schwarzem Tee), den zu teilen Razlatsky ablehnte. Allerdings hasste Georgi Chomisuri das Lied „Suliko" als stalinistisches Symbol von da an noch mehr, und auch mein Argument, dass das Lied 1895 von Akaki Zereteli verfasst worden sei und Warenka Zereteli damals auch die Melodie geschrieben habe, konnte Shora nicht von seiner Meinung abbringen. Shora empörte sich: „Unter Stalin hat man im Radio kein anderes Lied gehört als ‚Suliko'. Wie können sie, Herr Jury-Vorsitzender, Berdsenischwili dafür den Preis geben, dass er das Lieblingslied dieses Menschenfressers gesungen hat, und dann noch im Duett mit Razlatsky!"

Der Vorsitzende der Jury, Wadim Jankow, nahm sich Shoras Entrüstung nicht zu Herzen, sondern erklärte im Gegenteil sogar ganz offiziell: „Der Vater aller Zeiten und Völker, Generalissimus Genosse Stalin liebte auch den Wein. Und sollte mir irgendwann die Ehre zuteilwerden, entlassen zu werden, dann lasse ich mich weder von dir noch von Stalin abschrecken, dann trinke ich meinen Wein und singe dazu noch ‚Suliko'."

Als echter Russe und Anwalt des Proletariats war Razlatsky natürlich auch Trinker. Einmal kamen wir auf Löhne und Gehälter zu sprechen, und unser stalinistischer Freund berechnete seine Karriere und den entsprechenden Verdienst in Halbliter-Wodkaflaschen, wobei sich zeigte, dass dies die Einkommensentwicklung treffender widerspiegelte als irgendwelche alten und neuen Rubel und Kopeken.

„Anfänglich hatte ich nur ein ganz kleines Gehalt, fünf Flaschen nur. Nachdem ich meine Dissertation verteidigt hatte, haben sie mein Gehalt erhöht, irgendwann waren's dann zwanzig Flaschen. Und als wissenschaftlicher Mitarbeiter hatte ich einen traumhaften Verdienst, der entsprach ungefähr fünfzig Flaschen. Wenn ich die Ausgaben für Lebensmittel und Kultur rausrechne, blieben noch dreißig Flaschen übrig. Ich sage Traumgehalt, weil auf jeden Tag genau eine Flasche Wodka kam. Und als Laborleiter hatte ich dann ein richtig hohes Gehalt, über zweiundsiebzig Flaschen."

Wenn Razlatsky vom Wodka sprach, zeigte sich der wahre Dichter in ihm. „Ich verehre Lenin sehr", sagte er, „aber eins kann ich ihm nicht vergessen: Er hat diese dumme Idee unterstützt, die schon Nikolai der Zweite hatte, das Alkoholverbot. Bis 1924 war das Trinken verboten, und erst nachdem Lenin gestorben war, hat Stalin es wieder aufgehoben. Ein Georgier, und dann auch noch ein guter Dichter, konnte ja auch das Trinken nicht verbieten."

Razlatsky kannte einige Reden Stalins auswendig, unter anderem die auf dem XIV. Parteitag, in welcher der große Führer den Wodka eine „Reservequelle" genannt hatte. Er konnte Stalin tatsächlich wörtlich zitieren: „Da wir uns nicht in die Knechtschaft der westeuropäischen Kapitalisten begeben können und jene knechtenden Bedingungen, die sie uns vorschlagen, nicht annehmen können, bleibt nur eins: auf anderen Gebieten Quellen zu suchen. Das ist immer noch besser als die Knechtschaft. Hier muss zwischen Knechtschaft und Wodka gewählt werden, und diejenigen, die glauben, man könne den Sozialismus in Glacéhandschuhen aufbauen, sind in einem groben Irrtum befangen."

Razlatsky war als Junge ein sehr guter Schüler gewesen und hatte 1951 eine Auszeichnung bekommen: eine Reise zu

Stalinstätten in der ganzen Sowjetunion. Die Gruppe bestand aus mehreren Kindern und drei Lehrern, von denen einer, der Lehrer für Werkunterricht, an der Front gekämpft hatte. So besuchten sie unter anderem Tbilissi, Gori und Batumi. An Tbilissi und Batumi konnte sich Razlatsky kaum noch erinnern, Gori aber kannte er wesentlich besser als ich, und nicht nur das: sogar besser als der in Dojesi, einem Dorf im Kreis Gori, aufgewachsene Jonny Laschkaraschwili. Razlatsky kannte sämtliche Mitarbeiter des Stalinmuseums mit Vor- und Vatersnamen, da er mindestens zwanzig Mal in Gori gewesen war und natürlich jedes Mal das Museum besucht hatte. Schließlich reiste er im Unterschied zu anderen nicht nach Gori, um sich die Sioni-Kirche in Ateni anzusehen! Durch seine Besuche der Stalin-Gedenkstätte wusste Razlatsky sagenhaft viele Details; wie sich herausstellte, kannte er sogar die berühmten Gorier Frikadellen und die Cafés von Mzcheta, wo ein hervorragendes Lobio serviert wird. Einmal, als Rafik und ich einen heftigen Disput über die Sioni-Kirche führten, erklärte er: „In der Sioni-Kirche bin ich nie gewesen, aber den Atenier Wein kenne ich, den hab ich getrunken. Der gehört wirklich zum georgischen Kulturgut!"

Alexej Borissowitsch war ein interessanter Gesprächspartner: Er konnte gut zuhören und stellte liebend gern Fragen. Wenn er sprach, war der von ihm so geliebte georgische Akzent herauszuhören. Das war nicht jene „allgemeinkaukasische" Aussprache, die russische Bühnenschauspieler annehmen, jene Mischung aus georgischem, armenischem, aserbaidschanischem oder tschetschenischem Akzent, sondern eine wirklich georgische. Offenbar hatte Razlatsky den „Großen Führer" nicht nur gelesen, sondern immer wieder auch angehört. Razlatskys wichtigste antisowjetische Schrift, für die er auch verurteilt worden war, hatte er gemeinsam mit einem Gesinnungsgenossen verfasst und ihr, der klassischen russischen revolutionären Tradition folgend, den Titel „Wem antworten?" gegeben. Dieses Werk bestand aus folgenden Teilen: „Wen fragen?", „Wie entstehen die Fragen?", „Wo Antworten suchen?", „Wer stellt die Fragen?". Der Urteilsbegründung zufolge bewarf dieses Dokument die sowjetische Staats- und Gesellschaftsordnung, die KPdSU und die Arbeit der sowjetischen Regierung mit Schmutz und enthielt ein Kampfprogramm gegen die Sowjetmacht. Die Kuibyschewer KGB-Leute befanden, dass Razlatskys Werk ein Abklatsch der Thesen der polnischen „konterrevolutionären Organisation *Solidarność*" sei.

Alexej Razlatsky bekannte, zwei sehr unterschiedliche Lehrer zu haben: Sokrates und Stalin. „Ich bitte zu beachten", lästerte Manilowitsch, „beide beginnen mit einem S, und beide haben nichts geschrieben, der eine weil es sein Prinzip war, der andere weil er Analphabet war." (Borjas Theorie zufolge waren Stalins Bände nachts von Tausenden Mitarbeitern des Instituts für Marxismus-Leninismus geschrieben worden, während der Führer schlief – oder auch nicht schlief). Auf jeden Fall stellte Razlatsky, wie auch Sokrates, gern Fragen. Ich würde sagen, Razlatsky hatte etwas Präkommunistisches, Vormarxistisches, Platonisches und überhaupt etwas Antikes an sich. Ich weiß nicht, wie es bei ihm um die kommunistischen Prinzipien stand, aber Privateigentum bedeutete ihm, genau wie Platon, nichts, und wie die Georgier gehörte er zu den wenigen Menschen, die Arkadi Dudkin etwas von ihrem Machorka opferten.

Razlatsky und ich fanden ein gemeinsames Thema: das Gericht über Sokrates. Es ist allgemein bekannt, dass dieser

Philosoph im Jahr 339 vor unserer Zeitrechnung unter Beachtung aller demokratischen Formalitäten (Anklage und Verteidigung kamen zu Wort, es gab zwei Abstimmungen, an deren korrekter Auszählung niemand Zweifel äußerte und so weiter) vor Gericht gestanden hatte und zum Tod verurteilt worden war. Razlatsky betrachtete Sokrates als ersten Kommunisten und gab den „Protorevisionisten" (so der von ihm verwendete Begriff) die Schuld an dem über Sokrates gehaltenen Gericht.

„Der Sokrates-Prozess hat nicht nur die Schwäche der sogenannten westlichen Demokratie aufgezeigt, sondern auch ihre völlige Unfähigkeit, die Vorzüge der neuen Lehre zu erkennen. Indem sie den ersten Kommunisten das Todesurteil sprach, begrub sich die antike Demokratie selbst", dozierte Razlatsky und fügte, seinen Worten eine gänzlich neue Richtung gebend, auf Georgisch hinzu: „Die Demokratie hat sich begraben, also ‚Tawi dai-Samara', wie der große Vater gesagt hätte."

„Demnach war Sokrates der Protokommunist und die georgische Sprache ist eine protokommunistische Sprache?", fragte ich „treuherzig".

„Sokrates war kein Proto-, er war einfach ein Kommunist, er hat das Privateigentum abgelehnt, sich für die damalige Arbeiterklasse, die Sklaven eingesetzt und ihnen Wissen vermittelt, und er hat die Musik geliebt", deklarierte Razlatsky, ohne zu erläutern, was die Musik mit dem Kommunismus zu tun habe. „Auf jeden Fall gab es auch in der georgischen Sprache immer kommunistisches Potenzial", fuhr der Samaraer Dichter und Dissident fort: „Hat nicht schon Rustaweli gesagt: Gebt den Arbeitern die Arbeitsmittel und befreit das Proletariat?"

„Nach deiner Theorie war Rustaweli also ein Marxist, willst du das damit sagen?", rief Shora Chomisuri starr vor

Verblüffung, als wolle jemand ihm, dem Antikommunisten und Rustaweli-Fan, sein Lieblingsspielzeug wegnehmen.

„Nicht einfach nur Marxist, sondern konsequenter Stalinist", meinte Borja Manilowitsch daraufhin. „Du weißt wohl nicht, dass seine Aussage ‚Wer sich keine Freunde sucht"* die erste Kommunistische Internationale betraf?"

„‚Schätze nenn ich mein und Güter, welche ganz unschätzbar sind. Schenk davon den Armen! Frei lass meine Sklaven und Gesind', so heißt es bei Rustaweli, und im ‚Recken im Tigerfell' gibt es keine und konnte es auch keine Arbeiter und keinerlei Proletariat geben!" Ich war ernsthaft aufgebracht.

„Lewan, du scheinst mir von diesen Demokraten noch der Vernünftigste zu sein ...", fing Razlatsky an.

„Aber du begreifst ja eigentlich selbst, dass er nicht recht hat, und wenn Razlatsky dich nicht erschießt, dann nur deshalb, weil er vor den Georgiern noch andere erschießen muss", mischte sich Manilowitsch ein.

„Zum Beispiel Kosmopoliten jeglicher Couleur", reagierte Razlatsky und brachte so den nicht zum Guten in Fahrt gekommenen Manilowitsch für einen Moment zum Schweigen. „Kurz gesagt, du hast dir noch nicht ganz den Blick verbaut, um die Wahrheit vom Klassenstandpunkt aus zu erkennen."

„Nehmen wir an, du hast recht", ging ich auf ihn ein, obwohl ich auf das Wort „Klassenstandpunkt" normalerweise allergisch reagierte.

„In diesem Fall musst du mir recht geben, dass Rustaweli

---

* Geflügeltes Wort von Schota Rustaweli (aus dem Epos „Der Recke im Tigerfell"): „Wer sich keine Freunde sucht, ist sich selbst der ärgste Feind." – *Anm. d. Übers.*

eine sehr schlechte Meinung über die Bourgeoisie hat, sowohl über das Klein- als auch das Großbürgertum. Ich meine jene Stelle aus dem ‚Recken im Tigerfell', wo Awthandil die Klasse der Kaufleute der Kriegsverbrechen beschuldigt."

„Awthandil sagt eigentlich nur, dass die Kaufleute nicht kämpfen können", nahm ich Rustaweli vor der Klassentheorie in Schutz, damit er, wie ich befürchtete, nicht bald das Schicksal von „Suliko" teilen musste. Als Stalins und Razlatskys Favorit würde Rustaweli endgültig abgelehnt werden und nicht mehr mit dem von Wadim Jankow, Sergej Awerinzew und Rafael Papajan vergötterten Wardapeten* Gregor von Narek, dem Autor des „Buchs der Klagelieder" konkurrieren können.

„Sind denn Rustawelis Kaufleute keine Bourgeois?", tat Razlatsky ganz erstaunt. „Sind denn die Georgier nicht bis zum heutigen Tag antibürgerlich eingestellt, und gehört nicht der größte Teil der georgischen Bevölkerung zu den Arbeitern und Bauern? Ist es ein Geheimnis, dass die Georgier den Handel als anstößige Sache betrachten und sich von ihren Landsleuten abgrenzen, die in Moskau Blumen verkaufen, weil diese für sie verhasste Bourgeois darstellen?"

„Seit wann hegst du so eine zärtliche Liebe zur Bauernschaft?", erwachte der des Kosmopolitismus beschuldigte Borja Manilowitsch.

„Du liegst falsch, wenn du wahre Kommunisten nur als Interessenvertreter der Arbeiter siehst. Arbeiter und Bauern, Hammer und Sichel – die sind das Volk. Demokraten, Bourgeois und Intelligenzler sind nicht das Volk, die sind Produktionsabfälle."

---

* Gelehrter Mönch – *Anm. d. Übers.*

„Abfälle von wessen Produktion?", erkundigte ich mich. „Doch wohl nicht von Gott dem Herrn?"

„Lewan, du solltest ja wohl Atheist sein, schließlich waren auch deine geliebten Griechen Polytheisten, was im Prinzip dasselbe ist. Welcher Gott? Es gibt keinen Gott!"

„Wie viel kostet das Opium fürs Volk?", konnte sich der ebenfalls fragwürdige Atheist Shora Chomisuri nicht enthalten.

„Ich will heute nicht über Priester diskutieren", erklärte Razlatsky.

„Wahrscheinlich weil gewisse Leute Priesterseminare besucht haben", gab Manilowitsch seine Version zur Erklärung Razlatskys religiöser Toleranz zum Besten.

„O nein, weil in Wirklichkeit nicht die Religion unser Feind ist, sondern unser wahrer Feind ist die Bourgeoisie", schnitt Razlatsky ihm das Wort ab.

„Hat Genosse Stalin deshalb während des Krieges die Unterstützung der Kirche und ihrer Heiligen gesucht?", fügte Chomisuri verstohlen ein anfechtbares Argument ein.

„Im Innern waren alle Heiligen Kommunisten!", erwiderte Razlatsky.

„Auch Hitler sagte, Christus sei Kommunist gewesen, und Peter und Paul die ersten Bolschewiki", begann Manilowitsch, der selbst Opfer war, Rosenbergs Ideen zu „bekräftigen".

„Sie begreifen überhaupt nichts, mit Ihnen rede ich hier nicht", begann Razlatsky sich zu ärgern. „Lassen Sie mich mit diesem Georgier hier reden, der Mann versteht mich."

„Verstehe ich dich richtig, so bist du der Auffassung, dass alle guten Menschen, von Sokrates und den Heiligen bis hin zu Rustaweli, Kommunisten waren?", zog ich eine Zwischenbilanz aus Razlatskys Äußerungen.

„Das ist eine vereinfachte Darstellung, aber als Arbeitshypothese ist sie tauglich."

„Wenn es keinen Gott gibt, waren die Heiligen demnach wirklich Kommunisten, das ist logisch", folgerte Chomisuri.

„Also schließe ich, dass Franz von Assisis ‚Fioretti', die ‚Blümlein des heiligen Franziskus', in Wirklichkeit so eine Art Kommunistisches Manifest sind!" Manilowitsch konnte seine Begeisterung nicht zurückhalten, er hatte mit dem Katholizismus noch eine Rechnung offen und sprach gern von der heimlichen Zusammenarbeit zwischen dem Vatikan und Hitler.

„Weißt du eigentlich, Lewan, dass Alexej Borissowitsch ein besonderes Werk mit dem Titel ‚Das zweite Kommunistische Manifest' geschrieben hat?", fragte Shora.

„Selbstverständlich, ich habe ja Alexej Borissowitschs Urteilsbegründung gelesen. Nach meiner Vorstellung ist Razlatsky Marx, und sein Mittäter Issajew ist Engels."

„Alexej Borissowitsch Marx, Grigori Sinowjewitsch Engels, Schota Wissarionowitsch Rustaweli, Franziskus Assisi-Plechanow, Peter Paul Lenin und Jesus Josefowitsch Stalin", zählte Manilowitsch auf.

„Ihr seid alles Affen, ihr gehört an die Wand und erschossen!", geriet Razlatsky endgültig in Rage, wobei ihn vermutlich am meisten aufbrachte, dass der „Revisionist" Plechanow in diese Liste „hineingestopft" worden war.

Wir brüllten vor Lachen.

„Und dir wird es auch nichts nützen, dass du Georgier bist!", war dem wutschäumenden Alexej Borissowitsch auch für mich die Kugel nicht zu schade. „Euer Volk hat der Welt schon mehr als genug gegeben, so dass wir den Rest von euch nicht mehr brauchen!"

„Völker, hört die Signale! Auf zum letzten Gefecht!", sang Manilowitsch.

***

Die Perestroika brachte Alexej Borissowitsch Razlatsky die Freiheit. Als man im Februar 1987 die Häftlinge der politischen „Zonen" entließ, wurde auch Razlatsky begnadigt (Dieser Prozess wird manchmal „Gorbatschow'sche Amnestie" genannt, obwohl es keine Amnestie gab: Jeder Häftling bat in einem Schreiben, das aus nur einem Satz bestand, um Begnadigung, die dann vom Obersten Sowjet bestätigt wurde).

Razlatsky kehrte nach Kuibyschew zurück, schrieb weiterhin Gedichte und rauchte täglich vier Schachteln Papirossy. Er scherzte, er würde so lange leben, solange man seine geliebten Papirossy der Marke „Sewer" produziere. Sechs Monate lang konnte er keine Arbeit finden, dann erhielt der Ökonom Razlatsky im Labor der Großbaustelle des Instituts Giprovostokneft ein eigenes Büro, in dem er selbstständig arbeiten und rauchen konnte. Er entfaltete wieder gesellschaftliche Aktivitäten: veröffentlichte Artikel, trat in den lautstarken Versammlungen der russischen „Volksfront" und auf den damals beliebten Massenmeetings auf. Er glaubte, die Wiedergeburt des Kommunismus sei nahe und seine Zeit sei endlich gekommen ...

Der Kommunist Alexej Razlatsky starb unerwartet am 6. November 1989. Diese Nachricht teilten mir äußerst bestürzt, jeder für sich, die kämpferischen Antikommunisten Shora Chomisuri und Wadim Jankow mit. Auch ich war darüber sehr traurig. Ehrlich gesagt, glaube ich, dass Razlatsky, wenn es nach ihm gegangen wäre, uns tatsächlich an die Wand gestellt und erschossen hätte, und doch war ich zutiefst betrübt. Der Mensch ist offenbar doch kein so einfaches Wesen, wie es dem von der Klassentheorie geblendeten Verstand vorschwebt.

Bald darauf, am 25. Januar 1991, wurde die Stadt Kuibyschew umbenannt und erhielt ihren alten Namen Samara zurück, und am 26. Dezember desselben Jahres hörte, für viele ebenso unerwartet, die Sowjetunion auf zu existieren. Die Produktion der Papirossy „Sewer" wurde eingestellt, an ihre Stelle traten allerdings Filterzigaretten desselben Namens, und der Ruhm des Alexej Razlatsky ging voll und ganz auf seinen Sohn Alexej Alexejewitsch Razlatsky über, einem Barden und Gitarristen, der für den Samaraer Fußballklub „Krylja Sowjetow" die Hymne „Naschi krylja" („Unsere Flügel") geschrieben hatte. Es heißt, dass Alexej Razlatsky der Jüngere dem Einsatz von Spielern verschiedener Nationalitäten und Rassen im Fußballverein mit liberalem Verständnis gegenübersteht. Er trägt übrigens keinen Schnurrbart.

BUTOW

Die Perle am Schwarzen Meer, die wundervolle Stadt Odessa, war Ende des 14. Jahrhunderts von Vytautas, Großfürst von Litauen, gegründet worden (damals hieß die Siedlung Hadshi Bej, oder polnisch Kotschubej). Bald darauf eroberten die Osmanen die Stadt und fügten sie der Provinz Jedisan hinzu. Im 18. Jahrhundert bauten die Türken in Hadshi Bej die Festung wieder auf und nannten sie „Jeni-Dunia". Zu jener Zeit war Hadshi Bej das Zentrum eines Sandschaks der Provinz Silistra. Katharina die Große und ihre Feldherren eigneten sich jene Territorien an, Odessa wurde zur großen Hafenstadt im Gouvernement „Neurussland" und entwickelte sich innerhalb eines Jahrhunderts zur (nach Petersburg, Moskau und Warschau) viertgrößten Stadt des Russischen Imperiums.

Odessa war für viele Traditionen berühmt, unter anderem für die von Babel romantisierte Verbrecherwelt, die jüdische Gemeinde, politische Anekdoten aus allen Epochen, die Übellaunigkeit ihrer Einwohner, ein merkliches Streben nach Freiheit und eine entsprechend hohe Zahl an Dissidenten. In unserer „Zone" wurde diese glorreiche Stadt würdig durch den theoretischen Physiker Pjotr Butow vertreten. Er war am 10. Februar 1982 verhaftet und vom Odessaer Bezirksgericht zu fünf Jahren Lager und zwei Jahren Verbannung verurteilt worden.

Pjotr Butows Verdienste für die Dissidentenbewegung waren enorm: Er hatte ein Wunder des sowjetischen Untergrunds von Wjatscheslaw Igrunow übernommen, gehegt und als historisches Kulturgut bewahrt: eine gewaltige Bibliothek antisowjetischer Literatur, bestehend aus Publikationen des Samisdat und des Tamisdat. Was gab es nicht alles in dieser Bibliothek! Solschenizyn, Sacharow, Bulgakow, Platonow, Samjatin, Pasternak; Informationspublikationen, von der „Chronik der laufenden Ereignisse" bis zur „Chronik der katholischen Kirche Litauens"; George Orwells Anti-Utopie „1984" und Amalriks „Kann die Sowjetunion das Jahr 1984 erleben?"; Periodika, beginnend mit Maximows Zeitschrift „Kontinent" bis hin zur berühmten Zeitschrift „Possev" des NTS (Volksarbeitsbund der russischen Solidaristen).

Während der gesamten sowjetischen Geschichte hatte es nur drei vergleichbare Bibliotheken gegeben: in Moskau, Petersburg und Odessa, wobei letztere anerkanntermaßen die größte war. Sie enthielt fast 30 000 Druckerzeugnisse (Bücher, Zeitschriften, Zeitungen, Plakate usw.) und 20 000 Mikrofilme. Die Bibliothek besaß eigene Vervielfältigungsgeräte, eine UDK, also eine auf der Dezimalklassifikation beruhende Bibliographie, ein Labor zur Herstellung von Mikrofilmen und sogar eigene Finanzen. Die Mitgliedschaft in dieser Bibliothek war kostenpflichtig, die Jahreskarte kostete einen Rubel, außerdem fertigte die Bibliothek gegen ein Entgelt Kopien an und gab eigene Erzeugnisse heraus, zum Beispiel den jährlich erscheinenden Almanach „Deribassowskaja".

Nach dem Zerfall der Sowjetunion erfuhr die ganze Welt von dieser Bibliothek, und zwar aus Ljudmila Alexejewas Buch „Die Geschichte des Andersdenkens in der UdSSR" (Vilnius 1992). 1992 hielt ich in der Library of Congress vor Direktoren von Nationalbibliotheken der Welt einen Vortrag über Igrunows und Butows Odessaer Untergrundbibliothek.

Besonderes Interesse riefen diese Informationen bei den lateinamerikanischen Kollegen hervor, der Text wurde ins Spanische und Portugiesische übersetzt und war, soweit ich weiß, bei der Gründung einer gleichartigen Untergrundbibliothek in Kuba von Nutzen (genauer gesagt, einer kubanische Mediathek, da im kubanischen Untergrund auch eine ansehnliche Zahl verbotener Videofilme in den Bestand aufgenommen wurde).

Wie Ljudmila Alexejewa, eine Gallionsfigur der russischen Dissidentenbewegung, feststellte, bestand das Geheimnis des hohen Niveaus des Samisdat in seiner mangelhaften technischen Ausstattung. Typographisch kann man jeden Schwachsinn drucken, vor allem wenn man Beziehungen und Geld hat, auf einer Schreibmaschine dagegen wird nur das abgetippt, was die Menschen wirklich interessiert, wofür sie bereit sind, Zeit aufzuwenden und Risiken einzugehen. Genau aus diesem Grund stellte der Samisdat die Quintessenz künstlerischen, politischen und gesellschaftlichen Gedankenguts jener Zeit dar.

In den Händen Butows existierte die Untergrundbibliothek beinahe zehn Jahre, sie diente Tausenden Menschen, ohne ihre eigene Existenz zu gefährden. Butow war ein hervorragender Direktor, ein glänzender Manager und Verwalter. Über die Odessaer Bibliothek kursierten Legenden, was auf wunderbare Weise illustriert, wozu die Menschen im Reich des Bösen imstande waren. Leider wurde die legendäre Bibliothek von Odessa durch Flammen vernichtet, ebenso wie das Sommertheater dieser wunderbaren Stadt: Nach Butows Verhaftung konnten die KGB-Leute einen weiteren Stern auf ihren Schulterklappen verbuchen und hatten die gesamte Bibliothek vernichtet. Butow scherzte: „Meine Vorgänger haben Menschen preisgegeben, ich aber habe nur Bücher geopfert." Ich kann mir vorstellen, wie zufrieden die KGB-Beamten waren, als sie mitten in Odessa aus dem Geheimkeller des Hauses einer Freundin Butows kiepenweise antisowjetische Literatur heraustrugen und auf einem auf die Schnelle entfachten Scheiterhaufen eine ganzwöchige Bücherverbrennung veranstalteten. Diese beschämende Aktion der Vernichtung „antisowjetischer Literatur", also guter Bücher, wurde auch von der sowjetischen Presse beleuchtet und schaffte es sogar auf die Seiten der georgischen Zeitung „Komunisti".

Butow organisierte die Einfuhrwege antisowjetischer Bücher aus Europa und Amerika bis zum Hafen von Odessa (er erzählte mir später, dass er nur einfachen Seeleuten vertraut hatte und keinen sogenannten Sampolits – „Politstellvertretern" –, obwohl diese oft ein hohes Bildungsniveau und eine kritische Einstellung hatten). Er nahm fast die gesamte Literatur auf Mikrofilme auf und legte die Originale, also die Bücher, in den „unantastbaren Fundus". Deshalb gab es bis zum eigentlichen Fiasko keine nennenswerten Verluste. Sie druckten nur selten etwas, aber wenn sie sich schon daranmachten, verwendeten sie Zigarettenpapier, das sieben Durchschriften ermöglichte. Als wir seinerzeit das Organ unserer Partei „Samreklo" („Glockenturm") produzierten, griffen wir ebenfalls zu diesem einfachen Trick, so dass Butow und mich neben allem anderen auch die „technische Bruderschaft" verband. Der KGB hatte übrigens genau jenen „unantastbaren Fundus" aufgespürt, doch dank der Mikrofilme hat die Butow'sche Bibliothek bis in die heutige Zeit überlebt.

Butow war bereits inhaftiert und in das politische Lager überführt worden, als 1983 die Tragödie mit dem koreanischen Flugzeug geschah. Er nahm sich diese Geschichte so sehr zu Herzen, dass er ständig daran dachte und beschloss, an ihr zu arbeiten. Er befragte alle Neuankömmlinge nach den Geschehnissen, wobei ihn die geringsten Details interessierten: Uhrzeiten, Statistiken, die Vorgeschichte dieses konkreten Flugzeuges, die Fluggäste, die Reaktion des Politbüros, die in der Nachrichtensendung „Wremja" vertretenen Positionen, die Reaktion des Westens und so weiter – kurz, für ihn war alles wichtig.

Die Tragödie von Flug 007 wurde für Butow nicht einfach ein von der Sowjetunion begangener Akt des Vandalismus, sondern gewissermaßen ein persönliches Unglück. Am 1. September 1983 hatten sowjetische Jagdflugzeuge eine zivile Boeing der Korean Airlines, die sich auf dem Flug von New York nach Seoul befand (mit einem Tankstopp in Anchorage), abgeschossen. An Bord der Maschine befanden sich 269 Personen (246 Fluggäste und 23 Besatzungsmitglieder). Alle kamen um, darunter zwölf Kinder unter zwölf Jahren.

Anfänglich leugnete die Sowjetunion jegliche Beteiligung an diesem Zwischenfall, später gab sie einen Flugzeugabsturz zu und beharrte darauf, dass sie ein Spionageflugzeug abgeschossen hätten. Das Politbüro erklärte, es sei eine vorsätzliche Provokation der Vereinigten Staaten mit dem Ziel gewesen, die Kriegsbereitschaft der Sowjetunion zu testen oder sogar einen Krieg auszulösen. Die USA beschuldigte die UdSSR, die Such- und Rettungsaktionen behindert zu haben. Erst neun Jahre nach dem Ereignis veröffentlichte Russland unter dem Druck der Internationalen Zivilluftfahrtorganisation genauere Daten zu dieser Tragödie.

Dieser Zwischenfall war einer der kritischsten Momente in der Geschichte des Kalten Krieges; er verschärfte die antisowjetische Stimmung weltweit, besonders in den Vereinigten Staaten.

Im Ergebnis dieses Vorkommnisses änderten die USA das Trackingsystem der in Alaska startenden Flüge und machten das globale Positionsbestimmungssystem (GPS) auch für Zivilflüge zugänglich, um derartige Tragödien künftig zu vermeiden.

Seit dem Absturz des koreanischen Flugzeugs begann Ronald Reagan, die UdSSR „das Reich des Bösen" zu nennen. Der Präsident der Vereinigten Staaten sagte, die Sowjetunion predige den Vorrang des Staates und erkläre, der Staat stehe über der Einzelperson und letztendlich über allen Völkern der Welt und stelle somit einen Zufluchtsort für das Böse in der heutigen Welt dar.

Mehr als ein Drittel der Fluggäste der Boeing 747 waren Koreaner gewesen, fast ein Viertel Amerikaner (darunter der Kongressabgeordnete Lawrence „Larry" McDonald), der Rest Japaner, Chinesen, Philippiner, Kanadier, Thailänder, Engländer. Eine Viertelstunde später war der Unglücksmaschine ein zweites Flugzeug auf derselben Route gefolgt, das wohlbehalten in Seoul ankam.

Auf einer geheimen Zusammenkunft in dem kleinen Raum der „Zonen"-Bibliothek, bei der nicht mehr als zehn Insassen anwesend waren, hielt Butow einen Vortrag über die Ergebnisse seiner Recherchen, den er mit den folgenden Worten abschloss:

„Mir ist nicht bekannt, ob dem Generalsekretär der KPdSU, dem an Seele und Leib siechen Juri Andropow, sowie dem Verteidigungsminister, General-Idiot Dmitri Ustinow, und dem Chef des KGB Wiktor Tschebrikow das klar war, doch jenes Flugzeug, das am 30. August 1983 vom New Yorker John F. Kennedy International Airport gestartet und über dem Japanischen Meer von einer sowjetischen Rakete abgeschossen worden ist,

ist ein Vorbote des künftigen Falls der UdSSR. Der Tag ist nicht mehr weit, an dem die Sowjetunion aufhören wird zu existieren und an dem sich die im Lügen erfahrenen Mitglieder des Politbüros neben zahlreichen anderen Fragen auch die Frage werden gefallen lassen müssen, wie das Blut von Kindern schmeckt."

Eine Episode aus Butows Lagerzeit ist allen, die dabei waren, in Erinnerung geblieben: wie Butow die Rolle des Sherlock Holmes spielte, der einen Verbrecher entlarvte und an der Festlegung des Strafmaßes beteiligt war.

Es fing damit an, dass wie aus heiterem Himmel bei uns plötzlich kleine Dinge verschwanden; bis dahin war nie so viel weggekommen, und nun mit einem Mal ... Die Liste der abhandengekommenen Dinge ließ keine logischen Schlüsse diesbezüglich zu. Und wirklich, welcher Zusammenhang konnte zwischen Lewan Berdsenischwilis Nüssen und seiner Dose gezuckerter Kondensmilch, Rafik Papajans Knoblauchzwiebel, den zwanzig Gramm Butter, die der auf Diät befindliche Jonny Laschkaraschwili unter Verzicht angespart hatte, Georgi Chomisuris fünfzig Gramm Eipulver und Mischa Poljakows hundert Gramm Mehl bestehen?

Mit dieser Frage erschien ich bei dem Physiker und Sherlock Holmes' unvergleichlichem Nachfolger, Odessas ganzem Stolz Petro Butow, den mit Conan Doyles Helden zudem noch die Liebe zu Pistolen und zu seiner Geige verband.

„Seltsame Fragen stellen Sie, Bürger Georgier!", nahm Butow, der wie sein großer Vorgänger ständig den Mangel an Verbrechen in den ersten Jahren der Perestroika beklagte, den Auftrag freudig an. „Tatsächlich, was können Knoblauch und Butter gemein haben? Gehen Sie, Herr Georgier, und kommen Sie in einer Stunde wieder, dann habe ich eine erste Antwort."

Eine Stunde später erschienen Shora Chomisuri, Borja Manilowitsch und ich bei Butow. Ich hatte die beiden nicht zufällig ausgewählt: Erstens wurde bei vergleichbaren kleinen Diebstählen stets Borja als der ausgeprägteste Semit von allen möglichen Leuten beschuldigt, angefangen mit Pavelson bis hin zu Bobkow. Außerdem war Manilowitsch misstrauisch gegenüber Butow, da er diesen eines gewissen Antisemitismus verdächtigte. Hier war allerdings es Borja selbst, der den Bogen überspannte, wenn er sagte, dass Butow nicht der richtige Repräsentant Odessas sei, da er dafür zumindest Butowitsch, besser sogar noch Butkewitsch heißen müsste.

„Wir hegen die Hoffnung, Herr Physiker Butow, Odessas Stolz und Hoffnung, großer Bibliothekar und Mensch, dass Sie die gegebene Angelegenheit schnell und ohne Winkelzüge untersuchen, den Schuldigen *überführen* und den Sieg der Gerechtigkeit erringen! Zu den Geschädigten gehören unvergleichliche Vertreter der Völker des Südkaukasus", legte der eloquente Shora Chomisuri als einziger und ständiger Vorsitzender der Christlichen Föderation südkaukasischer Völker unser gemeinsames Anliegen dar.

„Zu Recht richten Sie Ihre Hoffnungen auf mich, Herr Geologe Chomisuri. Ich habe bereits den ersten Schritt bei der Aufklärung des Verbrechens getan und tiefgehende Verbindungen zwischen den abhandengekommenen Gegenständen feststellen können."

„Doch wohl nicht die, dass sowohl Butter als auch Knoblauch essbar sind?", erkundigte sich Borja ehrerbietig.

„Die Butter wurde Laschkaraschwili gestohlen, nicht wahr?"

„Genau, er hat Lungenprobleme, und die Ärztin hat ihm

täglich fünf Gramm verschrieben, die Ration von vier Tagen hat ihm so ein Halunke geklaut!", empörte sich Shora.

„Emotionen nützen uns nichts. Halten wir fest, dass die Butter einem Kranken gestohlen wurde, der noch nicht einmal auf die Idee gekommen ist, sie zu verstecken. Der Knoblauch hingegen wurde Rafael Papajan geklaut, der ihn in einem Geheimsafe aufbewahrt hat?"

„Wo soll er denn hier in der ‚Zone' einen Safe hernehmen?", wunderte sich Chomisuri.

„Nun gut, nennen wir es nicht Safe", lenkte Butow ein, „aber es gibt keinen Zweifel, dass der Knoblauch gut versteckt war. Unsere erste Erkenntnis lautet also: Dem Dieb ist es egal, ob jemand seine Eigentum gut versteckt oder nicht, er stiehlt ausnahmslos alles, findet sogar Papajans versteckten Knoblauch, obwohl schon seit drei Monaten niemand mehr auch nur eine Knoblauchzehe zu Gesicht bekommen hat! Und er schreckt nicht davor zurück, einen Kranken zu bestehlen, lässt sich also nicht von moralischen oder nationalen Überlegungen abhalten."

„Was wollen Sie damit sagen, Holmes?", fragte ich ihn.

„Ich will sagen, dass unser Dieb ein ausgezeichneter Psychologe ist."

„Worin zeigt sich das?"

„Darin, dass, selbst wenn er des Diebstahls bezichtigt wird, auch Papajan nicht gut dabei wegkommt, weil er den wertvollen Knoblauch vertrocknen lässt. Und selbst Laschkaraschwili wirkt in den Augen des Diebes lächerlich, weil er die Butter hortet, statt sie zu essen. Das ist die psychologische Waffe unseres ‚Verbrechers': Er gibt das Opfer dem Gelächter preis."

„Klaut er Nüsse, ist er verfressen, und klaut er Butter und Knoblauch, ist er ein raffinierter Psychologe?", erregte ich mich.

„Hier geschieht etwas, und mir sagt ihr nicht Bescheid?", kam es auf einmal von Wadim Jankow. „Die Physiker und Philologen argumentieren, und die armen Mathematiker sind hier nicht erwünscht? Papajans Knoblauch in Ehren, aber ist mein Glas Butterschmalz denn gar nichts wert?"

„Du wurdest auch bestohlen?" Ich konnte mein Erstaunen nicht verhehlen, da Wadim sonst nie etwas aufbewahrte, sondern, sobald er ein Paket erhielt, alle Lebensmittel in kürzester Zeit vertilgte.

„Soweit ich sehe, ist Juri Badzjo bislang der Einzige, dem nichts gestohlen wurde, da er alles bei sich trägt: Omnia sua secum portat." (Badzjo trug seinen Wecker stets mit sich herum.)

„Woher sollten wir wissen, dass Sie Butterschmalz haben?", fragte Butow diskret.

„Es reicht doch, wenn ich es weiß!" Wadim dachte nicht daran nachzugeben.

„Der Dieb will Sie beschämen, weil Sie Ihr Butterschmalz klammheimlich gegessen haben."

„Was denn, sollte ich allen etwas vorschmatzen?"

„Du hättest mich ja mal probieren lassen können", tat Shora Chomisuri pikiert – etwas zu spät allerdings.

„Helft mir, es wiederzukriegen, dann lass ich euch alle probieren, je einen Löffel. Einen Teelöffel natürlich, das ist französisches Schmalz."

„Der Dieb ist ununterbrochen aktiv, offenbar ein Profi", schloss Butow.

„Wie soll denn ein professioneller Dieb in die Politzone kommen? Haben wir nicht direkt in der Nachbarschaft die liebe ‚Troika'? Alles dabei: Diebe, Mörder, Vergewaltiger."

„Es gibt ja auch unter uns einen Profi, der die ‚Gulag' für zehn Rubel verscherbelt hat", rief Butow seinem Mitstreiter ins Gedächtnis. Und tatsächlich, ich entsinne mich, dass in Baraschewo ein ständiger Disput darüber herrschte, ob Melnikow, der zwar mit antisowjetischer Literatur gehandelt hatte, zu den Dissidenten gehöre, denn er teilte nicht die entsprechenden Ansichten und betrachtete sich selbst nicht als Dissidenten.

„Der Dieb ist noch jung und nach Artikel siebzig verurteilt", meinte Butow plötzlich.

„Wie kommst du darauf?", fragten wir überrascht.

„Papajan hat mir sein Versteck gezeigt. Um da ranzukommen, muss man jung und körperlich fit sein."

Mithilfe dieses deduktiven Vorgehens hatten wir bald vier passende Kandidaten ermittelt: Schabonas, Barkans, Mironow, Udatschin.

„Schabonas können wir ausschließen", sagte Butow.

„Mit welcher Begründung?", erkundigte sich Jankow.

„Er redet zu viel, passt nicht ins Profil."

„Also noch drei: Barkans, Mironow und Udatschin", meinte ich.

„Ihr Georgier geht wirklich mit eiserner Logik vor", stimmte Butow mir zu. „Barkans schließen wir auch aus."

„Wieso denn das, Sir?", wunderte sich Manilowitsch. „Der ist ja nun wirklich nicht schwatzhaft, und gesund ist er auch."

„Er hat keine Freunde. Ein Dieb ist anmaßend, braucht Publikum und hat mindestens einen engen Freund, schließlich muss er vor irgendjemandem angeben mit seinem Talent und seiner Pfiffigkeit!"

„Und Barkans hat keine Freunde?"

„Nein, der spielt den romantischen Dichter, ist immer für sich."

„Und nachts schläft er wie ein Stein", ergänzte sein Barackennachbar Jankow.

„Zwei sind übrig: Mironow und Udatschin", schloss ich.

„Beide sind jung, beide in bester körperlicher Verfassung, vernünftige junge Leute; Mironow interessiert sich für Rechentechnik, Udatschin für Sciencefiction. Mironow ist mit Lewan befreundet, Udatschin mit Anderson", teilte Chomisuri mit.

„Und jetzt lernt eine weitere Daseinsform von Udatschin kennen: die des Hausdiebes im politischen Lager SH-CH 385/3-5", erklärte Butow fast majestätisch. „Heute früh hatte er ein paar Krümel im Gesicht, offenbar hatte er schon es geschafft, ein paar von Berdsenischwilis Nüssen zu probieren."

„Den Schuldigen haben wir. Was nun?", meinte Shora.

„Was nun? Nun besuchen wir seinen Freund Anderson in der Bibliothek und unterhalten uns mit ihm."

Wir gingen los. Butow machte Anderson kurz mit dem Stand unserer Ermittlungen vertraut. Warum auch immer, Anderson glaubte uns schnell und schlug eine Lösung vor, die aus drei Punkten bestand:

1. Udatschin gibt seine Schuld öffentlich zu.
2. Er gibt die gestohlenen Sachen zurück.
3. Er stellt extra etwas an, um in die Strafzelle, also den Schiso zu kommen.

Der Vorschlag wurde angenommen. Die Leute gingen auseinander, nur wir drei – Butow, Anderson und ich – blieben noch.

Wir wussten, dass Anderson einen bescheidenen, aber „ideologisch tragbaren" Bücherfundus verwaltete. Anderson aber hatte keine Vorstellung davon, dass vor uns ein Mensch stand, der eine legendäre Untergrundbibliothek antisowjetischer Literatur geschafften hatte, die so groß und vollumfänglich und vor allem so ideologisch tragbar war, dass sie die Sicherheitskräfte der UdSSR jahrelang um ihren Schlaf brachte. Was ich damals aber noch nicht ahnte, war, dass mir Jahre später die Leitung der zu Sowjetzeiten drittgrößten Nationalbibliothek, der Georgiens, übertragen werden sollte.

Udatschin gestand seine Schuld ein, ohne sich zu genieren. Abends aßen sechs Polithäftlinge (die „Ermittler" plus der Knoblauchgeschädigte Papajan; Anderson hatte unsere Gastfreundschaft abgelehnt) bereits gemeinsam Saziwi mit Nüssen, während Udatschin vom Diensthabenden Suraikin wegen „Randale" für fünfzehn Tage in den Schiso abgeführt wurde, damit er dort ein wenig über den Sinn des Lebens nachdachte.

Nach der Befreiung emigrierte Butow aus der UdSSR, gegenwärtig lebt er in Deutschland, wo er in seinem Beruf als Physiker arbeitet. Sein Kollege Wjatschaslaw Igrunow ist in die Politik gegangen, er ist der zweite Mann in der Partei „Jabloko", die allerdings gerade eine Krise durchmacht. Koreanische Flugzeuge nähern sich der Grenze zu Russland nicht mehr.

LISMANIS

Die politische „Zone" hat, wie jede andere sowjetische „Zone", ihre eigene Aristokratie: den Koch, den Lagerverwalter, den Bibliothekar, den Heizer, den Banja-Wärter, den Friseur, die Barackenältesten, den Filmvorführer, einen Kurier und so weiter. Darüber haben schon Solschenizyn, Ginsburg, Schalamow und andere Autoren berichtet, die durch den Gulag gegangen sind. Während in früheren Zeiten, vor der Breschnew-Ära, als über die Hälfte der Lagerinsassen nach Artikel 58 Verurteilte waren, diese „aristokratischen Ämter" nur für Kriminelle infrage kamen (also für die laut marxistisch-leninistischer Terminologie der Macht „sozial nahestehenden" Elemente wie Mörder, Diebe und Banditen), waren zu meiner Zeit unter dem internationalen Druck die politischen Häftlinge in der UdSSR gewissermaßen anerkannt, und für sie wurden getrennte Lager eingerichtet (drei in Perm und eines in Mordwinien, das berühmte DubrawLag). Hier bildeten nunmehr Spione, Kriegsverbrecher und Heimatverräter die neue Aristokratie. Mit anderen Worten, wer nach dem neuen Artikel 70 (dem Nachfolger des Artikels 58) verurteilt war, konnte nicht Lagerfriseur oder Bibliothekar werden, selbst wenn er zuvor der beste Friseur der UdSSR oder Direktor einer großen Bibliothek gewesen war.

Wir hatten natürlich auch „Aristokraten" (in früheren Jahren hatte man sie abfällig „Trottel" genannt, und Shora Chomisuri nannte sie weiterhin so): den Bibliothekar Anderson, die Köche Maximowitsch und Petrow den Älteren, den Friseur Kucharjuk, die Heizer Saar und Musikjavitschus, den

Banja-Wärter und nebenberuflichen Filmvorführer Lismanis, den Lagerverwalter Lejkus, den Barackenältesten Krainik und andere.

Der lettische Nationalist und Sozialdemokrat Dainis Lismanis war im November 1980 verhaftet und in einer geschlossenen Sitzung des Obersten Gerichts Lettlands wegen „Verrats an der Heimat" (also der UdSSR) zu zwölf Jahren verurteilt worden. Wegen Verrats an einem Land, in dem er nicht geboren war, das er als Besetzer und Vergewaltiger ansah, und das er trotzdem nicht mit der Waffe in der Hand bekämpfen wollte. Nach der Besetzung Lettlands war er einfach in den Untergrund gegangen und Mitglied der Sozialdemokratischen Partei geworden, deren Parteibüro sich in der BRD befand.

Ich lernte Dainis Lismanis unter vergleichsweise pikanten Umständen kennen. Als Dato und ich in der „Zone" ankamen, überraschte man uns mit zwei Dingen: einem Mittagessen und einem Besuch der Banja. Ich war als Erster mit dem Essen fertig und wurde zur Banja geschickt. Die Banja der „Zone" war eine interessante Anlage: Ich erblickte nach der langen „Etappe" ein Stück „herrenlose" Seife und begann hocherfreut (Hygiene ist ein unabdingbarer Bestandteil der Freiheit, deshalb fühlt man sich in der Banja nicht als Häftling), mir den Kopf einzuseifen, und stellte dann fest, dass aus dem Wasserhahn kein Wasser mehr kam. Es war niemand zugegen, der mir helfen konnte: Banja fand im Allgemeinen sonnabends statt, wir aber waren an einem Donnerstag angekommen. Draußen herrschte große Hitze, so dass wir nicht unbedingt heißes Wasser brauchten – doch ganz ohne Wasser geht es nicht. In meiner Not wickelte ich mir ein Kleidungsstück um und begab mich auf den Hof, wo ich den erstbesten Vorübergehenden anhielt. Der erklärte mir, dass aus den Hähnen kein Wasser käme und nie gekommen sei, dass im Vorraum der Banja ein großes Fass stünde, daraus solle ich mir einen Wasservorrat in eine Waschschüssel schöpfen, mir dann mit der „Schaika" genannten Schöpfkelle Wasser über den Kopf gießen und mit der anderen Hand alle weiteren Prozeduren durchführen. Diese Art, sich zu waschen, war nicht sehr bequem, aber das Gefühl langersehnter Sauberkeit überwog alles. Während ich mich auf die Suche nach dem großen Wasserfass machte, schaffte es der hilfsbereite Mann, mir mit merklichem lettischen Akzent, die Vokale langziehend und in langen Silben mal die erste, mal die zweite Mora scharf betonend, einen sehr lustigen Banja-Witz zu erzählen. Dieser Mensch war Dainis Lismanis – Verräter, Sozialdemokrat, Banja-Wärter, Filmvorführer, nordischer Typ, ein richtiger Arier und wirklicher Familienmensch, wie er seine Selbstbeschreibung ergänzte, vergleichbar dem Erzähler des bekannten KGB-Schriftstellers Julian Semjonow, des Autors der äußerst populären Fernsehserie „Siebzehn Augenblicke des Frühlings".

Dainis Lismanis war immer gut gelaunt. Niemand weiß, wie ihm das im politischen Lager gelang, doch Fakt ist, dass es ihm gelang: Nie erlebte ihn jemand missgestimmt oder niedergeschlagen. Um sich herum verbreitete er eine ebenso leichte und fröhliche Stimmung. Shora nahm an, dies sei nur die „Vorzeigemaske" eines Westlers, Rafik hielt Dainis für einen oberflächlichen Menschen (er sagte im Scherz: „Wenn er nicht so ausgeprägt europäisch aussähe, würde ich mich fragen, ob er nicht eigentlich Lismanischwili, Lismanidse oder Lismanauri heißt!"), Jonny war überzeugt, Lismanis habe „nicht alle Tassen im Schrank", Genrich hielt ihn für „gedankenlos glücklich", Borja Manilowitsch glaubte, er sei wie alle Balten von Natur aus leicht antisemitisch eingestellt, und sein völliger „Antipode", der strenge Mischa Poljakow, sagte so manches Mal, dass es sicher interessant wäre, mit ihm „den Kelch bis auf den Grund" zu leeren. Es gab auch andere Meinungen: Für Jankow war er ein Mensch, der den gemeinsamen Kampf der Union für Demokratie ablehnte und der ihm suspekt war, dennoch unterhielt er sich oft mit ihm über Goethes „Faust" (Lismanis verehrte Goethe wie einen Gott, sprach natürlich fließend Deutsch und führte ziemlich umfangreiche Zitate aus dem „Faust" an; er meinte im Scherz, Goethe sei Gottvater, Schiller der Heilige Geist und Thomas Mann Gottes Sohn). Die Ukrainer gingen Lismanis aus dem Weg, sein unentwegtes Lächeln erschien ihnen spöttisch und seine unverhohlene Verachtung für die Russen hielten sie für eine antislawische Laune (sie waren allesamt der Meinung, die Russen, also die Besatzer zu hassen, sei das alleinige Privileg der legitimen Erben der Kiewer Rus, der wahren Ukrainer).

Im Unterschied zu den Juden der „Zone", die sonnabends jegliche eigene Aktivität vermieden (so sparte Grischa Feldman sich im Laufe der Woche einen Vorrat an Machorka zusammen, um sonnabends mit Streichhölzern in der Hand und einer Selbstgedrehten zwischen den Zähnen allen hinterherzurennen und um Feuer zu bitten), hatte Dainis an den Sonnabenden seinen großen Tag.

Sonnabends hatte er die Doppelherrschaft auf zwei Inseln der Freiheit: in der Banja und im Klubspeisesaal, wo er den „neuesten" Film vorführte. Die Streifen, die in die „Zone" kamen, waren nie neu. Sie dienten unserer politischen Besserung und Umerziehung, entsprachen deshalb stets der ideologischen Linie und waren in der Regel dem Genossen Lenin oder dem

Genossen Stalin gewidmet, oder aber beiden Genossen zusammen oder aber anderen treuen Genossen dieser Genossen, zum Beispiel dem „Eisernen Felix", dem „Intellektuellen" Frunse oder dem „All-Unions-Starosta" Kalinin.

Ich weiß nicht weshalb, aber das Schicksal hat mir beschieden, verschiedenen Film-Menschen zufällig zu begegnen und mit einigen in engerem Kontakt zu stehen: Einer meiner engsten Freunde ist Filmwissenschaftler, in Tbilissis Kutaissi-Straße begegnete ich unverhofft einmal Robert Redford (ich hätte gern gewusst, was er dort suchte – doch wohl keine Ersatzteile fürs Auto?), in Machatschkala lernte ich auf einem Essen für Bibliothekare Annie Girardot kennen, der ich einen kurzen, aber gehaltvollen Vortrag über Chatschapuri hielt (ich entsinne mich, dass die französische Schauspielerin zuvor in einer sowjetischen Fernsehsendung dieses Gericht erwähnt hatte, was dem Fernsehmoderator aus irgendeinem Grund nicht gefiel); im Gang des Moskauer Hotels „Rossija" traf ich den italienischen Regisseur Ettore Scola und Gina Lollobrigida, die bereits in fortgeschrittenem Alter war, die Zuschauer aber noch immer erstarren ließ wie die Gorgone Medusa; auf einem Flug von Moskau nach Tbilissi saß ich neben Lidija Fedossejewa-Schukschina und ließ ihr keine Verschnaufpause, während ich die Besonderheiten der Prosa Schukschins darlegte; im internationalen Wagen des Zugs Taschkent—Moskau spielte ich Karten mit Wjatscheslaw Tichonow; in Santa Monica stand ich im Fahrstuhl mit der ungeschminkten und erschöpften Sharon Stone (ausreichend schön für mich – oder, wie Gorbatschow, von einem holländischen Journalisten nach der Anzahl nuklearer Sprengköpfe befragt, gemeint hatte: „Ausreichend für Holland"); rauchte mit Antonio Banderas vor dem Eingang zum „Warner Bros. Entertainment"-Studio eine Zigarette, wobei ich der vorbeigehenden Catherine Zeta-Jones ein solches Kompliment hinlegte, dass es für eine Anzeige wegen sexueller Belästigung gereicht hätte und Banderas ihr erklären musste, dass Kaukasier nun mal so seien (wobei der englische Begriff „Caucasian" für hellhäutige Europäer steht und Banderas mich deshalb als „doppelten Kaukasier" bezeichnete) und dass ein Kompliment an eine schöne Frau in unseren Augen einem „Hello" gleichkomme.

Von all diesen Begegnungen, mit denen ich hier prahle, hatte ich nur zwei vor meiner Zeit im politischen Lager: die mit Gina Lollobrigida und Wjatscheslaw Tichonow, alle anderen fanden später statt. Mit Lismanis sprach ich natürlich über die wunderschöne Gina; mich meiner engen Bekanntschaft mit dem Kundschafter Issajew-Stierlitz zu rühmen, wäre gegenüber dem ehrlichen lettischen Nationalisten wohl nicht angemessen gewesen. Damals war uns jenes Wort noch nicht geläufig, mit dem man Dainis' Vorlieben so einfach beschreiben kann: Er war ein echter Cineast, liebte insbesondere italienische Filme. Ich brauchte Gina Lollobrigidas Namen nur zu erwähnen, da wurde er schon ganz aufgeregt.

„Ist dir überhaupt klar, georgischer Freund, dass die Lollobrigida die amerikanischste aller italienischen Schauspielerinnen ist, mehr noch als Sophia Loren? Ihr Name war der bedeutendste im italienischen, ach was, im internationalen Filmgeschäft der fünfziger und Anfang der sechziger Jahre! Hast du eine Vorstellung, was das für eine Zeit für den italienischen Film war? Sie hat mit solchen Giganten wie Burt Lancaster, Yul Brynner, Frank Sinatra und Sir Alec Guinness gedreht!"

„Ich weiß nur, dass ich im Leben noch nie so eine schöne Frau gesehen habe, persönlich sozusagen", erklärte ich und begann zum tausendsten Mal zu erzählen, wie ich 1975 im Gang des Moskauer Hotels „Rossija" auf die gesamte lärmende Delegation der Italiener getroffen war, da war Gina Lollobrigida ungefähr fünfzig Jahre alt.

„Weißt du eigentlich, Lewan (Le-ewan, mit Betonung auf dem ersten ‚e'), dass Gina 1947 am Schönheitswettbewerb ‚Miss Italia' teilgenommen hat?"

„Nein, aber ich kann mir vorstellen, mit welchem Triumph sie gewonnen hat, damals muss sie etwa zwanzig gewesen sein …"

„Hat sie nicht. Sie hat nicht gesiegt! Gewonnen hat damals eine andere: Lucia Bosè* und Zweite war Gianna Maria Canale, die übrigens mit Ava Gardner verglichen wurde, und die Lollobrigida war nur Dritte. Da soll man diesen Schönheitswettbewerben noch vertrauen! Wir beide erkennen ja auch Lucia Bosès Schönheit an, aber gegen Gina?!"

Lismanis sah sich die Filme von der Vorführkabine aus an und gab bisweilen lautstarke Kommentare von sich, auf die manche Häftlinge empört, andere äußerst amüsiert reagierten. Zum Beispiel hielt Lismanis, als er das sowjetische propagandistische Meisterwerk „Wart auf mich" mit Konstantin Simonows Gattin Walentina Serowa in der Hauptrolle vorführte, den Film bei deren erstem Auftritt an und verkündete:

„Hier seht ihr die blonde Schönheit Walentina Wassiljewna Serowa, auch die sowjetische Marilyn Monroe genannt, das Sexsymbol des russischen Films der dreißiger und vierziger

---

* „Kein Frieden unter den Olivenbäumen" von Giuseppe De Santis, „Der Tod eines Radfahrers" von Juan Antonio Bardem

Jahre, Stalins Lieblingsschauspielerin, die der Führer der Völker der Welt und große Kinoliebhaber gemeinsam mit Tschkalows Gattin auf seinen Diners gern neben sich platzierte, da sie die Witwe des Piloten Anatoli Serow war, der sich im spanischen Bürgerkrieg ausgezeichnet hatte. Später wurde diese Schauspielerin die Gattin des Lumpen (Papajan, du verzeihst …) Konstantin Simonow, was sie jedoch nicht daran hinderte, eine Affäre mit dem künftigen Marschall Konstantin Konstantinowitsch Rokossowski anzufangen. Diese Liebesgeschichte nahm ein solches Ausmaß an, dass der Genosse Stalin auf einem der Empfänge General Rokossowski angeblich fragte: ‚Du weißt wohl nicht, Genosse Rokossowski, wessen Gattin die Schauspielerin Serowa ist?' Rokossowski brachte mit Mühe heraus, dass sie die Frau des Dichters Simonow sei, worauf der Führer erwidert haben soll: ‚Das scheint mir auch so.' Von da an stellte der künftige Marschall den Umgang mit seiner Geliebten ein. Die Dame soff sich zugrunde und starb 1975, Simonow unterbrach aber seinen Urlaub in Kislowodsk nicht und beschränkte sich darauf, ein paar Blumen zu schicken. Auf ihren letzten Weg begleiteten drei Personen die Legende des sowjetischen Films, darunter ihre Tochter Maria Simonowa. Vielen Dank für eure Aufmerksamkeit, liebe Freunde, wir setzen die Filmvorführung fort."

Wenn Lismanis solche unsterblichen sowjetischen Meisterwerke zeigte, wie „Der Mann mit dem Gewehr", „Lenin im Oktober", „Lenin 1918", also Klassiker der Leniniana, gab er schreckliche Kommentare ab, tat dies aber grundsätzlich auf Lettisch, so dass er immer behaupten konnte, er habe über die Meisterschaft der Schauspieler gesprochen, die Lenin spielten. Manchmal reagierten auch die Georgier auf Lismanis' Scherze und kommentierten die Filme ihrerseits auf Georgisch, wobei in diesen Kommentaren dann solche netten Worte wie „Halunke", „Dreckskerl", „Volltrottel" vorkamen. Die Armenier standen uns diesbezüglich nicht nach und stießen so manchen hübschen Ausruf in der Sprache des unsterblichen Gregor von Narek aus. Somit waren Lismanis' Vorführungen der ruhmreichen Meisterwerke der sowjetischen Propaganda, die sich Spielfilme nannten, stets eine spaßige Angelegenheit.

Einmal geschah das Unvorstellbare: Für die sonnabendliche Filmvorführung wurde ein richtiger Spielfilm geliefert: „Herbstsonate" von Ingmar Bergman mit Ingrid Bergman und Liv Ullman. Vermutlich hatte man diesen Film zuvor einem „freien" Testzuschauer gezeigt, dem er nicht gefallen hatte, und ihn dann als „Strafmaßnahme" in unser Lager geschickt: Schaut euch das ruhig an, da habt ihr euren geliebten Westen und seine unverständliche Kunst! Der Film, der von einer dramatischen Mutter-Tochter-Beziehung handelt, ein ziemlich schwieriger und inhaltlich begrenzter Streifen, gefiel den Häftlingen nicht sonderlich, doch hielt Lismanis ihn immer wieder an und lenkte die Aufmerksamkeit auf die Meisterschaft des zuverlässigen Kameramanns Sven Nykvist, der zwanzig Filme für Ingmar Bergman gedreht hatte. Hier zeigte sich Lismanis als echter Künstler, er hatte den Blick für solche Details, dass der berühmte Nykvist ihn mit Sicherheit gern zu seinem Assistenten gemacht hätte.

Einmal beehrte man uns sogar mit einem Vorfilm, den man uns zusätzlich zum Film zeigte. Lismanis warnte uns zuvor, dass dies kein Spielfilm sei, sondern eine Dokumentarchronik vor dem eigentlichen Film. Dieser Kurzfilm (man bedenke, es war bereits die Zeit der Perestroika, auf dem Höhepunkt der Glasnost) zeigte einzigartige Bilder, die jahrzehntelang vor der

Welt geheim gehalten worden waren – sowohl von den sowjetischen Kommunisten als auch von den westlichen Demokraten. Kurz gesagt, er zeigte, wie die Engländer gleich nach dem Ende des Zweiten Weltkriegs die in ihre Besatzungszone gelangten Kriegsgefangenen an die Sowjetunion auslieferten. Lismanis erfasste die Situation schnell und erklärte, dass die Bilder nichts für schwache Nerven seien, und wer sie nicht sehen könne, solle den Saal lieber verlassen. Dieser Hinweis bannte selbst diejenigen an ihre Plätze, die den Vorfilm sonst ausgelassen hätten, um draußen zu rauchen.

Auf der Leinwand erschien eine Brücke, die sich sehr hoch, etwa hundert Meter, über einem Fluss erhob. Die Aufnahme erfolgte zuerst aus großer Entfernung, so dass man nicht gleich alles erkennen konnte, doch als die Kamera sich näherte, sah man irgendwelche Punkte, die von der Brücke herabfielen. Auf der Leinwand im Klubraum des Lagers SH-CH 385/3-5, die schon so manches gesehen hatte, sprangen sowjetische Kriegsgefangene in eine tiefe Schlucht, nur um nicht „den Ihren" in die Hände zu fallen; unter ihnen waren Frauen und Kinder. Die meisten versuchten zurückzulaufen, die Engländer aber empfingen sie mit Gewehrsalven, brachten sie auf der Stelle um. Eine schreckliche Tragödie spielte sich auf der Brücke ab, und das wenige Monate nach dem Ende des schrecklichsten Krieges in der Geschichte der Menschheit! Auf die in die britische Besatzungszone geratenen sowjetischen Kriegsgefangenen warteten von vorn Gulag und Verderben, hinter ihnen schnitten ihnen die Kugeln der Bündnispartner den Weg ab, und unter ihnen, in der Tiefe der Schlucht, lauerte der sofortige Tod. Plötzlich tauchte ein Mann mit erhobenen

Händen auf, der in Richtung der Russen lief, die Kamera nahm ihn voll ins Bild: einen Mann, der freudig mit den Armen ruderte, irgendetwas schrie und zu den Seinen lief.

Mit einem Mal erschütterte ein unmenschliches Brüllen den Klubraum:

„Halt, Lismanis, halt den Film an! Ne-ei-n! Ne-ei-n! Halt an, Lismanis!!"

Kopflos hielt Lismanis den Film tatsächlich an, und der Strafgefangene Timin, ein unauffälliger Mensch, der noch nie einen Ton von sich gegeben hatte, schrie die auf der Leinwand erstarrte Figur an:

„Wo rennst du hin, du Dummkopf?! Das bin doch ich, Leute! Ich bin's, ich renne nach Hause, um vierzig Jahre lang im Gulag zu ersticken!"

Von der Leinwand blickte ihn und uns alle der junge Timin an, er lachte und begriff nicht, was vierzig Jahre später sein eigenes, vom Gulag zermergeltes Ich von ihm verlangte.

Lismanis schaltete den Projektor aus, inzwischen verbreitete sich die Nachricht, dass Timin auf der Leinwand sei, und die gesamte „Zone" kam in den Klubraum gestürzt, darunter ihr Leiter, Major Schalin, der Diensthabende Suraikin, der Leiter für Erziehungsarbeit, Leutnant Arapow, die Aufseher Trifonow, Kisseljow und Trimaskin und ausnahmslos alle Häftlinge, selbst Arkadi Dudkin, der sonst nur zur Vorstellung ging, wenn es im Film um die Einnahme von Berlin oder das Hissen der Fahne auf dem Reichstag ging.

„Dann los, zeig mal Timin!", befahl Schalin, und Lismanis zeigte den Film genau von der Stelle an, wo sich ein kleiner Punkt aus der auf der Brücke stehenden Menschenmasse löste, immer größer wurde und sich in den wahrhaftigen Timin verwandelte. Da rannte und rannte der freudige Timin, rannte zu seiner Heimat, die er so gern wiedersehen wollte, zu einem Urteil von über fünfundzwanzig Jahren, zu dem dann im Gulag noch zwanzig hinzukommen würden, rannte und hoffte, dass man ihm seinen Dienst in der Wlassow-Armee letztlich verzeihen oder wenigstens mit ihm russisch reden würde. Die Lagerleitung erkannte Timin sofort, und alle, von Schalin bis Trifonow, brachen in ein homerisches Gelächter aus, dem sich auch ein paar Häftlinge anschlossen. Ein schöner Anblick war das, auf der einen Seite der Teil der Zuschauer, denen sich vor Leid das Herz zusammenkrampfte, auf der anderen diejenigen, die aus vollem Herzen lachten. Der arme Timin versuchte zuerst, mit den anderen zu lachen, doch er konnte es nicht, und auf einmal fiel er in Ohnmacht, und wir, die Georgier und Armenier, trugen ihn an die Luft, wo unser Heilkünstler Arnold Anderson ihn mithilfe seines Knowhow wieder zu sich brachte (zu dessen nichtgeheimen Zutaten ein Aufguss aus Wegerich und Minze gehörte, dessen geheime Zutaten der Autor der sowjetischen Multivitamine jedoch sorgsam verschwieg).

„Da habt ihr den glorreichen Winston Churchill!", rief Shora Chomisuri. „Dabei hat Alexander Issajewitsch darüber geschrieben, und ich dachte immer, er übertreibt!"

„Sir Winston Leonard Spencer-Churchill", korrigierte ihn der allwissende Wadim Jankow. „Übrigens war er 1953 Literaturnobelpreisträger."

Mischa Poljakow führte die Sache zu Ende: „Sir Winston Leonard Spencer-Churchill war der größte Demokrat des zwanzigsten. Jahrhunderts, einer der großen Politiker aller Zeiten." (Hierzu nur, dass Jahre später in einer vom BBC durchgeführten Umfrage seine Landsleute ihn zum größten Briten aller Zeiten wählen würden, noch vor Shakespeare und Newton.)

„Aber fünfundvierzig war Churchill schon kein Premierminister mehr, das war Clement Richard Attlee, die Labourpartei hatte doch 1945 sensationell die Wahlen gewonnen", versuchte Borja Manilowitsch, die Friedenslegende zu retten.

„Mein lieber Borja, gerade unter Churchill war der Beschluss über die Übergabe der in der britischen Zone befindlichen sowjetischen Kriegsgefangenen an Russland ja getroffen worden, im Februar 1945, auf der Konferenz von Jalta", rief Mischa Poljakow seinem Landsmann die bittere Wahrheit ins Gedächtnis zurück, „so dass für die Tragödien von fast zwei Millionen Menschen wie Timin nicht nur der ungebildete, grobe, böse Esel Onkel Joe, sondern auch unser lieber dicker Nobelpreisträger Onkel Churchill und der nicht weniger gütige Uncle Sam, der sympathische Franklin Delano Roosevelt, verantwortlich sind, und somit der ganze edelmütige, demokratische und menschenfreundliche Westen."

„Wenn sie selbst erst einsitzen, werden sie alles begreifen", erinnerte Shora den naiven Westen an Solschenizyns Warnung.

„Wenn über Paris die rote Fahne weht", verschonte Borja auch die Friedenshauptstadt nicht.

„Die haben schon genug Rot in ihrer eigenen Flagge und schmusen genug mit ihren Kommunisten herum." Jankow befürwortete die tolerante Haltung der Franzosen gegenüber den Kommunisten ganz und gar nicht.

„Was willst du, während des Krieges haben sich nur die katholische Kirche und die Kommunisten menschlich verhalten", verteidigte ich die von mir seit meiner Kindheit geliebten Franzosen.

„Sollen sie doch die Kirche wählen", beharrte Jankow.

Lismanis kam nach draußen und erklärte: „Dass dieser Film in die politische ‚Zone' eindringen konnte, erklärt der Herr Poljakow mit dem ‚allgemeinen russischen Chaos', ich dagegen glaube, dass den sowjetischen Kommunisten höchstens noch drei, vier Jahre bleiben. Ich kann gar nicht begreifen, wieso diese Idioten – Schalin und Co. – da noch lachen, die müssen sich in Baraschewo bald gegenseitig bewachen. Zuerst wird die Sowjetunion auseinanderfallen, dann die kommunistische Weltbewegung, alle kommunistischen Parteien, die am Busen des Kreml genährt werden."

„Welch apokalyptisches Bild!" Jankow konnte seine Genugtuung über die bevorstehende Tragödie der kommunistischen Welt nicht verbergen. „Von den drei kommunistischen Parteien Indiens werden alle drei verschwinden!"

„China, Nordkorea und Kuba droht keine Gefahr, die gehen noch kommunistisch ins neue Jahrtausend", prognostizierte Shora. „Aber die kommunistischen Parteien in Frankreich und Italien laufen Gefahr zu verschwinden, und ihre Zeitungen, die ‚L'Humanité' und die ‚L'Unità', werden bald eingestellt werden."

„Vergiss nicht den ‚Morning Star', der kommt gleich nach der ‚Prawda' und der ‚Renmin Ribao'", stichelte aus Mitgefühl für Timin Wadim Jankow gegen die englischen Genossen.

Leider weiß ich nicht, wie sich Dainis Lismanis' Schicksal weiter gestaltete und was aus dem Haupthelden dieser Geschichte geworden ist, doch jene Episode, an der Lismanis beteiligt war und in der sich plötzlich der „Leinwand"-Timin und der Häftling Timin begegneten, beleuchtete unser Bild vom Westen auf seltsame, ungewohnte Weise. War es bis dahin ein makelloses, idealisierendes Bild gewesen, wurde es nun zu einem realen, gegenwärtigen, und ich erkannte, dass es auch dort Fehler und Mängel gibt.

DATO

Tbilissi. Wedsinskaja-Straße 17. Der 23. Juni 1983, sechs Uhr morgens. Wir sind zu dritt zu Hause: meine Frau Inga, Dato und ich. Das Haus hat zwei Treppen: Die eine führt auf den Treppenabsatz, den wir mit unseren nächsten Nachbarn, den Jaschwilis, teilen, die zweite zum Treppenabsatz der Familie Kotschoradse. Auf diesen Absatz führte ein Fenster unserer Wohnung, unter dem sich jetzt etwas bewegt, und von genau diesem Geräusch wache ich auf. Vom Fenster aus ist Kotschoradses Treppe zu erkennen, und darauf die Silhouetten mehrerer seriös aussehender Herren. Ich wecke meine Frau und ziehe mich schnell an. Inzwischen klopft es vorsichtig an unserer Tür. Ich versuche, Dato wachzumachen.

Das ist nicht einfach. Er ist erst spät in der Nacht nach Hause gekommen, schläft fest, und überhaupt fällt es ihm schwer, früh aufzustehen. „Steh auf, David!", sage ich; als er endlich die Augen öffnet, spreche ich die Zauberworte: „Sie sind da." Er versteht sofort. Ich öffne die Tür, und sechs Mann dringen in unsere Wohnung ein, ebenso viele „sichern" die Treppe. Zwischen dem Moment meines Wachwerdens und diesem Eindringen sind etwa zwanzig Sekunden vergangen. Die Blitzartigkeit und der prosaische, geschäftsmäßige Charakter des Vorgangs lassen alles um uns irreal erscheinen. Es ist geschehen, womit wir seit Jahren rechnen wie mit dem Tod, und für meinen Bruder und mich beginnt jetzt das Leben nach dem Tod. Die georgische Staatssicherheit hat einen Graben gezogen, unser Leben in zwei Teile gespalten: vor und nach dem 23. Juni 1983, sechs Uhr morgens.

Die ungebetenen Gäste werden von Oberst Gersamia angeführt, den ich schon kenne, ich war bei ihm schon zum Verhör. Die Weltgeschichte bewahrt die Erinnerung an berühmte Brüder: Gaius und Tiberius Gracchus, Jacob und Wilhelm Grimm, Auguste Marie Louis Nicolas und Louis Jean Lumière, George und Andria Balantschiwadse, die Kennedy-Brüder ... Die georgische Öffentlichkeit kennt die Brüder Gersamia. Im sowjetischen Georgien betreiben sie eine Art Familiengeschäft: Der eine Bruder war beim KGB, der andere war Richter. Der eine verhaftete, der andere sprach Urteil, wobei er ein Freund des „Erschießungsparagraphen" war. Keinerlei Interessenskonflikte. Beide Brüder prahlten bis zur letzten Minute öffentlich, dass sie gemeinsam, Hand in Hand, Menschen verhaftet und erschossen hätten, und dass sie, wenn sie die Möglichkeit hätten, erneut verhaften und erschießen würden. Nachdem sie ihre „Pflicht" erfüllt hatten, segneten sie stolz, wiederum Hand in Hand, das Zeitliche. Den Höhepunkt ihrer „glorreichen Arbeit" hatten sie in den achtziger Jahren des 20. Jahrhunderts.

Solch ein guter Geist also kam am Morgen des 23. Juni 1983 in unsere Wohnung geflogen, wies einen Durchsuchungsbefehl vor und stellte uns die beiden Haussuchungszeugen vor. Die zwei wohnten im weit entfernten Stadtteil Saburtalo, waren unabhängig voneinander zufällig beide gegen sechs Uhr morgens am Mtazminda unterwegs gewesen und von der Einsatzgruppe des KGB „gebeten" worden, bei der Hausdurchsuchung anwesend zu sein.

Da wir schon, wie mit dem Tod, mit der Verhaftung und den ungebetenen Gästen gerechnet und daher keine weitere Lebensplanung vorgenommen hatten, amüsierte uns das Erscheinen der Geheimpolizisten, genau wie die Tatsache, dass wir doch noch lebten, sehr. Angst und Schreck waren verflogen, wir fassten allmählich wieder Mut und Selbstwertgefühl gegenüber jenen Leuten, die nach unserem Dafürhalten fern von Ehre und Wahrheit waren, weil uns ihr Geschäft an sich widerwärtig erschien.

Die Durchsuchung war noch nicht beendet, als sie Dato schon fortbrachten. Zwei Stunden lang wühlten die „Gäste" in unseren Büchern, allerdings ohne Ergebnis, denn sie konnten nichts finden (wie hätten wir auch in Erwartung der Verhaftung Beweismaterial zu Hause haben können?). Als sich in unserem Bücherschrank doch noch „gefährliche" Bücher fanden, zum Beispiel „Das Schlangenhemd" von Grigol Robakidse und Irakli Abaschidses Beschreibung von Chruschtschows Reise nach Indien, die dem Stalinisten Gersamia antisowjetisch erschienen, musste ich doch lachen, und der Oberst wurde sehr ärgerlich:

„Was lachst du so? Ist euch Brüdern so zum Lachen zumute?" Vielleicht verglich er ja insgeheim uns, die unwürdigen Brüder, mit den „würdigen" Gersamias.

„Darf ich nicht einmal lachen? Muss ich erst um Erlaubnis bei einem Mann bitten, der ein Buch von Irakli Abaschidse für antisowjetisch hält?", amüsierte ich mich.

„Zieh dich an und geruhe uns zu folgen", befahl der Oberst mit einem Gesichtsausdruck, der nicht schwer zu deuten war: die modernisierte Fassung der Moral einer Fabel von Jean-Pierre de Florian: „Wer als Letzter verhaftet, lacht am besten."

Dato wurde bis zum Abend im Büro des Leiters der Fahndungsabteilung des KGB festgehalten, in Anwesenheit des Leiters dieser Abteilung Alexander Mirianaschwili, des Ermittlers Gija Zinzadse und eines gewissen russischen KGB-Beamten aus Perm. Um acht Uhr abends führte man meinen Bruder nach unten in eine Zelle, wo bereits zwei saßen. Einer von ihnen war ein junger Bursche, der in der „Judensache" verhaftet worden war, die zu jener Zeit in der gesamten Sowjetunion viel Staub aufwirbelte – man hatte im Frühjahr 1983 unionsweit eine ganze Armee jüdischer Händler verhaftet und phantastische Gerüchte verbreitet, sie würden das gesamte sowjetische Gold nach Israel bringen, und hatte gleichzeitig das gesellschaftliche Bewusstsein jener Zeit mit „Juwelen" antisemitischen KGB-Vokabulars bereichert. Datos zweiter Zellengenosse war ein Gewohnheitsverbrecher, der schon neun Jahre abgesessen hatte und behauptete, nicht er sei es gewesen, sondern sein Komplize, der einem dritten Komplizen den Kopf abgeschnitten habe. Später war dieser Herr dann auch mit Jonny Laschkaraschwili in einer Zelle. Es war seltsam, ein solches kriminelles Element im Untersuchungsgefängnis des KGB vorzufinden, und trotz seiner Jugend durchschaute Dato ihn sofort. In der Zelle begann Dato sofort mit einer traditionsreichen georgischen Tätigkeit: der Aufklärung: Er hielt Vorträge über die Geschichte Georgiens. (In einer analogen Situation hielt ich später einen Kursus in Latein und griechischer Mythologie ab.)

Nun begann eine Serie täglicher Verhöre, die dem Komitee für Staatssicherheit endgültig aufs Gemüt schlug: Einer ganzen Kohorte von Ermittlern gelang es im Laufe von sechs Monaten nicht, im Fall David Berdsenischwili auch nur auf eine einzige Frage eine Antwort zu bekommen. Mannhaft und hochmütig machte Dato von einem Recht Gebrauch, das der Staat Häftlingen erst seit zwanzig Jahren zugestand: dem Recht zu schweigen. Er prahlte auch später nie damit, wie furchtlos er doch gewesen sei, und dass der KGB ihn in sechs Monaten nicht zum Reden gebracht habe.

Dato erschien zu allen Verhören, antwortete jedoch immer nur auf zwei Fragen:

„Möchten Sie Angaben machen?"

„Nein."

„Können Sie erklären, warum Sie keine Angaben machen wollen?"

„Nein."

Einmal, als der Ermittler, der schon jede Hoffnung aufgegeben hatte, Dato der Form halber fragte, ob es etwas Neues gäbe, bejahte Dato die Frage. Der Ermittler wurde hektisch, bot ihm eine Zigarette an, wischte den Tisch ordentlich ab, nahm seinen Stift, um die Neuigkeit zu notieren, also die Angaben ... Dato gestand, dass er – Zahnschmerzen habe! Dato meinte später, in diesem Augenblick habe er das wahre Gesicht des sonst immer höflichen, „gütigen" KGB-Mitarbeiters kennengelernt.

Den kriminellen Zellengenossen unterzog Dato einem einfachen Test: Er erzählte ihm eine ausgedachte Geschichte, und als er beim Verhör sah, dass diese Finte beim Ermittler angekommen war, lösten sich seine letzten Zweifel diesbezüglich in Luft auf. Die KGB-Leute mussten ihren Spitzel in eine andere Zelle umsiedeln, und da geriet er wahrscheinlich zu Jonny Laschkaraschwili. Zuvor hatte man ihn und Dato zehn

Tage lang nicht schlafen lassen. So grausam ging das Komitee für Staatssicherheit sowohl mit den Häftlingen als auch mit den eigenen Agenten um, wenn Letztere (letzte – welch treffendes Wort!) versehentlich von einem scharfsinnigen Risikohäftling entlarvt wurden.

Später wurde auch ich endgültig festgenommen, und wir, die Gründer der Republikanischen Partei – Wachtang Dsabiradse, Wachtang Schonija, Lewan und David Berdsenischwili – durchliefen die „Etappe", das heißt den Transport bis zum Rostower Gefängnis gemeinsam. Dann trennte man uns: Die beiden Wachtange kamen nach Perm und wir ins Dubraw-Lag, nach Mordwinien. In Baraschewo angekommen, erfassten mich brüderliche Gefühle: Als Älterer fühlte ich mich für den Jüngeren verantwortlich. Vor allem versuchte ich, den jungen und rebellischen Dato vor gefährlichen Unbesonnenheiten zu bewahren, was mir jedoch nicht wirklich gelang.

In der Näherei begann die Arbeit um sieben Uhr morgens und endete um vier Uhr abends. Wir bestimmten die Uhrzeit nach dem Mittagessen, das um ein Uhr stattfand, und bemühten uns, bis zu dieser Zeit die Tagesnorm zu erfüllen. Das gab uns die Möglichkeit, die Nachmittagszeit zur Vorbereitung auf die künftige Freiheit zu nutzen: zum Briefeschreiben, Lesen oder einfach nur einem (wenn auch illusorischen) Moment der Stille und des Nachdenkens. Es gab Häftlinge, für die die Näherei die reinste Hölle darstellte, da der Beruf eines Maschinennähers bestimmte Fertigkeiten erfordert, und für Leute, die der liebe Gott nicht mit dem entsprechenden Talent ausgestattet hat, war es äußerst schwierig, mit einer Nähmaschine klarzukommen. In unserer „Zone" litt vor allem Shora

Chomisuri darunter, der sowohl die Nähmaschine als auch die Werkstatt als auch den Prozess der kollektiven Arbeit hasste. Seiner Meinung nach hatten die heimtückischen KGB-Beamten den inhaftierten Dissidenten dieses Handschuhnähen, diese unerhörte Grausamkeit, diese schreckliche Quälerei als Rache für die von jenen an der Schreibmaschine verbrachten Tage und Jahre auferlegt!

„Ein abgefeimtes Konzept ist das: Maschine gegen Maschine", argumentierte Shora. „Wahrscheinlich hatte Berija diese infame Idee, auf so etwas wäre nicht einmal Stalin gekommen!", rügte Shora seine Landsleute.

Auch Dato gingen die Werkstatt und die Näherei von Anfang an gegen den Strich, und er erklärte mir, dass er das sowieso nicht lernen würde, und dass ich das Ergebnis seiner Arbeit für ihn abgeben solle, sonst müsse er noch seine ganze Zeit im Schiso absitzen! Dann aber sah er sich bei erfahrenen Nähern um, guckte sich bei Poljakow dessen konzentriertes Schweigen ab, bei Papajan ein paar Kniffe, bei Anadenko, wie der seine Arbeit organisierte, bei Butow, wie man den Daumen annähte, und wurde so zu einem richtigen Könner.

Dato nähte sehr schnell. Unsere Näh-Asse (Butow, Anadenko, Papajan) schafften vormittags bis zu hundert Paar, ich schaffte das auch öfter, Dato aber schlug alle Rekorde und gab seine Handschuhe schon um elf Uhr ab. (Vor kurzem erst erzählte er mir, er habe an der Grenze zum Ausschuss genäht, doch entsprachen sie noch der Norm.) Einmal, als Dato sich selbst übertroffen, seinen eigenen Rekord erheblich verbessert und um zehn Uhr fünfzehn die Arbeit beendet hatte, reichte der frühere Rekordhalter der Werkstatt, der Odessaer Dissident

Pjotr Butow bei der Lagerleitung eine schriftliche Beschwerde ein, dass der jüngere Berdsenischwili in der Nähwerkstatt minderwertige Produktion abgebe. Butow war ein echter sowjetischer Dissident: Er erkannte die sowjetischen Gesetze an, und ihm war nicht egal, ob ein Häftling pfuschte oder sich zum Wohl des Landes bemühte. (Hier muss ich erwähnen, dass nebenan, das heißt im politischen Frauenlager SH-CH 385/3-4, Frauen dieselbe Arbeit verrichteten, und den Frauen war, wie die bekannte russische Dichterin und Dissidentin Irina Ratuschinskaja in ihrem Buch „Grau ist die Farbe der Hoffnung" berichtet, die Qualität der Produktion nicht gleichgültig, denn die von uns genähten Arbeitshandschuhe wurden nicht vom KGB getragen, sondern von einfachen Menschen auf dem Bau.) Als jemand, der sich und andere achtet, gab Pjotr Butow Dato eine Kopie seiner Beschwerde und agierte somit, wie er meinte, offen und ehrlich.

Dieser unerwartete Schritt Butows führte unter den Baraschewer politischen Häftlingen zu Irritationen. Die „Demokraten" spalteten sich in zwei Lager: Eines, das Anadenko anführte, rechtfertigte Butows Handlungsweise; das andere Lager legte sie als Denunziation eines Häftlings durch einen anderen aus und hielt dies für unmoralisch und unzulässig. Diese Gruppe, die für die Einhaltung des Moralkodex der Häftlinge einstand, wurde vom Ältesten der Christlichen Föderation der Völker des Südkaukasus Georgi Chomisuri angeführt. Shora vertrat sehr strenge Positionen. In seiner Rede erwähnte er Nekrassow, dessen berühmte Zeilen „Den Dichter zwingt zwar nichts zum Dichten, / Doch muss auch er mit aller Kraft / Genügen seinen Bürgerpflichten" er umänderte; in Shoras Version klangen sie nun so:

„Zum KGB musst du mitnichten,
Doch stets als Informant zu dienen
Gehört zu deinen Bürgerpflichten."

Butow sah in Chomisuris freier Improvisation eine schwere Kränkung und blieb für lange Zeit mit uns zerstritten. Im Baraschewer Lager-Georgisch widerspiegelte sich diese Reaktion in einer sprachlichen Neuerung: Jonny Laschkaraschwili schlug den Neologismus „sich butowieren" vor.

Der Odessaer Dissident Pjotr Butow, Beschützer der größten illegalen antisowjetischen Bibliothek, konnte nicht ahnen, auf welch fruchtbaren Boden der destruktive Samen seiner Beschwerde fallen würde. Die Lagerleitung sah Dato auch ohnedem schief an – das hatten wir schon bei unserer Ankunft in der „Zone" gespürt. Sie war vom KGB informiert worden, wo man Dato nicht verzeihen konnte, dass er in der Untersuchungshaft den Ermittler sechs Monate lang verhöhnt und keinerlei Angaben gemacht hatte. Übrigens besuchten uns die Vertreter der Staatssicherheit auch in Baraschewo, begrüßten uns „herzlich" und drohten ganz offen, damit wir uns gar nicht erst irgendwelche Illusionen machten, dass unser Fall noch nicht abgeschlossen sei. Die Gorbatschows und Schewardnadses kommen und gehen, der KGB aber bleibt, warnte man uns. Sicherheitsleute kamen äußerst selten in die „Zone", eine solche Ehre wurde nur wenigen zuteil, daher stieg unser „Wert" im politischen Lager sofort. (Später dann würde der KGB auch Mischa Poljakow mit seinen Besuchen beehren.) Es waren die Leute vom KGB, die dem Leiter der „Zone" Major Schalin erklärten, dass trotz der vergleichsweise geringen Strafe die Gründer der Republikanischen Partei Georgiens, vor allem der jüngere Bruder, sehr gefährlich seien und besonders strenger Aufsicht und Aufmerksamkeit bedürften.

Die Lagerleitung reagierte also auf Butows seltsamen Brief und zog Flor Wassiljewitsch hinzu.

Flor Wassiljewitsch war ein freier Mann. Nichtsdestoweniger saß er jahrelang, ohne sich zu rühren, genau wie ein Häftling in der Näherei. Er hatte das gottgegebene, unantastbare, mit den Jahren gewissermaßen zur Pflicht gewordene Recht, an einem jeden Abend die „Zone" zu verlassen, eine Flasche Karbid-Wodka zu kaufen, sich in den Kellerraum des am Tor unseres Lagers stehenden Hauses zu begeben, in zwei Zügen allein den halben Liter Fusel auszutrinken, eine halbe Salzgurke dazu zu essen und sich der Frage nach dem Sinn des Lebens hinzugeben, dann am Tisch einzuschlafen, bis ihn am nächsten Morgen, genau wie die Häftlinge, jene 1943 von dem Komponisten Alexandrow und den Dichtern Michalkow und El-Registan geschaffene (und 1977 von ebendiesem Michalkow überarbeitete), unermüdliche Feindin des süßen Morpheus, die gnadenlos stolzgeschwellte Hymne weckte. (Die Überarbeitung dieses vortrefflichen Textes bestand darin, dass der Autor von „Onkel Stjopa" Stalins Namen daraus entfernte.)

Flor Wassiljewitsch wachte also auf, verzehrte die andere Hälfte der Salzgurke und begab sich geradewegs in die „Zone", um sich gemeinsam mit den Insassen im Gemeinschaftswaschraum zu waschen, mit ihnen den „Volkskommissariats-Tee", das heißt einen leicht gefärbten Aufguss kochenden Wassers, zu trinken und das Gratisfrühstück einzunehmen. Flor Wassiljewitsch aß Frühstück, Mittag und Abendbrot mit uns gemeinsam, trug dieselbe Kleidung wie wir, dieselben Stiefel und Fußlappen und sparte so „das große" Geld, das er dann für seinen täglichen Bedarf ausgab: Machorka, Streichhölzer und Wodka. Flor Wassiljewitsch war mit Sicherheit ein glücklicher Mensch: Er hatte sein Leben so geregelt, dass es ihm weder an Essen und Trinken noch an Kontakten zu interessanten Menschen noch an für ihn völlig ausreichender Freiheit und auch nicht an quälendem Nachdenken über den Sinn des Lebens mangelte.

Flor Wassiljewitsch war im Lager SH-CH 385/3-5 der Leiter der Abteilung für Gütekontrolle. Wir Häftlinge nähten die Arbeitshandschuhe für den Bau, und Flor Wassiljewitsch prüfte ihre Qualität. Hierfür kontrollierte er, ob der Abstand der mit der Nähmaschine produzierten Naht in zulässigem Abstand vom Rand war (je größer der Abstand, desto schneller ließ sich ein Handschuh nähen), ob der Abstand zwischen zwei parallelen Nähten im Normbereich lag, ob der Gummibesatz und der Daumen korrekt angenäht waren. Aus jedem abgelieferten Päckchen entnahm Flor Wassiljewitsch drei bis vier Paar, maß mit einem Lineal alle entsprechenden Parameter aus, stempelte sie, wenn er keinen Ausschuss fand, und ging zum nächsten Packen über. Entsprach jedoch ein Handschuh nicht der Norm, so ging der ganze Packen zurück. Darin bestand Flor Wassiljewitschs ganze Aufgabe.

Drei Tage nach Butows Eingabe prüfte Flor Wassiljewitsch Datos abgegebene Produktion besonders gründlich und erklärte sie zu Pfusch. Ich nahm mit meiner Nähmaschine einen strategisch wichtigen Platz in der Werkstatt ein, von dem aus ich sowohl Dato als auch den Meister der Wickelanlage Dmitro Masur als auch Flor Wassiljewitsch im Blick hatte. Als Flor Wassiljewitsch Datos Produktion auf den Boden warf und zu Ausschuss erklärte, eilte ich erschrocken in die Kontrollabteilung, um zu verhindern, dass Dato in seiner unbeherrschten Art zu viel Unheil anrichtete.

„Was ist los, Flor Wassiljewitsch?", fragte ich so ruhig und höflich wie möglich.

„Gut, dass Sie gekommen sind, und nicht Ihr Bruder!" Flor Wassiljewitsch war froh, denn ihm war klar, dass die Unterhaltung mit Dato schwierig geworden wäre.

„Was will er?" Dato stand plötzlich neben uns. Weitere Häftlinge versammelten sich um uns.

„Misch dich nicht ein, Dato", sagte ich zu ihm, „ich regle das still und unauffällig."

„Die Qualität der vom Häftling Berdsenischwili genähten Arbeitshandschuhe entspricht nicht den festgelegten Normen", kam es von Flor Wassiljewitsch, der diesen Satz offenbar den ganzen vorherigen Abend auswendig gepaukt hatte. „Deshalb kann ich diese Produktion nicht annehmen."

Die Rechnung der Lagerleitung war einfach: Flor Wassiljewitsch sollte die von Dato genähten Arbeitshandschuhe nicht akzeptieren: nicht heute und nicht in den darauffolgenden Tagen. Für Nichterfüllung der Norm würde Dato als Erstes nicht im Larjok einkaufen dürfen, dann keinen Besuch empfangen, dann würde er in den Schiso kommen, und schließlich würde man seine Haftzeit verlängern. Man konnte Flor Wassiljewitsch diesen Auftrag vom Gesicht ablesen.

„Warum tun Sie das, Flor Wassiljewitsch, schließlich ist mein Bruder noch ein halbes Kind, haben Sie denn keine Kinder?", erhöhte ich die Stimme.

„Die Qualität der vom Häftling Berdsenischwili genähten

Arbeitshandschuhe entspricht nicht den festgelegten Normen", wiederholte Flor Wassiljewitsch mit scheppernder Stimme.

„Und ich sage, dass die von meinem Bruder genähten Handschuhe den festgelegten Normen entsprechen", entgegnete ich und meine Stimme gefiel mir selbst nicht, so sehr klang sie nach kaukasischem Stahl.

„Hier, sieh selbst!" Flor Wassiljewitsch drückte mir einen der von Dato genähten Arbeitshandschuhe in die Hand, dessen beide Nähte nicht ganz parallel verliefen.

„Welcher Abstand ist zwischen diesen Nähten zulässig?", fragte ich.

„Zwischen zwei und fünf Millimeter", legte Flor Wassiljewitsch in Siegerpose dar.

„Leih mir mal dein Lineal, Flor Wassiljewitsch!"

„Bitte sehr!", freute sich Flor Wassiljewitsch, da die Unterhaltung von Kindern und Sittlichkeit auf technische Details überging, und das war schließlich sein Metier.

Er holte das Lineal und begann zu messen. Dann nahm er einen zweiten Handschuh zur Hand und maß erneut. Dann den dritten. Eine halbe Stunde maß Flor Wassiljewitsch auf der Suche nach offensichtlicher Ausschussware. Vor unseren Augen geschah das Unvorstellbare: Alle von Dato gefertigten Arbeitshandschuhe, die auf den ersten Blick nicht korrekt zusammengenäht erschienen, entsprachen den zulässigen Normen.

Ich war erleichtert: Sie konnten Dato nichts anhaben, der KGB war machtlos! Wir hatten befolgt, was unser Vater uns zum Ärger des Richters vor Gericht auf den Weg gegeben hatte: „Passt auf, dass sie euch die Haftzeit nicht verlängern!" Wir hatten aufgepasst!

Die Situation entspannte sich. Und als alle schon dachten,

der Zwischenfall sei erledigt, packte ich Datos genähte Arbeitshandschuhe zusammen und drosch Flor Wassiljewitsch den großen, schweren Packen über den Schädel.

Poljakow und Chomisuri führten mich aus der Werkstatt.

Flor Wassiljewitsch rannte zur Lagerleitung und schusterte auf die Schnelle eine Beschwerde zusammen, der ältere Berdsenischwili habe gedroht, seine Kinder umzubringen, und habe ihn selbst mit der von seinem jüngeren Bruder genähten Produktion auf den Kopf geschlagen.

Der Zwischenfall hatte Folgen:
Ich wurde des Rechts enthoben, im Larjok einzukaufen.

Dato und ich durften bis zum Ende unserer Haftzeit keine Schreibwaren mehr anfordern (die Insassen konnten für zwei Rubel im Monat Briefmarken, Briefumschläge, Hefte, Füller, Bleistifte und Radiergummi kaufen).

Man erklärte Flor Wassiljewitsch, dass seine Kinder in keiner Weise bedroht seien, zumal er nie welche hatte.

Pjotr Butow kam zu mir und schenkte mir eine Flasche Sonnenblumenöl, schließlich dürfe ich nicht mehr im Larjok einkaufen, deshalb solle ich dieses bescheidene Geschenk von ihm annehmen. Bei Dato entschuldigte er sich nicht.

Nach langer Beratung trafen Chomisuri und Anadenko einen Kompromiss: Künftig sollten Beschwerden, die ein Häftling über einen anderen Häftling schrieb, zuerst von einem geheimen Häftlingskomitee erörtert werden.

Dato fing an, ohne Ende damit zu prahlen, wie toll er Handschuhe nähen könne, und nahm diese sehr fragwürdige Illusion mit ins nächste Jahrtausend.

Mein Bruder ist eine sehr kämpferische Person. Auf seinen Vorschlag hin hatten wir begonnen, für das Recht zu kämpfen, das wir nach hartnäckigem Widerstand auch errangen: Briefe in die Heimat auf Georgisch zu schreiben. Dieses Recht erstreckte sich selbstverständlich auch auf alle anderen. Von da an durften politische Häftlinge in ihren Muttersprachen schreiben.

Im Lager mit verschärften Haftbedingungen waren Besuche streng reglementiert: Pro Jahr gab es nur einen ein- bis dreitägigen Besuch oder zwei zweistündige Treffen an einem Tisch, im Beisein eines Aufsehers. Zu einem solchen Treffen kam meine Frau, und man genehmigte ihr ein zweistündiges Wiedersehen mit uns. Auf Datos Initiative hin stritten wir dafür, das zweistündige in ein vierstündiges Treffen umzuwandeln, da wir ja zu zweit waren und jedem von uns zwei Stunden zustanden. Ansonsten würden wir ganz auf das Treffen verzichten. Wir gewannen auch diese Schlacht, obwohl ich sehr besorgt war, man würde uns gar kein Treffen gestatten und Inga müsste unverrichteter Dinge aus Baraschewo abreisen, wie es auch Chomisuris Frau Nina Melkumwa widerfahren war.

Meine Frau versäumte übrigens keine Gelegenheit, Dato und mich zu besuchen. Uns besuchten sowohl unsere Mutter als auch meine beiden Schwägerinnen und mein Schwager. Sie alle wurden von meinem ältesten Bruder Fridon, zu Hause Mamuka und von seinen Freunde Foré genannt, nach Baraschewo gefahren.

In einem anderen von Dato initiierten Gefecht erwirkten wir, dass wir keine Besen in die Hand zu nehmen brauchten, um die „Zone" zu fegen, obwohl die Lagerleitung das Recht hatte, so etwas von den Insassen zu verlangen.

Auch seinen letzten Tag im Lager beging Dato mit einem Aufstand: Als man ihn still und heimlich aus der Werkhalle führen und nach Tbilissi überführen wollte, drang er darauf, sich von mir verabschieden zu dürfen, und gewann.

Das Jahr, das mein Bruder Dato in Baraschewo verbrachte, war ein Jahr der Schlachten und der Kampfeslust. Die Lagerleitung schrieb in seine Beurteilung: „Zeigt keine Bereitschaft zur Besserung", und forderte, ihn weiterhin polizeilich zu überwachen. Man verweigerte ihm, der seine Strafe bereits verbüßt hatte, das Wohnrecht in Tbilissi und erteilte ihm so „den Segen" für weitere Kämpfe. In genau diesen Kämpfen wurde der Politiker geboren – der Mensch, der in dem kleinen Mehrheitswahlbezirk der Stadt Batumi ganz allein für die Republikanische Partei kandidierte, gewann und Abgeordneter des georgischen Parlaments wurde. Seine Unterschrift steht neben der Unterschrift weiterer Volksvertreter unter der Unabhängigkeitserklärung Georgiens.

Aus der „Zone" brachte man Dato in die mordwinische Hauptstadt Saransk und flog ihn, von drei Offizieren eskortiert, nach Moskau. In Lefortowo saß er allein in einer riesigen Zelle. Aus der Haft wurde er dann aus dem KGB-Untersuchungsgefängnis in Tbilissi entlassen. Zu jener Zeit wog er neunundfünfzig Kilogramm. Dato war so abgemagert, dass ihn eine zu Besuch gekommene Freundin nicht erkannte und meine Frau in seiner Anwesenheit fragte, wann Dato denn entlassen würde.

An jenem Tag, an dem man Dato in Tbilissi aus der Haft entließ, spürte ich, ohne es zu wissen, dass es so weit war. Ich kochte in Baraschewo einen kräftigen Tee aus meinen letzten Teereserven, beschmierte Brote mit der Fischpastete „Wolna" und lud meine Freunde zum Festessen ein. Zum Tamada der Tafel ernannte ich Shora Chomisuri. Anwesend waren Mischa Poljakow, Gelij Donskoi, Borja Manilowitsch, Jonny Laschkaraschwili, Rafik Papajan und Wadim Jankow. Pjotr Butow kam ohne Einladung – und entschuldigte sich. Sehr wichtig war für mich auch, dass ich an jenem Tag, dem 21. Juni 1985, gewissermaßen aus der Verantwortung für meinen Bruder „befreit" wurde, auch wenn ich noch weitere anderthalb Jahre in der „Zone" verbringen sollte.

UND JETZT ÜBER MICH

Einmal, als ich noch ein Kind war, nahm Mama mich mit zu einer Exkursion. Unsere Mama unterrichtete georgische Sprache und Literatur an einer Mittelschule in Batumi, natürlich nicht an der Schule, die meine Brüder und ich besuchten, sondern einer anderen, aber auch in unserer kleinen Stadt am Meer. Mama hatte in der Zeitung „Komunisti" gelesen, dass es in Russland, im Nordkaukasus, in der Nähe der Stadt Mosdok ein georgisches Dorf namens Nowo-Iwanowka gab, und hatte eine dreitägige Expedition dorthin organisiert. Hier muss ich erwähnen, dass meine Mutter mit ihren Schülern ganz Georgien bereist hatte, sie waren in den entlegensten Ecken gewesen, und diesmal lag das Ziel „hinter den Grenzen unserer Heimat", also gewissermaßen im Ausland!

Als ich in den Bus stieg, wollten viele Kinder, dass ich mich neben sie setze, und riefen mich ziemlich lautstark zu sich. Es ging natürlich nicht um mich – ich war nur ein kleiner, ziemlich dicker Junge, ein Plappermaul, wie manche Leute behaupteten; aus der Sicht meiner Familie hatte ich einfach nur eine lose Zunge, was mich letztendlich ja auch für den Beruf eines Lehrers, Journalisten und sogar für parlamentarische Tätigkeit prädestinierte. Die Kinder aber wollten einfach gern neben dem Sohn der geliebten Lehrerin sitzen. Aus diesem Grund ging ich ohne ein Wort bis zum Ende des Busses und setzte mich dort allein hin. Der Bus fuhr los, hielt noch einmal, um weitere Leute aufzunehmen, und da stieg eine wunderschöne Frau mit einem Mädchen ein. Die Mutter war hübsch (wenn ich das später erzählte, wurde ich immer korrigiert: ich würde übertreiben, und so außergewöhnlich schön sei sie gar nicht gewesen), das Mädchen aber war das allerschönste Mädchen der Welt. Sie stieg ein, ging durch den Bus bis nach hinten durch und setzte sich neben mich ans Fenster. (Meine Frau sitzt auf Reisen überhaupt am liebsten am Fenster, egal womit wir fahren, und deshalb buchen wir immer einen Fensterplatz für sie und den Platz daneben für mich.) Die Leute sagen, es könne nicht sein, man könne sich nicht schon im Schulalter, also als Kind, fürs ganze Leben verlieben, und doch ... In jenen drei Tagen redete ich sehr wenig, weil ich schon wusste, dass ich mich verliebt hatte, und zwar für immer, bis zum letzten Atemzug. Als wir auf dem Heimweg waren und ich von der Höhe des Zichisdsiri auf unsere Heimatstadt blickte, die in das Schwarze Meer hineinragte, zog sich mir das Herz zusammen, und ich konnte mir schon gar nicht mehr vorstellen, ohne sie zu leben, ohne meine Inga.

Ende August 1978, gleich nach unserer Hochzeit, fuhr ich mit Inga nach Tbilissi, wo ich eine Anstellung in der Bibliothek für Griechische und Lateinische Philologie hatte, mit einem Monatsgehalt von siebenundvierzig Rubeln. Als Inga die Wohnung betrat, die ich im sechsten Stock eines Hauses mit Blick auf den Fluss Vera gemietet hatte, begriff sie sofort, dass sich hier auch noch der Stab einer illegalen Partei und die Ausrüstung für die Ausgabe einer Zeitung befanden. Ich habe meiner Frau nie etwas verheimlicht, und ich zweifelte seit unserer ersten Begegnung nicht daran, dass sie nie zu mir sagen würde: „Lieber, verzeih, ich habe einen anderen kennengelernt." Woher ich diese Sicherheit nahm, weiß ich nicht. Meine erste Schreibmaschine vom Typ „Ukraina-2" hatte ich in der Nähe der U-Bahn-Station „Lenin" gekauft, im sogenannten Neuen Kaufhaus, wo man sich meinen Ausweis zeigen ließ, alle Lettern einmal zur Probe abtippte (der KGB wachte sogar in den Geschäften) und die Schreibmaschine auf meinen Namen registrierte. In der Rubrik „Zweck" stand: „Wissenschaftliche Arbeiten". Danach schleppte ich das neu erworbene Druckmedium (die Schreibmaschine wog mindestens so viel wie fünf Notebooks) zum Kolchosnaja-Platz, wo taubstumme Meister sie auf georgische Schrift umstellten. Dort erstand ich auch eine zweite Maschine vom Typ Remington, ebenfalls mit georgischer Schrift. Das war das gesamte technische Arsenal für die Herausgabe illegaler Literatur, unter anderem der Zeitung „Glockenturm".

Inga war die erste und lange Zeit die einzige Frau, die Mitglied der Republikanischen Untergrundpartei wurde.

Noch bevor ich mich mit Schreibmaschinen bevorratete, hatten am 21. Mai desselben Jahres Wachtang Dsabiradse, Wachtang Schonija, mein Bruder Dato und ich die erste Untergrundpartei Georgiens gegründet und sie „Republikanische Partei" genannt. Doch wie immer sie auch hieß, allein die Tatsache ihrer Existenz war antisowjetisch, denn in der UdSSR herrschte ein Einparteiensystem und jede beliebige Partei, außer der KPdSU, wurde als ungesetzlich angesehen. Wir aber diskutierten und stritten lange, bis um vier Uhr morgens, wie wir unser „Kind" nennen sollten. „Einen Namen, einen Namen, eine halbe Partei für einen Namen!" Er sollte unseren gemeinsamen Traum ausdrücken: die Unabhängigkeit und Freiheit für unsere Heimat, die Republik Georgien. Dato war zu jener Zeit siebzehn Jahre alt, und um ihm die Möglichkeit zu geben, Mitglied der Partei zu werden, an deren Schaffung er aktiv beteiligt war, ergänzten wir in dem neu verfassten Statut einen Passus, dank welchem Dato als Parteimitglied ohne Stimmrecht (bis zur Volljährigkeit) aufgenommen wurde.

Die erste Ausgabe des „Glockenturm" enthielt sechs Artikel, von denen wir einige gemeinschaftlich verfasst hatten, wie zum Beispiel den „Appell der Republikanischen Partei Georgiens an das georgische Volk", der mit den Worten „Brüder, Schwestern, Väter und Kinder!" begann, andere hingegen waren von einem Autor geschrieben worden, von denen es zu der Zeit vier gab, plus einen ohne Stimmrecht. In meiner Frau Inga Shirawa hatte die Partei eine echte Redakteurin, Stilistin, Korrektorin und fürsorgliche Mutter.

Vier Jahre später verließ ich an einem Wintertag mit der Aktentasche unterm Arm das Haus, um meine Dissertation über Aristophanes zu einer Schreibkraft zu bringen, als ein Auto hielt, aus dem ein Mann mit Schapka ausstieg, der Bekannte eines Bekannten, von dem ich wusste, dass er beim KGB war.

„Wohin des Wegs?", fragte er mich.

„Du siehst doch, ich bringe meine Dissertation zum Schreiben!", entgegnete ich und versuchte weiterzugehen.

„Nicht so eilig!" Er hielt mich an. „Wenn du es eilig hast, bringen wir dich hin."

„Das braucht ihr nicht", sagte ich, „das ist hier gleich um die Ecke."

„Wir sind auch gleich um die Ecke", erwiderte er mit glasharter Stimme. „Steig ein!"

So wurde ich verhaftet und verbrachte die nächsten Monate tatsächlich „gleich um die Ecke" – hundert Meter von meinem Wohnhaus entfernt, die darauffolgenden drei Jahre allerdings in sehr, sehr weiter Ferne.

„Die Beschuldigten gründeten eine verbrecherische Vereinigung, die sie ‚Republikanische Partei' nannten, und trafen gemeinschaftlich die Entscheidung, den ‚Glockenturm‘, ein illegales Organ dieser o. g. sogenannten Partei, herauszugeben, um darin antisowjetisches Material zu veröffentlichen. Auf Beschluss des Kollegiums des Obersten Gerichts der Georgischen Sozialistischen Sowjetrepublik ..."

Aus SH-CH 385/3-5 in Baraschewo schrieb ich Inga einmal im Monat – mehr war nicht erlaubt –, doch es waren stets ausführliche, liebevolle Briefe. Sie schrieb mir öfter, und ich las jede Zeile immer wieder aufs Neue. Meine Eltern, meine Brüder und deren Familien, Ingas Eltern, unsere Freunde – all diese Menschen waren in der Baraschewer „Zone" mit mir: Schuldig ohne Schuld, zu langem Warten verurteilt; die Unschuldigste von allen aber war ein kleines Mädchen, deren Namen ich nicht aussprechen konnte, ohne dass mir die Tränen kamen – meine Tochter Tamuna. Es gelang mir bei der Entlassung, all diese Briefe aus dem Lager mitzunehmen. Sie ergaben ein umfangreiches Briefepos über eine verbotene Liebe, doch irgendwann später gingen sie doch verloren. Ich habe aufgehört, ihnen nachzutrauern. Geblieben ist die Erinnerung, eindrucksvoll wie ein einziger kurzer Brief: „Liebster, ich habe Dich gefunden, und ich werde immer bei Dir sein."

INHALT

Sibley Memorial Hospital 5
Arkadi 14
Grischa 24
Shora 33
Jonny 52
Rafik 73
Genrich 91
Mischa 108
Borja 123
Wadim 140
Anadenko 159
Badzjo 175
Razlatsky 199
Butow 210
Lismanis 223
Dato 238
Und jetzt über mich 255

LEWAN BERDSENISCHWILI, geb. 1953 in Batumi, studierte klassische Philologie und promovierte über Aristophanes. Er war Direktor der georgischen Nationalbibliothek und Dozent für antike Literatur an der Staatlichen Universität Tbilissi. Von 1984 bis 1987 war er als politischer Häftling wegen „Antisowjetischer Agitation und Propaganda" in einem Gefangenenlager inhaftiert. Seit 1996 ist er als einer der Führer der Republikanischen Partei Georgiens politisch aktiv und Mitglied des georgischen Parlaments. Berdsenischwili schrieb zahlreiche Bücher und Essays. Er lebt mit seiner Frau und seiner Tochter in Tbilissi.

CHRISTINE HENGEVOSS, geb. 1956, aufgewachsen in Frankfurt/Oder und Moskau (dort Abitur), hat Slawistik und Anglistik in Potsdam studiert und war als Fremdsprachenlehrerin tätig. Seit 2013 literarische Übersetzungen, u. a. das Versepos von Nikolai A. Nekrassow „Wer lebt in Russland froh und frei?" (mdv, 2016). Sie ist verheiratet, hat drei erwachsene Kinder und lebt und arbeitet im Amt Neuhaus/Elbe.

Die Originalausgabe erschien 2010 unter dem Titel „Tsminda tsqvdiadi" im Verlag Bakur Sulakauri, Tbilissi, Georgien.

Copyright © Lewan Berdsenischwili, 2010

Die deutsche Übersetzung beruht auf der russischen, von Berdsenischwili selbst verfassten Ausgabe „Svjataja mgla (Poslednie dni GULAGa)", Moskau: Novoe Literaturnoe Obozrenie, 2016.

Die Übersetzerin dankt dem EÜK Straelen und der Kunststiftung NRW für die Förderung der Übersetzung.

2018
© mdv Mitteldeutscher Verlag GmbH, Halle (Saale)
www.mitteldeutscherverlag.de

Alle deutschsprachigen Rechte vorbehalten.

Umschlagabbildungen: shutterstock.com – Eugene Ivanov
Gesamtherstellung: Mitteldeutscher Verlag GmbH, Halle (Saale)

ISBN 978-3-95462-991-6

Printed in the EU